KB214858

복음의 핵심

The Heart of the Gospel

by Martyn Lloyd Jones

Bethan Lloyd Jones 1991.
Translated into Korean
by Joong-Soo Lee
published in Korea
by Pastoral Resource Press
with permission of Crossway Books.
Korea Edition 1992 by Pastoral Resource Press.

로이드 존스의 복음설교

복음의 핵심

마틴 로이드 존스 지음 _ 이중수 옮김

목회자료사

복음의 핵심

초판 1쇄 발행 1992년 5월 1일
삼판 2쇄 발행 2016년 2월 15일

지은이 마틴 로이드 존스 **옮긴이** 이중수
펴낸이 임세일 **펴낸곳** 목회자료사
등록 제 6-13호 (1979.8.16)
주소 136-890 서울시 성북구 돈암1동 48-11
전화 070-7557-8192
카페 http://cafe.daum.net/prpcafe
보급 비전북 **전화** 031-907-3927 **팩스** 080-403-1004

값 12,000원
ISBN 978-89-7216-304-6 03230

 목회자료사는 복음의 본질을 새롭게 규명함으로써 오늘을 사는 그리스도인들에게
하나님나라의 가치관이 정립된 건전하고 참신한 믿음생활의 원리를 제시하고 있습니다.

차례

서문

　1948년 어느 날 저녁에 있었던 일입니다. 나는 그때 믿음에 들어온 지 4년째 되는 그리스도인이었습니다. 지금은 많은 세월이 흘렀지만 마치 엊그제처럼 기억이 생생합니다. 나는 어떤 한 인물과 그의 사역이 출중(出衆)하다는 말을 듣고 무엇이 그렇게 탁월할지를 상상해 보았습니다. 내 친구는 나를 데리고 곧장 이층으로 올라갔습니다. 우리들이 앉은 곳은 단상이 거의 마주 보이는 후방 이층 중앙에서 약간 왼편 자리였는데, 이곳이 가장 잘 보이는 장소라고 내 친구는 기뻐하였습니다. 나는 주위를 둘러보았습니다.

　웨스트민스터 채플(Westminster Chapel)은 빅토리아 양식의 마름모꼴 건축물인데, 아랫층에 일천 석, 이층 및 삼층 갤러리에 각각 일천 석씩 하여 모두 삼천 석입니다. 이 크고 높은 건물의 설교 단상 뒤에는 웅장한 파이프 오르간이 솟아 있으며, 시선이 집중되는 설교 강대상은 조그만 방 하나 크기의 둥근 단상입니다.

　이 단상 자체는 지면에서 좀 떨어진 편이며 양쪽으로 계단이 붙어 있습니다. 본 건물을 지은 건축가는 분명 스펄전스 태버네클(Spurgeon's Tabernacle: 스펄전이 목회했던 교회당-역자주)를 모델로 삼은 듯합니다. 실내 장식은 어두운 빛깔이며, 조명이 흐려서 우울한 느낌을 줍니다.

　설교자는 큰 머리의 키가 작은 사람이었는데, 모발이 빠져 가는 중이었고 평범한 검정 가운을 입고 있었습니다. 그의 돌출한 큰 이마가 금방 시선을 끌었습니다. 그는 활달한 모습으로 단상 발코니의 중앙에 놓인 작은 설교용 탁상으로 걸어 와서 마이크로 확성되어 나오는 약간 투박하고 깊은 웨일스 억양으로 "기도하십시다"라고 말했습니다. 그는 즉각 하나님께서 오셔서 예배를 주관해 달라고 탄원했습니다. 그의 기도는 경외심과 친밀성, 신앙심과 신뢰심, 유창함과 단순함이 조화된 것이었습니다. 그는 놀라운 기도의 은사를 가진 자였습니다.

그는 기도가 끝나자 곧 본문(마 11장)을 또박또박 읽어 내려갔는데, 드라마틱하거나 인위적인 어투가 아니었습니다. 그는 45분간 설교하였는데, 먼저 역사와 역사의 중심인 하나님 나라에 대한 이야기와, 본 주제의 중심 인물이신 구주 왕인 예수 그리스도의 전주자(前走者)로서의 세례 요한의 중요한 역할을 강론했습니다. 이 설교로 본인은 완전히 압도되고 말았습니다.

그의 설교는 어렵지 않고 선명하며 직설적이었습니다. 그것은 방대한 스케일의 강해와 변증과 전도적인 메시지였습니다. 그것은 잘 짜여진 설교였는데, 이를 전달하는 자력적인 강설자가 자기 회중의 필요를 알고서 하나님으로부터 받은 메시지를 열정과 깊은 관심으로 쏟아 내는 것이었습니다.

그는 설교가 끝나기 몇 분 전에 하나님의 주권적인 은혜에 대해 극적인 강조를 하고 나서 궁핍한 영혼들은 그리스도께로 나와야 한다고 힘있게 설득하였습니다. 그것은 오래고 오래된 복음 메시지였지만 놀랍도록 새롭게 제시되었습니다. 본인은 경외심과 기쁨에 가득 차서 교회 문을 나섰는데, 예전에 알았던 것보다 하나님의 위대하심을 더욱 선명하게 마음 속에 느낄 수 있었습니다.

로이드 존스 목사님은 1948~49년 겨울에 마태복음 11장을 모두 설교하셨는데 이제 본서로 출간되었습니다. 강단의 천둥과 번개, 몸짓-난감한 철학자들을 가리키는 움켜 쥔 주먹, 하나님의 은혜가 내리는 모습을 드러내는 힘있게 펼쳐진 양팔, 하늘과 지옥을 가리키는 방향 전환, 그리고 하나님에 대해 외치는 트럼본 소리와 같은 전광적인 충격-이런 것들은 본인처럼 직접 설교를 들은 자들만이 알 수 있는 요소들입니다. 그렇다 하더라도 독자들이 본서의 메시지에서 예전에 듣지 못했던 영원한 복음의 장엄성을 느끼지 못한다면 본인은-약하게 표현해서-실망할 것입니다.

이 메시지들은 본인에게는 한 위대한 인간의 사역이 절정을 이루었던 최대 시기에 맺힌 가장 잘 익은 열매로써 깊은 인상을 남기고 있습니다. 이제 40년 동안 속기로 적힌 채 잠겨 있던 말씀을 새로운 세대에게 소개하게 된 것을 특권과 기쁨으로 여기는 바입니다.

짐 팩커

중대한 질문

•

"요한이 옥에서 그리스도의 하신 일을 듣고 제자들을 보내어 예수께 여짜오되
오실 그이가 당신이오니이까 우리가 다른 이를 기다리오리이까
예수께서 대답하여 가라사대 너희가 가서 듣고 보는 것을 요한에게 고하되
소경이 보며 앉은뱅이가 걸으며 문둥이가 깨끗함을 받으며
귀머거리가 들으며 죽은 자가 살아나며 가난한 자에게 복음이 전파된다 하라
누구든지 나를 인하여 실족하지 아니하는 자는 복이 있도다 하시니라."
마태복음 11:2~6

<big>이</big> 말씀들은 우리들에게 신약의
가장 핵심적인 주제에 직면케 합니다. 세례 요한은 감옥에 갇혀 있으
면서 그의 두 제자들을 나사렛 예수에게 보내어 이 유명한 질문을 던
지게 했습니다.

"오실 그이가 당신이오니이까? 우리가 다른 이를 기다리오리이까?"
말을 바꾸면 이런 뜻입니다. "당신이 우리가 고대해 온 그 메시야이십
니까? 아니면 당신을 그렇게 보는 우리들이 틀렸습니까? 그렇다면 우
리들이 다른 사람을 찾아보아야 할는지요? 혹은 앞으로 오실 메시야를
기다려야 합니까?"

이 중대한 질문은 신약 전체에서 여러 가지 형태로 던져지고 있습니다. "오실 그이가 당신이오니이까?" "너희는 그리스도에 대하여 어떻게 생각하느냐 뉘 자손이냐?"(마 22:42). 사복음서는 이 인물에 대한 초상화들입니다.

사복음서는 그분을 우리에게 제시하면서, 우리들 앞에 그분을 내세웁니다. 사도행전을 보아도 최초의 설교자들이 기독교 교회의 후원으로 돌아다니면서 역시 이 동일한 인물인 예수님에 대하여 설교하고 이야기하였음을 확인할 수 있습니다. 신약의 서신들에도 예수라는 동일한 이름이 가득 차게 나옵니다. 신약의 책들마다 그분에게 주의를 환기시키고 있습니다.

우리들은 여기서 대주제를 다루고 있음이 분명합니다. 기독교란 근본적으로 주 예수 그리스도라는 분에 대한 것입니다. 우리는 이 사실에서 출발하고 이 사실을 강조합니다. 왜냐하면 기독교는 일차적으로 교훈도 아니고 철학도 아니며 어떤 생활 방식도 아니기 때문입니다. 기독교는 그 무엇보다도 한 인격체와의 관계입니다.

신약은 어떤 의미에서 우리들이 그리스도에 대한 만족할 만한 해답에 이를 때까지는 우리들이 어떤 삶을 살아야 하는지조차 논의하지 않습니다. 신약은 이 그리스도에 대한 문제를 끝까지 붙잡고 우리들 앞에 내세우며 도전합니다.

신약은 그리스도와의 관계를 떠나서는 우리들의 질문들이나 문제들을 거론하기를 거부합니다. "나는 선한 삶을 살고 싶다"고 말하는 자에게 신약은 묻습니다.

"당신이 어떻게 그런 삶을 살 수 있는지를 논하기 전에 먼저 당신이 예수님을 어떻게 생각하는지 말해 보십시오. 예수님이 당신의 인생관과 이 세상에서 차지하는 위치가 무엇입니까?"

다시 앞에서 지적한 중대한 핵심을 강조하겠습니다. 신약의 모든 메시지는 예수님을 중심으로 한 것입니다. 그것은 예수님을 출발점으로 삼습니다. 신약의 메시지는 예수 그리스도의 복음입니다. 그것은 그리스도에 대한 엄청난 주장을 합니다. 예수님이 이 세상에 내려오신 하나님의 아들이라는 주장입니다. 신약은 오직 예수님만이 이 세상의 구주시며 세상을 구하시려고 이 땅에 오셨다고 말합니다. 그리스도를 떠나서는 천국이 없다는 것이 신약의 메시지입니다.

신약은 이 엄청난 주장을 한 다음, 계속해서 말하기를 우리들이 직면해야 하는 가장 중요한 질문은 곧 예수 그리스도에 대한 것이라고 지적합니다. 우리들의 현재의 지상 생활, 죽음의 의미, 영원한 삶이 모두 다음 질문에 대한 우리들의 답변에 달려 있다고 신약은 주장합니다.

"오실 그이가 당신이오니이까 우리가 다른 이를 기다리오리이까?" 신약은 주저 없이 오실 이가 곧 그분이라고 선언합니다.

사도 베드로는 그가 최초로 기록한 설교 중에서 확명(確明)하게 밝혔습니다. "다른 이로서는 구원을 얻을 수 없나니 천하 인간에 구원을 얻을 만한 다른 이름을 우리에게 주신 일이 없음이니라"(행 4:12). 주 예수 그리스도의 이름으로만 구원을 받는다는 확언입니다.

이것은 하나의 독단적인 주장이라고 말할 것입니다. 본인도 이에 동의합니다. 사실상 이 세상에서 신약보다 더 독단적인 책은 없습니다. 신약은 절대로 이렇게 말하지 않습니다. "당신은 다른 책들을 많이 읽고 거기에 제시된 이론들에 흥미가 있었을 것입니다. 이제 나를 읽고 한번 생각해 주십시오. 혹시 다른 책들 보다 더 흥미가 있을지 모릅니다." 아닙니다! 신약은 확정적인 선언을 합니다.

여기에 남녀 인간들이 하나님을 알고 그분과 화해할 수 있는 유일한 길이 있습니다. 여기에 인간들이 이 세상의 속박과 죄와 악으로부터 구원될 수 있는 유일한 길이 있습니다. 여기에 인간들이 죽음과 무덤의 두려움으로부터 영원히 해방될 수 있는 유일한 길이 있습니다. 여기에 인간들이 처참한 상태에서 영원을 보내는 고통을 피할 수 있는 유일한 길이 있습니다. 이것이 신약의 선언이며 진술입니다. "아들을 믿는 자는 영생이 있고 아들을 순종치 아니하는 자는 영생을 보지 못하고 도리어 하나님의 진노가 그 위에 머물러 있느니라"(요 3:36). 이것이 아니면 저것입니다. 모든 것이 이분에게 걸려 있습니다.

이제 본인은 당신이 신약의 메시지를 어떻게 생각하든지, 신약에는 예수님이라는 인물이 제일 먼저 나온다는 점을 증시했다고 봅니다. 신약은 종교에 관한 것도 아니고, 선한 생활에 관한 지침도 아닙니다. 신약은 사실상 우리들에게 이렇게 말합니다.

"나는 당신이 그분에 대한 견해를 분명히 드러낼 때까지는 당신의 어떤 말에도 관심이 없습니다." 그분이 중심이며 첫째입니다. 만약 우리들이 그분에 대해 그릇된다면 우리들이 모든 다른 일들에서 바르다고 해도 아무런 소용이 없습니다.

그러므로 본 메시지에 비추어 우리들에게 다음의 질문보다 더 중요한 것은 없습니다. "예수 그리스도는 우리에게 무슨 의미가 있습니까?" 요한은 감옥에 갇혔을 때 두 제자를 예수님께 보내었습니다. 그에게는 세상에서 가장 중요한 질문이 있었기 때문입니다. "이분이 과연 메시야이신가, 아닌가?"

본인은 현재 많은 사람들의 주의를 끄는 시국에 관한 여러 가지 의문들이 중요하지 않다고 여기는 것은 아닙니다. 그것들은 우리들의 관심사여야 합니다. 신약은 우리가 이런 세상 문제들, 예를 들어 전쟁이 날 것인지 안 날 것인지에 대해 무관심하라고 가르치지 않습니다. 이런 것들은 물론 중요하며 우리들의 당연한 관심사입니다. 그러나 신약은 이런 모든 것들이 지나가는 사물이라고 말합니다. 전쟁이 현재 일어날 수도 있고 안 일어 날 수도 있습니다. 우리들은 이런 일들이 발생할는지 안 할는지 모릅니다. 어쨌든 신약은 말합니다.

"이 세상에서의 당신의 삶은 지나가고 있습니다. 그러나 여기에 영구한 관심이 되어야 할 무엇이 있습니다. 그것은 이 세상을 넘어서도 당신을 따를 것입니다. 그것은 당신의 영원한 운명을 결정합니다. 이 얼마나 중요한 일이겠습니까!"

우리 주님은 자신을 이런 의미로 사람들에게 소개하셨고, 그의 제자들도 같은 방식으로 이 세상을 다니며 설교했습니다. 우리들은 그 기록을 여기에 가지고 있는데, 사람들이 그들의 메시지를 듣고 보였던 반응까지 읽을 수 있습니다. 신약은 사람들이 메시지에 대해 보이는 반응을 항상 알려 줍니다. 다행스럽게도 신약에는 그것에 대한 긍정적인 진술들과 역사가 기록되어 있습니다.

반면에 신약은 이 메시지를 거절한 사람들도 많다고 분명히 지적합니다. 어떤 이들은 아예 듣지도 않았고, 어떤 이들은 듣고서 생각해 본 후에 거의 믿으려다가 그만두었습니다. 사람들의 반응은 갖가지였습니다.

　본인은 이 같은 기록이 남겨진 것을 하나님께 감사합니다. 왜냐하면 신약에서 서술된 이러한 역사적인 사람들의 반응에 우리들이 자신들을 일치시킬 수 있기 때문입니다. 이 기록의 훌륭한 점은 우리들이 자신들의 입장을 스스로 진술하는 것보다 훨씬 더 나은 방법으로 말해 주는 것입니다.

　본문에 나온 사건에서 우리는 예수 그리스도를 받아 들이는 문제의 어려움을 다룬 한 실례와 예시를 읽을 수 있습니다. 이것은 세례 요한의 유명한 사건입니다. 우리는 이 이야기가 많은 사람들에게 적용되므로 하나의 모델 케이스로 삼겠습니다. 본 사건을 잘 살펴보면 세례 요한과 그의 제자들이 봉착했었던 문제들이 지금도 많은 사람들의 문제로써 다시 등장하고 있음을 알 수 있어서 도움이 됩니다. 이제 이해를 돕기 위해 배경 설명을 약간 해드리겠습니다.

　세례 요한은 우리들이 지금 고찰하는 이 사건 이전에 예수님에 대해서 매우 주목되는 증언을 했었던 인물이었습니다. 어느 날 그는 자기 제자들과 함께 있다가 나사렛 예수님이 걸어오시는 것을 보았습니다. 그는 자기를 따르는 사람들을 향해 이렇게 외쳤습니다.
　"보라 세상 죄를 지고 가는 하나님의 어린양이로다."
　요한은 이때 예수님이 곧 메시야라는 엄청난 선언을 했었습니다. 다른 모든 유대인들처럼 요한도 대구원자의 도래를 고대했습니다. 그것은 이스라엘 백성들이 그들의 굴곡 많은 인생의 부침(浮沈)을 당할 때에 큰 희망이 되었습니다.

이스라엘 백성들은 비범하고 탁월한 인물인 한 메시야가 올 것이라는 약속을 여러 선지자들을 통해 하나님으로부터 받았습니다. 한 예로써 이사야 35장은 이 구원자가 오실 때 따르게 될 복을 서술했습니다. 그래서 이스라엘 백성들은 메시야의 오심을 대망하였습니다. 이제 요한은 예수 그리스도가 곧 그들이 기다렸던 구원자라고 증언하였습니다. "보십시오. 저분이 그분이십니다. 하나님의 어린양을 보십시오."

그러나 지금 요한은 투옥중이었습니다. 그는 감옥에 한동안 갇혀 있으면서 두 제자를 보내어 본문의 질문을 던지게 했습니다. 이것은 의심일까요? 아니오! 그렇지 않다고 저는 생각합니다. 이것은 침체입니다. 의심과 신자들의 침체(Depression)는 전혀 다른 것입니다. 본인은 이 문제에 시간을 끌고 싶지 않습니다. 그러나 우리들은 의심과 침체 사이의 중요한 차이점을 붙잡아야 합니다.

요한은 아마 감옥의 열악한 환경 때문에 침체에 빠졌을 것입니다. 그리고 그의 침체는 그의 추종자들에 의해 더욱 깊어졌다고 믿습니다. 요한의 제자들은 예수님에게 더 많은 무리들이 끌리는 것을 보고 질투가 일어났을 가능성도 있습니다. 그래서 그들은 감옥에 갇힌 요한에게 가서 이 사실을 상기시켰을 듯합니다.

"선생님, 만일 이 사람이 메시야라면 어째서 선생님을 감옥에 이렇게 내버려 두겠습니까? 그분이 정말 메시야라면 선생님을 구원해 주시지 않겠습니까?"

지쳐 있던 요한은 이런 말들을 듣고 육체적으로 십중팔구 고통을 받으면서 침체에 빠져서 그의 질문을 예수님께 여쭙게 했을 것입니다.

요한의 질문이 자기 자신을 위한 것이었는지 아니면 자기 제자들을 위한 것이었는지에 대한 견해가 분분합니다. 그러나 어떤 점에서 어떻게 보아도 아무 상관 없습니다. 본인은 한쪽이든 양쪽이든 다 동의할 용의가 없습니다. 요한의 질문은 아마 양면적이었을지 모릅니다.

그는 자기 제자들을 돌아보며 "당신들의 말에 일리가 있는 듯하니 한번 여쭈어 봅시다."라고 말했을 수도 있습니다. "오실 그이가 당신이 오니이까, 우리가 다른 이를 기다리오리이까? 우리에게 대답해 주십시오. 이것은 우리에게 대단히 중요한 일입니다. 우리들이 당신을 전적으로 믿어야 합니까, 아니면 다른 사람을 기다려야 합니까? 당신은 제가 그렇다고 증언한 그 인물이십니까? 당신은 과연 당신이 주장하는 사람입니까?"

이 이야기는 본문의 주인공에 대해 이 세상 사람들이 어려움을 느낀다는 점을 상기시킵니다. 예수님은 요한의 질문에 답변하시면서 이렇게 말씀을 마치셨습니다.

"누구든지 나를 인하여 실족하지 아니하는 자는 복이 있도다." 풀이하면 이런 뜻입니다. "내게서 조금도 거슬리는 것을 찾지 못하는 자는 행복하다. 나에게 걸려 넘어지지 않는 자는 행복하다. 자기 자신과 나를 진정으로 믿는 것 사이에 아무 것도 중간에 막아서지 못하게 하는 자는 행복하다."

사람을 넘어지게 하는 것들은 여러 가지입니다. 복음서와 사도행전 그리고 후기 기독교 교회의 기록들은 많은 실족의 사례들을 싣고 있습니다. 그리스도와 그분의 메시지에 넘어지는 사람들이 있습니다. 본인이 이 주제를 언급하는 것은 그런 분들의 어려움에 직면해 보고 싶기

때문입니다. 이것은 본인이 단순히 신약과 그 가르침에만 관심이 있어
서가 아닙니다.

만약 신약의 복음이 옳다면, 그것을 믿지 않는 것이 영벌을 의미하기
때문에 실족의 문제를 다루는 것입니다. 만약 예수님이 메시야인 것이
사실이라면 그분을 믿는 것은 이 세상에서 가장 긴급한 문제입니다.
이것은 내 영혼의 영원한 구원을 결정하는 중대한 일입니다. 그럼 이
문제를 살펴보십시다.

예수님을 전혀 생각해 보지도 않는 사람들이 있습니다. 우리들은 그
런 사람들 때문에 시간을 지체할 필요가 없습니다. 혹시 독자 중에 그
런 분이 계신다면 즉시 예수님을 생각해 보시기 바랍니다. 과거에 그
분을 고려할 필요가 없다고 여겼을지라도 지금 재고해 보십시오.

본인이 이제 여기서 관심을 두는 분들은 예수님을 보고서 어려움을
느끼는 사람들입니다. 함께 말씀을 생각하면서 그런 분들의 필요를 도
와드리도록 시도해 보겠습니다. 사실상 마태복음 11장에서 우리들은
현대인들이 주 예수 그리스도를 믿는 이래 어려움이 되는 부분들을 거
의 다 찾을 수 있으므로 다음 세 가지로 그 문제점들을 분류하겠습니
다.

첫째, 예수님의 인격체에 대한 어려움이 있습니다. 둘째, 사람들은
예수님에게 일어난 일에 대해 어려움을 느낍니다. 셋째, 예수님이 행
하신 것과 행하시지 않는 것들 때문에 어려움이 있습니다. 이 세 가지
측면은 본문에서 서술된 한 가지 사건에 모두 제시되어 있습니다. 우
선 예수 그리스도의 인격체에 관한 문제들부터 생각해 봅시다. 이 문
제들은 간단하고 직설적으로 쉽게 다룰 수 있습니다.

나사렛 예수라는 사람이 도대체 누구입니까? 그가 단순한 인간입니까? 아니면 그 이상의 인물입니까? 그는 도덕적 상황에 대한 위대한 스승입니까? 그는 최대의 철학자나 최고의 사상가입니까? 그에 대한 주장들은 무엇입니까? 여기에서 많은 사람들이 넘어집니다.

어떤 이는 말합니다.

"네, 나는 나사렛 예수에 대해 관심이 있습니다. 나는 그분에 대해 읽기를 좋아합니다. 나는 그분의 가르침에 흥미를 느끼며, 그분의 삶을 본받고 싶습니다. 그런데 나의 문제는 신약이 여기서 그치지 않는다는 것입니다. 신약은 성육신의 기적에 대해 말하면서 베들레헴의 구유에 누운 아기가 영원하신 때부터 하나님의 품 속에 있던 하나님의 아들이니 그를 믿으라는 것입니다. 이 아기는 신약의 주장에 의하면 영원한 세계에서 이 세상의 시간 속으로 들어와서 육신이 되었습니다. 그러니까 하나님 자신이 인간의 육신을 취하고 사람이 되었다는 말입니다. 나에게는 이 성육신의 기적이 문제입니다. 당신의 신약성경과 기독교 교회의 독단적인 가르침은 이 성육신을 나보고 수락하라고 요청합니다."

"동정녀 탄생도 걸림돌이 됩니다. 나는 예수님이 처녀의 몸에서 낳았으며 성령으로 잉태되었다는 말이 이해되지 않습니다. 이 세상에 태어나는 모든 아기들과는 달리 예수님은 비록 인간의 어머니는 있어도 인간의 아버지가 없다고 합니다. 성령이 마리아에게 내려서 아들을 낳았다고 하면서 이것을 믿으라고 하는데 나는 좀 곤란합니다. 그리고 신약은 또 예수님의 인격체에 대한 엄청난 교리를 믿으라고 요구합니다. 예수님은 두 개의 본성을 가졌으면서도 한 사람이라고 하는데, 신성과 인성이 혼합된 것이 아니고 신성과 인성의 두 본성이 다 있으니 이것도 믿어야 한다고 신약은 말합니다. 다시 말해서 신약의 주장은 예수님의 인성과 신성은 참된 두 개의 본성이지만 인격체로서는 동일한 한 인물이라는 것입니다. 그러니까 신약은 예수님이 신(神)이면서 인간이라는 것을 우리가 믿어야 한다고 말합니다."

질문자는 또 말합니다.

"내게는 문제가 있습니다. 예수님? 좋습니다. 그의 가르침? 좋습니다. 세상이 지금까지 들어 온 것 중에서 가장 훌륭한 거의 하나입니다. 전세계가 그의 가르침을 실천한다면 얼마나 좋겠습니까! 나는 그분의 가르침과 모범을 따라서 살고 싶은 용의가 있습니다. 그러나 당신의 복음은 그 이상입니다. 나는 다른 것들도 믿어야 한다고 요청을 받습니다만 믿어지지 않습니다. 나는 성육신의 아이디어나 그런 기적을 이해하지 못합니다. 인생은 그런 것이 아닙니다. 현실의 삶 속에서 기적은 일어나지 않습니다. 나는 손으로 만질 수 있고, 느낄 수 있고, 측정하고 조종할 수 있는 사물들에 익숙합니다. 나는 내 정신과 이성과 논리가 납득할 수 있는 사물들을 대하면서 삽니다. 그런데 당신은 여기서 내가 수락할 수 없는 초자연적인 것들을 소개합니다."

많은 사람들이 이런 것들에 걸려 넘어집니다. 그들은 그것들을 이해하지도, 믿지도 못합니다. 그들은 그 모든 것들에 대해 의심하며 확신하지 못합니다. 그러면서도 그들은 교회에 다니고 예수 그리스도에 대한 설교도 듣습니다. 그들은 그리스도에 대한 종교 서적들도 읽습니다. 그래도 그들은 자신들이 그리스도인이 아님을 압니다. 그들은 이런 문제들을 안고 이 세상에서 불행한 삶을 삽니다. 그들은 기독교를 포기는 못하면서도 그리스도를 믿거나 그분께 항복하지 않습니다. 그들은 그리스도의 인격에 대한 교리에 넘어집니다.

이런 사람들에게 당신은 어떻게 말하겠습니까? 다행하게도 그들을 위해 본문의 이야기에 아주 선명하게 대답이 나와 있습니다. 그런 사람들에게 신약이 말하는 것은, 요약하면 이렇습니다.

"우선 그것이 당신의 입장이라면 본인은 그 같은 문제를 충분히 이해하고 동정합니다. 이 문제를 본인은 최선껏 사랑과 동정의 마음으로 다루려고 합니다. 우리들이 지금 생각하는 성경 본문에서 당신을 향해 주는 큰 메시지는 이것입니다. 그분께로 가십시오. 즉시 그분께로 가서 당신의 질문을 그분께 던지십시오."

이제 부정적으로 언급하겠습니다. 우리들이 지금 거론하는 이 중요한 문제들이 추상적이거나 철학적인 논의나 고찰이 아닙니다. 그것들은 이성적 영역에서만 다루어져야 하는 주제들이 아닙니다. 이것이 세례 요한의 교훈입니다. 요한은 감옥에 있었습니다. 그의 제자들이 와서 끈질긴 질문들을 던졌습니다.

"선생님의 생각이 옳다고 여기십니까? 우리는 그분이 어떤 일은 하시고 어떤 다른 일은 안하신다고 들었습니다. 어쨌든 그분이 왜 선생님을 이렇게 감옥에 내버려 두십니까?" 요한은 그의 제자들이 이런 논의를 계속할 때에 올바른 태도를 취하였습니다. 그는 이렇게 제안하였습니다. "토론과 논쟁을 그치고 그분께로 가십시오!" 그는 두 제자들을 예수께 보내어 묻게 했습니다. "오실 그이가 당신이오니이까 우리가 다른 이를 기다리오리이까?" 그러므로 현안 문제는 추상적이고 학적이며 철학적인 방법으로는 해결도 이해도 못한다는 사실을 처음부터 인식해야 합니다.

여기에는 좋은 이유들이 있습니다. 두 가지만 말씀드리겠습니다.

첫째,―사실 이것만으로도 충분합니다마는―만약 성경이 그분에 대해 말하는 것이 옳고 참되다면 그것은 인간의 지성을 초월하는 것이 아닐 수 없습니다. 당신은 말하겠지요. "맞습니다. 그러나 나는 기적들을 이해하지 못합니다." 물론 당신은 기적을 이해할 수 없습니다. 누구도 그것을 이해하지 못합니다. 만일 당신이 이해할 수 있다면 그것은 기적이 될 수 없습니다. "나는 초자연적인 것을 깨닫지 못합니다." 그것은 확실히 그렇습니다. 성육신의 교리를 이해한 사람은 아무도 없었습니다.

본인은 성육신을 생각할 때에 사도 바울의 고백에 동의합니다. "크도다 경건의 비밀이여"(딤전 3:16). 본인의 머리는 그것을 이해하기에는 너무 작습니다. 나의 지력은 무한성과 무변성과 영원성의 영역을 헤아릴 수 없습니다. 나의 보잘것 없는 이성과 논리는 하나님의 아들이 자신을 비우시고 겸비해지신 성육신의 개념을 이해하기에는 너무도 부족합니다. 본인은 감히 그것을 이해한다고 주장하지 않습니다. 누가 동정녀 출생과 같은 아이디어를 이해할 수 있겠습니까?

그것은 이해와 이성을 초월합니다. 섞이지 않고 별도로 존재하는 두 개의 본성이 하나의 인격체 속에서 공존한다는 교리를 누가 이해하겠습니까? 본인은 성부, 성자, 성령의 삼위 일체를 이해할 수 없습니다. 저는 도저히 알 수 없습니다. 우리들은 그것을 알려고 애쓰는 일이 절대로 없어야 합니다.

복음은 그것이 인간의 논리나 이해를 초월하는 영역에 있다고 주장합니다. 그것은 하나의 계시이며 우리에게 오는 하나의 진술이며 선언입니다. 그것은 하나님의 선물입니다. 그렇기 때문에 논리를 내세우며 무한하고 영원한 것을 이해하려고 빙빙 돌기만 하지 말고 그분께 가야합니다.

둘째 이유는 이것입니다. 만일 초자연적인 것들이 인식이나 추상적인 논리의 문제라면 신약의 복음과 구원은 극소수의 사람들만을 위한것입니다. 당신은 전문 철학자가 되거나 비상한 두뇌로 대학에 가서 철학을 공부해야 할 것입니다. 그렇게 되면 보통 사람들은 복음의 혜택을 못 받을 것입니다.

그러나 하나님께 감사합시다. 복음은 보통 사람들이 듣고 기뻐할 수있는 것입니다.

"백성이 즐겁게 듣더라"(막 12:37).

철학자들은 보통 사람들에게 강론할 수 없습니다. 일반 백성들은 그들의 말을 해독하지 못합니다. 헬라의 철학자들은 그런 일반인들과는아무 상관이 없었습니다.

그러나 복음은 가난한 대중에게 전파되었습니다. 이것이 중요한 핵심입니다. 꼭 있어야 하는 것은 이해가 아니고, 수락이며 투신입니다. 그것은 당신 자신을 예수 그리스도에게 드리는 것입니다.

그러니까 복음이란 그리스도에 대하여 어려움을 느낄 때에 부질없는논쟁으로 끝낼 일이 아님을 알 수 있습니다. 본인은 지금 경험으로 아는 이야기를 하고 있습니다. 여러 해 동안 본인도 따지면서 토론도 하고 논쟁도 해보았지만 시작한 지점으로 결국 다시 돌아갈 뿐이었습니다. 본인은 주저없이 말씀을 드립니다.

만일 당신이 이 복음의 본질을 이해하려고 고집을 피우면 현재 당신이 처한 동일한 입장에서 죽게 될 것입니다. 이성적인 이해를 하려고 애쓰지 말고 세례 요한처럼 하십시오. 그분께로 가십시오. 복음서에서 그분을 만날 때에 곧바로 그분께로 가십시오.

이 때문에 하나님의 은혜로 복음서가 씌어졌습니다. 우리들은 직접 몸으로 그분께 갈 수는 없으나 복음서로 갈 수는 있습니다. 우리는 복음서에서 그분을 볼 수 있습니다. 우리들이 보는 것은 이런 것입니다.

우리들은 즉시 이상한 역설적 요소에 직면합니다. 우리들은 분명한 모순에 봉착합니다. 그분을 보고 갖는 우리의 인상은 양극적입니다.

"그는 놀라울 정도로 우리와 같지 않은가?" 그러나 다음 순간에 우리는 외칩니다. "전혀 우리와 다른 분이구나!" 이것은 매우 이상한 모순입니다. 예수님 자신의 주장을 들어 보십시오.

"아브라함이 나기 전부터 내가 있느니라"(요 8:58).

"나를 본 자는 아버지를 보았거늘"(요 14:9).

"내가 곧 길이요 진리요 생명이니 나로 말미암지 않고는 아버지께로 올 자가 없느니라"(요 14:6).

"…너희가 들었으나 나는 너희에게 이르노니…"(마 5:27,28).

이것은 예수님 자신에 대한 스스로의 놀랍고 어마어마한 주장입니다. 예수님이 또 다른 사람들을 보고 하시는 매우 예외적인 요구도 들어 보십시오.

어떤 세관원이 평상 근무를 하고 있었습니다. 그런데 이분이 오더니 "모든 것을 놔두고 나를 따르라!"고 명하였습니다. 그분은 전폭적인 충성을 요구합니다. 자신과 타인에 대해서 이런 주장을 한다는 것이 얼마나 놀랍고 충격적입니까!

이제 다시 그분을 보십시오. 그분의 이해력을 생각해 보십시오. 그분께서 과거에 그 누구도 하지 못했던 방법으로 성경을 푸시는 것을 들어 보십시오. 그분은 율법 박사들보다 더 많이 아십니다. 그분의 말씀에는 사람들이 예전에 알지 못했던 권위가 있습니다.

이제 그분의 사역들을 보십시오. 그분은 치유의 기적들을 행하고, 바다 위를 걷습니다. 이 놀라운 사람을 보십시오. 그의 능력의 행위들을 보십시오. 그분의 죄 없음을 보십시오. 그의 원수들도 그분에게 손가락질을 하지 못했습니다. 그분은 전혀 죄가 없는 완전하신 분입니다.

또 다른 비상한 측면이 있습니다. 이분이 어디서 이 모든 지식과 정보를 얻었을까요? 당신은 그분의 출생과 자란 환경을 가지고 이 점을 설명할 수 있겠습니까? 소위 말하는 그분의 부모는 너무도 가난해서 그분이 태어났을 때 여관방이 없어서 아기를 구유에 뉘었습니다. 그들은 정결 의식을 위해 아기를 성전에 데리고 갔을 적에도 두 마리의 비둘기 이외에는 더 나은 것을 바칠 수 없었습니다.

그분은 목수였으며, 바리새인들과 같은 교육을 받지 못하였습니다. 그분은 학교를 다닌 적이 없었습니다. 그래서 당신은 그분의 이해력을 자연적인 출생이나 환경으로 설명할 수 없습니다. 그럼에도 그분은 지식이 있었습니다. 그의 원수들도 이 사실을 인정했습니다.

자신에 대한 이 놀라운 능력과 권위와 확신과는 대조적으로 예수님은 겸손한 분이었습니다. "상한 갈대를 꺾지 아니하며 꺼져 가는 등불을 *끄지 아니하고*"(사 42:3). 온순하고 겸비하신 예수님입니다. 이 같은 분이 일찍이 없었습니다. 그분은 폭풍을 명령하고 격랑의 파도를 가라앉혔습니다. 그분은 동정과 자비로 가득 찼습니다. 그분은 천민과 죄인들의 친구였습니다. 그분은 피곤하고 배고프고 지치는 것이 무엇인지를 체험적으로 아셨습니다. 그분은 자연계를 통어할 수 있었지만 이런 고통들을 받았습니다.

그분은 그처럼 많은 것을 아셨지만, 자신이 모르는 것들이 있다고 말씀하셨습니다. 그분은 자신의 모든 가르침이 자신의 아버지인 하나님으로부터 직접 받은 것이라고 하셨습니다. 그분은 자기 제자들을 선택하는 중요한 문제가 있었을 때에는 이른 새벽에 일어나서 하나님께 기도하였습니다. 그분은 "나는 하나님을 의존한다"고 말씀하셨습니다.

그분은 모든 것을 아시면서도 모르는 것들이 있었습니다. 이것은 매우 이상한 현상입니다. 한 인격체에 이런 모순이 양립한다는 것은 수수께끼입니다. 당신은 이분에 대해 불편을 느끼십니까? 그러시다면 그분께로 달려가십시오. 복음서에서 그분을 만나십시오. 그리고 거기서 그치지 마십시오.

만약 예수님의 성육신이나 동정녀 출생이나 그분의 인격체 등에 관해서 의문이 생기면 그분께로 직접 가실 뿐만 아니라 당신의 무릎도 꿇으십시오. 그분께 당신의 문제를 풀어 놓으십시오. 성령을 달라고 청하십시오. 빛을 비추어 달라고 청하십시오. 이렇게 말하십시오.

"나는 당신을 혼자 두지 못하겠습니다. 저는 당신과 해결을 보아야 하겠습니다. 나는 이런저런 것들로 넘어집니다. 나는 만족하지 않습니다. 나의 어둠을 밝혀 주십시오. 나의 요청을 만족시켜 주십시오."

이같이 하시면 당신은 요한이 받았던 것과 유사한 해답을 얻을 것입니다.

신약에는 이러한 문제들에 대해서 힘있게 응답한 것들도 있습니다. 우선 예언의 성취입니다. 우리 주께서 요한의 제자들에게 하신 말씀을 다시 들으십시오.

"소경이 보며 앉은뱅이가 걸으며 문둥이가 깨끗함을 받으며 귀머거리가 들으며 죽은 자가 살아나며 가난한 자에게 복음이 전파된다 하라"(마 11:5).

왜 이런 말씀을 하셨을까요? 옛 선지자들이 말하기를 메시야가 오면 그런 일들을 할 것이라고 했기 때문입니다. "요한에게 가서 내가 선지자들이 메시야에 관해서 예언한 일들을 하더라고 전하시오"라는 것이 예수님의 응답이었습니다.

그리스도의 인격에 대해서 의문이 있으면 구약 예언들을 읽으십시오. 그리스도의 출생도 놀라울 정도로 상세하게 예언되었습니다. 그래서 베드로는 "우리에게 더 확실한 예언이 있다"고 증언했습니다(벧후 1:19). 이 메시야에 대해서 예언된 것들의 목록을 만들어 보면 그 내용들이 그리스도에게 그대로 적중된다는 것을 발견할 것입니다.

그 다음, 본문에서 주님이 세례 요한에게 말씀하시지 않은 것이 신약의 다른 부분에 기록되어 있습니다. 만약 당신이 그리스도에 대해 문제를 가지고 계신다면 그분의 부활이 얼마나 놀라운 사실인지를 살펴보십시오. 만약 그리스도가 죽은 자들 가운데서 살아나지 않았더라면 기독교 교회는 존재할 수 없었을 것입니다. 당신은 부활 사건을 일소에 부칠 수 없습니다. 당신은 그것을 직면하고 어떤 설명을 해보아야 합니다. 또한 그분이 여러 세기에 걸쳐 행한 모든 일들을 생각해 보십시오. 그분이 자기의 추종자들과 제자들에게 하신 일과 그 이후에 행하신 일들을 생각해 보십시오. 기독교 교회사를 읽어 보십시오. 당신은 그것들을 성경에 기록된 그분에 대한 말씀을 떠나서 설명할 수 있겠습니까? 그것들은 이 세상이 지금까지 알고 있는 최대의 세력입니다. 인간의 역사는 그분을 떠나서는 기록될 수도 없었을 것이며, 당신은 그분을 제쳐놓고서는 인간 역사를 설명하지도, 이해하지도 못합니다. 그분은 만사를 지배하십니다. 그분은 십자가 위에서까지 고난의 시간을 딛고 다스렸습니다.

우리들이 배워야 할 교훈과 메시지는 이것입니다. 예수님에 대해서 문제가 있으면 따져서 이해할 생각을 마십시오. 우리들은 논리와 토론을 버리고 그분께 가서 직접 만나야 합니다. 그분을 만나 보십시오. 성경에서 그분을 보십시오. 기도로써 그분께 말하십시오. 기독교 교회사의 증언을 들으십시오. 그렇게 하면 당신도 과거의 많은 사람들이 다다랐던 결론에 이를 것입니다.

요한복음 7장에 보면 성전 경비병들이 예수님을 체포하러 가는 장면이 나옵니다. 그리스도를 좋지 않게 여겼던 관원들은 그분을 도저히 이해할 수 없자 체포하여 예루살렘으로 끌어오게 했습니다. 그런데 얼마 후에 경비병들은 그리스도 없이 그냥 돌아왔습니다. "도대체 어찌된 거요?" 관원들이 물었습니다. "왜 죄수를 끌고 오지 않았소?" 경비병들은 "지금까지 이 사람처럼 말한 사람이 없었습니다"라고 대답했습니다. 다른 말로 옮긴다면 이런 뜻이었습니다.

"당신들은 여기 예루살렘에 앉아서 그 사람에 대하여 논쟁만 했지 그분에 대해 전혀 이해하지 못하고 있습니다. 우리들도 당신들의 말만 들었을 때에는 당신들과 똑같은 생각이었습니다. 그러나 당신들이 그 사람을 잡아오라고 우리를 보냈기 때문에 가서 그 사람의 말을 들어 보았습니다. 그런데 누구도 그 사람처럼 말하는 것을 들어 본 적이 없습니다.

우리들은 그분을 이해할 수 없겠지만 그분에게 도저히 손을 댈 수 없었습니다. 사실 당신들도 여기서 이렇게 토론만 할 것이 아니라 직접 가서 그 사람의 말을 들어 보면 왜 누구도 그분처럼 말한 적이 없는지를 인식하게 될 것입니다." 그들의 문제는 그리스도에게 감으로써 해결되었습니다.

또 다른 예로써 한 백부장의 이야기를 들 수 있습니다. 그도 메시야라고 주장했었던 이 비상한 인물에 대한 토론을 많이 들었으며, 방금 그분이 무력하게 십자가에서 처형된 것을 목격했습니다. 그는 예수님이 운명하심을 보고 이렇게 말했습니다.

"이 사람은 진실로 하나님의 아들이었도다"(막 15:39).

이제 마지막 예로써 예수님의 제자였던 도마의 경우를 보겠습니다. 그는 본인의 요점을 아주 정확하게 대변해 줍니다. 당신은 논리나 이성으로 아무리 따져 보아도 결코 만족하지 못할 것입니다. 그러나 당신이 그분을 보면 그 순간에 당신이 그분에 대해서 가졌던 문제들이 풀리고 해답이 당신에게 주어질 것입니다. 도마의 이야기를 들어 보십시오.

그리스도가 돌아가신 후에 그의 사도들은 흩어졌습니다. 나중에 사도들은 한 다락방에 다시 모였는데 그리스도께서 그들에게 나타나셨습니다. 그런데 도마는 그때 없었고 나중에 다락방으로 가서 다른 사도들을 만났습니다. 사도들은 그에게 주님이 다녀가셨다고 일러 주었습니다. 그렇지만 도마는 믿지 않았습니다. 그는 이성적 차원에서 이해하려고 시도했기 때문에 예수님의 출현을 있을 수 없는 일로 받아들였습니다. "나는 그것을 믿지 못하겠소. 나는 그것을 인정할 수 없소. 나는 그분을 직접 내 눈으로 보아야겠소. 나는 그분의 못자국에 내 손을 넣어 보아야 하겠소. 나는 이 이야기를 못 믿겠소." 그런데 나중에 주님이 그 다락방에 나타나셔서 그에게 말씀하셨습니다. "도마야 너의 손가락이 어디 있느냐? 내 옆구리의 상처 속에 넣어 보아라." 그러자 도마는 완전히 깨어져서 그럴 필요가 없다고 말했습니다.

그는 주님의 발 아래 엎드려 "나의 주시며 나의 하나님이시니이다"라고 고백하였습니다. 그럼 그가 부활을 이해했다는 뜻일까요? 물론 아닙니다. 그는 예수님의 부활이 하나의 사실임을 알았을 뿐이었습니다.

따라서 그리스도에 대한 당신의 문제는 이해를 하고 못하고가 아니고, 사실의 문제입니다. 그리스도는 하나님이시면서 또한 인간으로 우리에게 나타나시는 놀라운 분입니다. 이분의 신분을 달리 어떻게 설명하시겠습니까? 우리는 예수님에 대해서 문제를 가진 자들에게 달리 더 어떻게 말하겠습니까? "하나님이시며 인간이신, 하나님의 아들이 육신으로 오셨습니다. 나의 주시며 나의 하나님이십니다."

여러분, 무한하고 절대적인 것을 이해하려고 무익한 시도를 하지 마십시오. 그분께로 가십시오. 성경에서 그분을 만나 보십시오. 기도로써 그분께 말하고 그분께 묻고 그분께 나아가십시오. 본부로 바로 직행하십시오. 그분 자신에게 가서 모든 것을 맡기십시오. 그렇게 하면 당신의 영혼은 만족하게 될 것입니다. 그분께 당신의 모든 문제들을 내려놓으십시오. 그것은 당신의 시간 낭비를 막고 당신의 문제들을 영구히 해결시킬 것입니다. "오실 그이가 당신이오니이까 우리가 다른 이를 기다리오리이까?" 그분이 주 예수 그리스도이시며, 하나님의 아들이시며, 이 세상의 구주이십니다.

그리스도께로
가십시오

•

우리들이 앞에서 살폈듯이 본문
은 신약의 중심 주제와 메시지에 직면하게 합니다. 그것은 곧 우리들
로 하여금 주 예수 그리스도를 대면하게 하는 것입니다. 신약은 평화
와 전쟁과 문화와 교육에 대한 어떤 일반적인 메시지를 주지 않습니
다. 신약은 무엇보다도 예수라는 분에 대해서 말합니다.

신약은 한걸음 더 나아가, 그분이 메시야며 이 세상의 구주라고 주장

합니다. 신약은 그와 같은 어떤 다른 인물이 이 세상에 존재한 적이 없다고 말합니다. 그분은 하나님의 아들인데 육신으로 오셔서 우리와 함께 계셨다는 것입니다. 그분은 신인(神人, God-man)입니다. 신약은 또 우리들이 그분을 다른 위대한 스승들과 비교해서는 안 된다고 말합니다. 우리들은 그분을 공자, 석가모니, 모하멧과 같은 종교 지도자들이나 다른 유명한 철학자들과 비교하지 말아야 합니다. 그분은 전혀 차원이 다르기 때문입니다.

다시 말해서 신약은 하나님 자신이 인간들과 이 세상에 대해서 행하신 일을 기록했음을 주장합니다. 그 일은 하나님의 구원입니다. 신약은 이 구원의 큰 메시지를 우리들이 직면하기를 원합니다. 이것이 신약 전체에서 읽을 수 있는 주제이며 관심입니다.

우리들은 세례 요한의 기사를 생각해 보는 중입니다. 이 기사는 구원의 메시지를 거론할 뿐만 아니라 여러 종류의 사람들이 이 중요한 문제를 놓고 겪는 어려움들을 우리들에게 상기시켜 줍니다. 다시 말씀드리지만 요한은 감옥에 있었습니다. 그는 회의에 빠지지는 않았지만 사기가 저하되어 있었습니다. 한편 그의 제자들은 우리 주님이 메시야인지 아닌지에 대해서 완전히 회의적이었습니다.

그래서 요한은 그들을 예수님 자신에게 직접 보내어 "오실 그이가 당신이오니이까"라고 묻게 했습니다. 예수님은 요한의 제자들에게 메시지를 보내면서 요한이 보고 들은 것을 상기시키고 "누구든지 나를 인하여 실족하지 아니하는 자는 복이 있도다"라고 덧붙였습니다. 바꾸어 옮기면 이런 말씀입니다. "나를 보고 언짢게 여기지 않는 자는 복이 있다. 자기 자신과 나 사이에 장애물을 놓지 않고 나를 믿는 자는 복이 있다."

사람들은 신약을 읽고 그 메시지를 들으면 '네, 그렇지만⋯' 이라는 반응을 보입니다. 이 '그렇지만' 에는 세 가지 측면의 문제가 들어 있습니다. 첫째 측면은 1장에서 다루었습니다. 그것들은 그리스도의 인격에 대한 난점들이었는데, 성육신, 동정녀 출생, 한 인격체에 공존하는 두 본성, 삼위 일체 교리들이었습니다.

본인은 두번째 측면의 문제도 잠시 언급했었는데, 그것은 주님께 일어났던 일, 특히 그분의 죽음에 대한 것이었습니다. 세번째 측면은 주님이 행한 일과 행치 않은 일에 대한 문제입니다.

이제 두번째 측면의 난점을 생각해 보겠습니다. 많은 사람들이 그리스도의 죽음에 대한 신약의 교리에 걸려 넘어집니다. 이 십자가의 교리, 곧 그리스도의 몸과 피가 다른 신약 교리들보다 더 큰 장애물이 되는 듯합니다. 사실상 십자가의 교리는 예수님의 제자들에게도 큰 걸림돌이었습니다.

우리 주님이 가이사랴 빌립보에서 자신의 죽으심에 대하여 분명하게 밝히시자 조금 전에 "주는 그리스도시요 살아 계신 하나님의 아들이시니이다"라고 고백했던 베드로까지 "주여 그리마옵소서 이 일이 결코 주에게 미치지 아니하리이다"고 말하였습니다.

예수님의 제자들은 십자가에 걸려 넘어졌습니다. 그들은 예수님의 십자가 죽음을 이해하지 못하였습니다. 예수님의 십자가행을 말렸던 제자들은 꾸중을 들어야 했습니다. 제자들은 결국 예수님을 버리고 모두 도망 쳤습니다. 그들은 예수님의 부활 이후에야 십자가를 참되게 이해하게 됐습니다.

복음이 처음에 전파되었을 때에도 십자가는 사람들에게 커다란 걸림돌이 되었습니다. "십자가의 도(道)가 멸망하는 자들에게는 미련한 것이요"(고전 1:18). 그 후 각 시대를 거쳐 십자가는 많은 사람들에게 계속 걸림돌이 되어 왔습니다. 그들은 십자가를 믿기 어려워합니다. 십자가는 그들과 주님을 믿는 일 사이에 서 있는 하나의 장애물입니다.

그럼 이 사실을 염두에 두고서 신약이 십자가에 대해 무엇을 말하는지를 생각해 봅시다. 신약에 의하면, 십자가 곧 그리스도의 죽음은 필수적일 뿐만 아니라 절대적인 핵심입니다. 이것은 예수님 자신의 가르침이기도 합니다(이 점에 대해서는 나중에 언급하겠습니다). 사도행전에 기록된 사도들의 설교들도 생각해 보십시오.

그들은 다니면서 그리스도의 죽음에 대해 설교했습니다. 그들은 그리스도가 왜 고난을 받으셔야 했으며 십자가의 죽음이 가진 뜻이 무엇인지를 설명했습니다. 오순절날의 베드로의 첫번째 설교는 바로 이 내용이었습니다. 바울도 갈라디아서에서 예수님의 십자가 죽음을 마치 플래카드처럼 매우 뚜렷하게 들어 보였습니다.

"내가 너희 중에서 예수 그리스도와 그의 십자가에 못 박히신 것 외에는 아무 것도 알지 아니하기로 작정하였음이라"(고전 2:2). 다른 예를 들어 보겠습니다.

"이 닦아 둔 것 외에 능히 다른 터를 닦아 둘 자가 없으니 이 터는 곧 예수 그리스도라"(고전 3:11). 십자가는 사도들의 중심 메시지였습니다.

사도들이 십자가에 대해 무엇이라고 말했을까요? 이것은 아직도 핵심적인 문제입니다. 사도들은 그리스도가 십자가에 못박혔다가 죽었으며 장사 지낸 후 다시 살아났다는 사실만을 단순히 선포하지 않았습니다. 그들은 이 사실의 의미를 강설했습니다. 그들은 이 십자가의 사실에 대한 교리를 밝혔습니다. 그들의 가르침은 신약에 너무도 확명하게 나타나 있습니다. 그들이 말한 내용은 이것입니다.

즉, 그리스도는 십자가에서 죽기 위해 이 세상에 의도적으로 오셨다는 것입니다. 그리고 십자가에서 일어난 일은 선지자 이사야의 표현을 빌린다면 하나님이 "우리 무리의 죄악을 그에게 담당"시킨 것이었습니다(사 53:6). 그러니까 하나님의 주 예수 그리스도의 인격체와 몸에서 인간들의 죄악들을 처리하셨던 것입니다.

사도 바울은 이렇게 표현했습니다. "하나님이 죄를 알지도 못하신 자로 우리를 대신하여 죄를 삼으신 것은 우리로 하여금 저의 안에서 하나님의 의가 되게 하려 하심이니라"(고후 5:21).

이것이 사도들의 교리였습니다. 그들은 이 십자가의 교리를 가는 곳마다 전하였습니다. 그들은 오직 십자가만이 우리들의 죄가 용서될 수 있는 유일한 길이라는 결론을 얻고 이것을 복음 메시지의 핵심으로 삼았습니다. 그들의 설교가 우리들에게 꼭 필요한 것을 충족시킬 수 있는 것은 그리스도의 십자가라는 말 때문이었습니다.

우리들의 필요를 충족시키는 것은 그리스도의 가르침이나 그분의 모범이 아니었습니다. 사도들은 이렇게 말하였습니다. "만약 그분이 우리들을 위해서 죽으시지 않았다면 우리들은 아직도 우리들의 죄 속에 머물러 있고, 용서도 받지 못하였을 것입니다." 그들의 주장은 십자가의 죽음이 인간의 죄가 용서되고 구원을 얻는 하나님의 길이라는 것이었습니다.

그 십자가의 의미를 깨닫지 못하고서는 우리들은 죄의 용서도, 구원도 받을 길이 없습니다. 예수님이 우리들의 죄를 위해 십자가 위에서 죽으셨으며 예수님 자신이 우리들의 형벌을 대신 받으셨다는 사실을 믿지 않으면 우리를 위한 용서도 없고, 따라서 우리는 하나님과 화해되지도 못하였습니다.

이것이 사도들의 십자가 메시지입니다. 그런데 이 메시지에 많은 사람들이 과거에도 걸려 넘어졌고 오늘날도 넘어집니다. 십자가는 수많은 사람들에게 하나의 꺼림이 됩니다. 본인은 이 걸림돌에 대한 신약의 답변을 제시함으로써 당신의 주의를 환기시키고 싶습니다. "누구든지 나를 인하여 실족하지 아니하는 자는 복이 있도다 하시니라." 환언하면, 예수님의 마음에 거슬리지 않는 사람은 모두 복된다는 말입니다.

십자가가 당신에게 걸림돌이 됩니까? 십자가가 당신의 기분을 언짢게 합니까? 십자가가 당신에게 장애물입니까? 그리스도의 죽음이 당신에게 무슨 문제가 됩니까? 아니면 십자가가 당신에게 유일하게 가장 중요한 것입니까? 당신에게 십자가는 영광과 기쁨의 대상입니까? 당신은 그 무엇보다도 십자가로 인해서 하나님께 감사합니까? 그렇다면 당신은 그리스도인의 입장에서 십자가를 보신 것입니다. 십자가는 우리들에게 하늘로 들어가는 문이며 하나님을 아는 길이어야 합니다.

사람들은 여러 측면에서 십자가를 꺼립니다. 십자가에 대한 사람들의 거부 반응을 두 가지로 대별해서 보도록 하겠습니다.

첫번째 경우는 십자가가 간접적인 걸림돌이 되는 것입니다. 많은 사람들이 십자가에 대해 전혀 언급하지 않음으로써 넘어집니다. 그들은 제게 와서 이렇게 말합니다.

"네, 저는 당신이 지금 말하는 그런 삶을 살고 싶습니다. 나는 하나님과 바른 관계를 맺고 싶습니다. 나의 삶이 잘못됐다는 것을 나는 인정합니다. 나는 하나님을 잘 모르겠습니다. 그러나 이제 그분을 알고 싶습니다."

저는 이런 사람들에게 묻습니다.

"좋습니다. 당신은 하나님을 알기 위해 어떻게 해야 한다고 생각하십니까?"

그들은 선한 삶을 살아야 한다고 말하기 시작합니다. 그러나 다시 그들에게 "그리스도의 위치가 무엇입니까?"라고 물으면 "아, 그리스도는 나를 도와주기 위해 존재하는 하나의 모범입니다"라고 답변합니다. 그러나 "그분의 죽음이 당신에게 무슨 의미가 있습니까?"라고 또 물으면 그들은 대답을 못하고 망설입니다. 그들에게 그리스도의 죽음은 핵심적인 사건이 아닌 듯합니다. 그들은 십자가를 언급하는 일이 없습니다. 그들은 하나님으로 시작하지만, 십자가 위의 그리스도의 죽음과는 멀리 떨어져 있습니다.

사람들은 또 그리스도의 인격과 그분의 삶과 모범에 대해서 다른 방법으로 간접적인 언급을 하지만 넘어지기는 마찬가지입니다. 그들은 말합니다.

"네, 저는 그리스도에 대해 굉장한 관심이 있습니다. 저는 그분이 당신의 말처럼 아주 독특하신 분이라고 생각합니다. 그분의 가르침은 누구와도 비교할 수 없습니다. 그분의 모범적인 생애는 참으로 놀라운 것입니다. 이 세상이 그분의 가르침을 실천에 옮긴다면 얼마나 살기 좋은 곳이 되겠습니까! 그분은 특별히 젊은 사람들에게 아주 좋은 인생 최대의 모델입니다. 저도 그리스도를 본받아 보려고 생각 중입니다……"

그들은 그리스도를 하나의 모범으로 따르는 것이 구원의 길이라고 간주합니다. 이들에게도 역시 우리는 같은 질문을 던질 수 있습니다.

"그리스도의 죽음을 어떻게 생각하십니까?"

"아, 그분의 죽음은 불필요하다고 봅니다. 나는 십자가가 중요하다고 보지 않습니다."

그들은 십자가를 이해하지 못합니다. 이리하여 사람들은 그리스도의 십자가와 그분의 죽음 때문에 간접적으로 걸려 넘어집니다.

그런가 하면 십자가에 직접적으로 걸려 넘어지는 자들이 있습니다. 조금 자세히 살펴봅시다. 십자가에 대한 설교를 직접적으로 반대하는 사람들이 많습니다. 그들은 말합니다.

"우리들은 당신이 그리스도를 하나님의 아들이라고 말하는 것을 좋아합니다. 우리들은 당신의 윤리적인 강조가 좋습니다. 우리들은 당신이 그리스도의 죄 없는 생애와 그분이 하나님과 동행하며 가졌던 훌륭한 교제에 대해 지적하는 것을 좋아합니다. 우리들은 그리스도가 젊은 이들에게 모든 것을 내던지고 자기들의 십자가를 지고서 제자가 되라고 하신 호소를 좋아합니다. 그런데 그 십자가의 피는 도대체 무슨 뜻입니까? 그분의 죽음이 절대적으로 필요하다는 말은 또 무슨 의미입니까? 그리고 우리들이 그 십자가 피에 의해서 구원을 받는다는 말도 무엇을 뜻합니까? 우리들은 이것들을 이해할 수 없습니다."

이들은 두 종류의 사람들로 분류될 수 있습니다. 사도 바울이 고린도 전서 1:22~23절에서 사용한 헬라인과 유대인들로 나누는 것이 적합할 듯합니다. "유대인은 표적을 구하고 헬라인은 지혜를 찾으나 우리는 십자가에 못박힌 그리스도를 전하니 유대인에게는 거리끼는 것이요 이방인에게는 미련한 것이로되 오직 부르심을 입은 자들에게는 유대인이나 헬라인이나 그리스도는 하나님의 능력이요 하나님의 지혜니라."

헬라인 타입의 사람들에 대해서 언급한 점들을 주목하십시오. 그들에게는 십자가의 교리가 부도덕한 것입니다. 어떤 분이 제게 이렇게 말한 적이 있습니다.

"우리들은 각자 자기의 벌을 받아야 합니다. 만일 내가 죄를 지었으면 나 자신이 마땅히 벌을 받아야 합니다. 다른 사람이 나의 벌을 받는다는 것은 공정하지 않습니다. 그것은 부도덕합니다. 나는 그것을 인정할 수 없습니다. 나는 죄를 지었습니다. 나는 잘못을 저질렀습니다. 내가 마땅히 내 죄의 결과를 감당해야 합니다."

십자가의 교리는 이런 식으로 말하는 사람들에게 걸림돌이 됩니다.

또 어떤 이들은 이렇게 질문합니다.

"한 사람이 다른 사람들의 죄 때문에 형벌을 받는 것은 분명 옳지 않습니다. 아무 잘못이나 죄가 없는 자가 당신의 말처럼 우리들의 죄와 죄책을 위해 형벌을 받아야 한다는 것은 부도덕하지 않습니까?"

이런 생각을 갖는 것은 바울이 말하는 어리석음입니다.

또 어떤 이들은 이렇게 질문합니다.

"나는 한 개인이 어떻게 다른 사람을 위해서 죽을 수 있는지 이해할 수 없습니다. 그것이 도대체 무슨 뜻입니까? 나는 당신이 설교하는 그분에 대해서는 이해가 갑니다. 나는 그분의 도덕적이고 윤리적인 가르침을 이해할 수 있습니다. 그런데 당신은 말하기를 한 사람이 모든 사람을 위해 죽어야 한다고 하니 내 머리로는 이것을 도저히 이해할 수 없습니다."

이런 논리가 곧 헬라인 타입의 사람들이 따지는 것이며 아직도 그렇게 논쟁하는 자들이 있습니다.

그들은 계속해서 말합니다.

"구원이란 반드시 인간이 무엇을 깨닫고 이해한 결과가 되어야 합니다."

헬라인들은 철학을 좋아합니다. 그들은 이 세상을 구할 수 있는 것은 아이디어들이라고 믿었습니다. 그들은 항상 새로운 아이디어를 찾았습니다. 아직도 하나님이 이런 아이디어들로써 세상을 구한다고 믿는 사람들이 있습니다.

그들은 이 세상에서 가장 필요한 것은 어떤 위대한 아이디어를 누군가 내세워서 인류가 그것을 실천하는 일이라고 믿습니다. 그들은 구원이 아이디어나 사상이나 관념이나 기타 유사한 철학에 의해 달성된다고 믿습니다. 헬라인들은 한 사람이 십자가에서 죽음으로써 구원을 성취한다는 아이디어는 어리석은 생각이라고 말합니다.

다음으로 유대인 타입의 사람들을 생각해 봅시다. 십자가는 유대인들에게 걸림돌이었습니다. 십자가는 언제나 유대인들의 비위를 가장 거슬리게 하는 것이었습니다. 그 이유는 이것입니다.

유대인들은 메시야가 큰 권력을 행사할 것으로 기대했었습니다. 그들은 메시야가 그의 원수들을 정복하고 하나의 거대한 왕국을 건설할 것으로 생각하였습니다. 메시야의 왕국은 찬란할 것이며, 그 결과 모든 사람이 메시야를 인정할 것이었습니다. 메시야는 유대인들의 원수들을 모두 정복하고 그들을 해방시킬 자였습니다. 그런데 자신을 메시야라고 주장하는 예수라는 분은 너무도 유약하였으며 십자가에서 처형되었습니다. 유대인들은 말합니다.

"메시야가 십자가에 못박혀 죽는다는 것은 괴이한 일입니다. 메시야는 큰 권세의 왕이십니다. 그런데 당신의 구주라고 하는 저 목수를 보십시오. 그는 아무 힘없이 나무에 못박혔습니다. 메시야라면 도저히 있을 수 없는 일이지요. 연약은 우리들이 참 메시야로부터 기대하고 예상하는 것들과 정반대되는 것입니다."

또한 십자가가 유대인들을 거슬리게 한 다른 측면들이 있었습니다. 이것들은 지금도 많은 사람들에게 동일한 거부감을 일으킵니다. 유대인들은 십자가가 그들을 정죄했기 때문에 더욱 십자가를 싫어했습니다. 유대인들은 자신들은 하나님의 백성인 반면 나머지 인간들은 이방인이며 하나님의 우리 밖에 있다고 여겼습니다. 그런데 갈보리의 십자가는 아무도 구원받지 못하고 모두 정죄를 받은 것이라고 말하였습니다. 십자가는 유대인들을 향해 귀에 매우 거슬리는 메시지를 전하였습니다.

"당신들은 율법을 가졌고 또한 율법을 대강 알고서 그것을 지키려고 애씁니다. 다른 나라 백성들은 율법없이 무지 속에서 살 때에 당신들은 율법을 지니고 살았습니다. 그러나 당신들도 다른 나라 사람들과 똑같이 정죄를 받았습니다."

유대인들은 이 십자가의 의미를 싫어했습니다. 십자가는 모든 사람들을 정죄합니다. 십자가는 사람들이 스스로를 구원할 수 없다고 적시(滴示)합니다. 이것이 십자가의 중심 메시지입니다. 유대인들은 하나님으로부터 율법을 받았습니다. 하나님은 그들이 율법을 지키면 구원을 받을 것이라고 말씀하셨습니다. 그렇지만 한 사람도 율법을 온전히 지키지 못하였습니다.

그러므로 십자가는 인간들이 자력으로 하나님과 화해할 수 있다거나 자기들의 죄를 속죄할 수 있다고 가르치는 모든 사상과 철학에 대한 영속적인 정죄의 입목(立木)입니다. 십자가는 자력 구원에 대한 일체의 아이디어들에 대해 아무도 자기를 구원할 수 없다고 응답합니다. 십자가는 인류의 불충분성에 대한 선언입니다. 인간들은 이것을 싫어합니다. 자신들과 자기 능력을 믿기 때문입니다. 그들은 거룩하신 하나님을 자력으로 만족시킬 수 있다고 믿습니다. 그래서 십자가의 메시지가 이 같은 생각과 자세를 정죄하는 것을 보고 그들은 십자가를 꺼리고 거부합니다. 그들은 예수님의 인격이나 그분의 교훈들에 대해서 말씀을 듣고 기분이 상하지는 않습니다. 그들은 속으로 그리스도를 본받을 수 있다고 은근히 생각하기 때문입니다. 그들은 십계명이나 산상보훈을 지킬 수 없으면서도 그리스도를 본받고 하나님을 만족시킬 수 있다고 믿습니다. 이 같은 비극적인 어리석음과 자신감 때문에 그들은 십자가의 교리를 싫어하고 거부합니다. 그들은 말합니다.
"당신이 말하는 갈보리 십자가를 삭제하십시오. 그러면 나는 당신의 복음을 믿겠습니다. 십자가의 '피'에 대해 말하지 마십시오. 그러면 당신의 교회에 나가겠습니다." 십자가는 언제나 걸림돌이 되어 왔습니다.

"누구든지 나를 인하여 실족하지 아니하는 자는 복이 있도다."

십자가가 당신에게 걸림돌이 됩니까? 십자가가 당신의 비위를 상하게 합니까? 당신은 본인이 위에서 서술한 여러 형태의 사람들이 보인 거부 반응을 들으면서 자신의 모습과 일치시킬 수 있다고 생각되는 데가 없습니까? 그렇다면 당신의 문제에 대한 해답은 무엇이겠습니까? 본인은 앞 장에서 제시했던 똑같은 해답을 그대로 지적하겠습니다. 우리는 우선 그리스도의 인격체에 대한 문제에서처럼, 십자가도 순전히 이성과 철학과 이해의 관점에서 접근하기 때문에 하나의 걸림돌이 된다는 사실을 인식해야 합니다. 우리들은 서로 토론과 논쟁을 한 후에 이렇게 말합니다.

"나는 이해할 수가 없습니다. 내가 볼 때 십자가는 부도덕합니다. 어떻게 한 사람이 다른 사람의 죄를 질 수 있습니까? 어떻게 한 사람이 다른 사람의 죄책을 질 수 있습니까? 그것이 옳은 일이겠습니까? 부도덕하지 않습니까? 비윤리적인 행위가 아닙니까?"

우리들은 이런 식의 논의를 거듭하면서 철학적인 토론에서 헤어나지 못합니다. 우리들은 이해할 수 없다는 것이 인간적인 논의의 결말입니다. 물론 우리는 이것을 이해할 수 없습니다! 우리들은 이것을 결코 이해할 수 없을 것입니다.

사도 바울이 고린도인들에게 지적했듯이, 이 문제는 인간들이 영원한 사물들을 이론적이고 철학적인 관점에서 계속 다루기 때문에 해결을 보지 못합니다. 우리들 속에는 헬라인들의 기질이 많습니다. 우리들은 앉아서 논란하기를 좋아합니다. 일생을 보내면서 십자가의 교리를 따집니다. 우리들이 움직이며 지나가는 세상에서 살아가건만, 그리고 어느 순간에 죽을지 모르는데도 사람들은 십자가를 놓고 논란만 하느라고 많은 세월을 흘려 보냅니다. 밤을 세우면서 흥미진진하게 토론을 하고 논쟁을 해보았자 항상 원점으로 돌아가고 맙니다.

세례 요한에 관한 이야기도 마찬가지였습니다. 요한의 제자들은 따지고 논쟁하며 토론을 벌이면서 이해하려고 애썼습니다. 그러나 요한은 그들에게 어떻게 했습니까? 우리들도 이 문제를 해결하려면 그의 제안을 받아들여야 합니다. "그분께로 갑시다. 멀리서 그분에 대해 따지며 논의하기보다 직접 그분께 가서 여쭈어 보도록 합시다. 우리들의 질문을 가지고 그분께로 가십시다." 그들은 모두 주님의 답변을 받았습니다.

이것이 곧 본인의 권유입니다. 십자가의 메시지를 가지고 할 수 있는 말은 단 한 마디뿐입니다. 그것은 그리스도께로 가라는 것입니다. 그리스도께로 가면 당신이 찾는 것이 있습니다. 이제 그것들을 생각해 보겠습니다. 그분이 하신 일을 생각해 보십시오.

예수님은 "예루살렘을 향하여 올라가기로 굳게 결심"(눅 9:51) 하셨습니다. 그는 제자들로부터 헤롯이 체포하려고 기다리는 곳이니 예루살렘으로 가서는 안된다는 경고와 만류를 받았습니다. 그래도 그는 굳게 결심하고 예루살렘을 향하였습니다. 그는 예루살렘에서 자기에게 일어날 일이 무엇인지를 알면서도 의도적으로 갔던 것입니다.

사실 예수님은 예루살렘에서 자신에게 일어날 일을 예언했었습니다. 그는 자기 제자들에게 이 예언이 성취된다고 일러주었습니다. 예수님의 예루살렘행은 의도적인 것이었습니다. 왜 그렇게 하셨겠습니까? 예수님이 하신 말씀들을 들어 보십시오. 그분은 하나님께 기도할 때에

'거룩하신 아버지'라고 불렀습니다. "하늘에 계신 우리 아버지여(당신의) 이름이 거룩히 여김을 받으시오며" 이것이 하나님께 대한 예수님의 인식이었습니다. '사랑하는 아버지'나 혹은 '사랑하는 하나님'이 아니고 '거룩하신 아버지'였습니다. 이것이 하나님께 대한 예수님의 유일한 가르침이었습니다.

예수님의 또 다른 진술을 생각해 보십시오. "인자가 온 것은 섬김을 받으려 함이 아니라 도리어 섬기려 하고 자기 목숨을 많은 사람의 대속물로 주려 함이니라"(마 20:28). 예수님이 붙잡히려던 순간에 베드로는 칼을 뽑아 주님을 보호하려고 했습니다. 그러나 예수님은 그를 말리셨습니다.

"너는 내가 12여단의 군대보다 더 많은 천사들을 명하여 나를 거뜬히 천국으로 옮겨 갈 수 있게 할 능력이 있음을 모르느냐? 베드로야, 나를 보호하려고 애쓰지 말라. 불필요한 일이다. 나는 내가 원하기만 하면 죽음을 쉽게 모면할 수 있다. 그러나 나는 그것을 원치 않는다. 나는 모든 의(義)를 이루기 위해서 왔으므로 천사들을 불러 유약한 인간들의 손으로부터 구해 달라고 청하지 않겠다."

이제 겟세마네 동산의 예수님을 생각해 봅시다. 예수님을 끝까지 따랐던 제자들은 더 이상 견디지 못하고 잠들었습니다. 그러나 주님은 너무도 괴로워서 피 땀을 흘리시며 고통을 받으셨습니다. "아버지여 만일 아버지의 뜻이어든 이 잔을 내게서 옮기시옵소서 그러나 내 원대로 마옵시고 아버지의 원대로 되기를 원하나이다"(눅 22:42).

이 말씀은 무슨 뜻이겠습니까? 결코 죽기를 무서워한다는 말이 아닙니다. 만일 그랬었다면 예수님은 전쟁터에서 용감히 전사하는 일개 군인이나 순교자 보다 못한 분이었을 것입니다. 그분은 결코 육체적인 죽음을 두려워하지 않았습니다. 속죄의 철학을 따지면서 논쟁하지 말고 겟세마네로 가서 예수님의 기도를 들으십시오.

"내 아버지여 만일 할 만하시거든 이 잔을 내게서 지나가게 하옵소서." 환언하면 이런 말씀입니다. "아버지시여, 제가 죽지 않고서 아버지께서 보내신 그 일을 할 수 있는 다른 길이 있으면 그 길을 제가 택하게 하옵소서. 그러나 다른 길이 없으면 제가 이대로 복종하겠습니다."

이것이 '잔'의 의미입니다. 예수님이 하나님께 피하게 해달라고 청하신 것이 있었다면 그것은 십자가의 죽음이었습니다. 그렇지만 그것은 안 될 일이었습니다. 십자가의 죽음은 절대적이었고, 반드시 있어야 하는 일이었습니다. 십자가의 죽으심은 유일한 길이었습니다. 예수님은 우리들의 죄악들을 담당하셔야 했습니다. 우리들의 그 죄악들은 주님을 하나님의 존전으로부터 영원의 한 순간이나마 분리시킬 것이었습니다. 예수님이 피하고 싶었던 것은 바로 이것이었습니다. 그러나 이 십자가의 죽음은 유일한 길이었습니다.

이제 십자가 위에서 예수님이 하신 말씀을 들어 보십시오. "다 이루었다"(요 19:30). 무엇이 다 끝났다는 말씀일까요? 구원의 길이 완성되었다는 뜻입니다. 하나님이 예수님께 이루라고 주셨던 일이 끝났다는 말입니다. 주님은 운명하실 때에 말씀하셨습니다. "다 이루었다. 내가 행하려고 온 그 일을 끝마쳤다. 그 일은 완취되었다."

그 다음 예수님은 부활하신 후에 제자들에게 나타나셔서 자신에 대한 일들을 모두 설명하셨습니다. 주님은 제자들에게 성경을 주욱 훑으시면서 설명해 주셨습니다. 누가복음 24장을 읽어 보면 자세한 내용이 나옵니다.

"또 이르시되 이같이 그리스도가 고난을 받고 제삼일에 죽은 자 가운데서 살아날 것과 또 그의 이름으로 죄사함을 얻게 하는 회개가 예루살렘으로부터 시작하여 모든 족속에게 전파될 것이 기록되었으니"(눅 24:46,47). 예수님은 제자들에게 이렇게 말씀하신 것이었습니다. "이제 이해하겠느냐? 내가 죽어야 했던 것을 깨닫겠느냐? 나의 죽음은 너희들의 구원을 이루는 길이었음을 이제 깨닫겠느냐?"

이것도 사도들이 가는 곳마다 설교한 내용입니다. 논리를 따져서 이해하려는 시도를 그치십시오. 십자가에서 죄 없는 분이 대신 돌아가신 것이 '부도덕' 한 것이라는 생각을 버리십시오. 당신의 철학들과 전문 술어들을 끌어대지 마십시오. 그러지 말고, 사실들을 그대로 놓고 보십시오. 예수님의 말씀을 들어 보십시오. 그분이 하신 일을 보십시오. 그분의 인격과 행위들을 어떻게 설명해야 하겠습니까? 만족할 만한 답변은 단 한 가지뿐이라고 봅니다. 그것은 사도들이 전파했던 메시지입니다. 그들은 하나님이 거룩하신 분이시며 빛이시기 때문에 어둠이 없으시다고 선포하였습니다. 하나님은 죄와 장난을 걸지 않습니다. 하나님은 이 사실을 우리들에게 분명히 말씀하셨습니다.

사도들은 하나님이 율법으로 이스라엘 백성들에게 자신을 나타내셨다고 전하였습니다. 하나님은 그들에게 십계명을 주셨습니다. 하나님이 그들에게 율법을 주신 까닭은 그들이 다른 모든 백성들에게 하나님은 거룩하시며 죄를 벌하시는 분임을 말해 주기 위해서였습니다. 하나님은 본성으로 죄를 미워하시며 징벌하신다고 우리들에게 말씀하셨습니다. 또한 죄의 벌은 죽음이라고도 말씀하셨는데, 단순히 육체적인 죽음만이 아니고 영적인 죽음도 포함됩니다. 영적 죽음은 하나님 자신으로부터 분리되고 하나님의 사랑으로부터 영영 끊어지는 것입니다. 죄의 삯은 사망입니다.

하나님은 이 사실을 구약에서 계시하셨습니다. 이스라엘 백성들이 올렸던 모든 번제와 각종 희생 제물과 성전 예배의 의식들은 그리스도께서 하신 일과 그 의미에 대한 하나의 예시였습니다. 우리들이 구원을 받을 수 있는 유일한 길은 어떤 완전한 자가 와서 우리 죄를 지고 하나님의 징벌을 받는 것입니다. 하나님은 이 일을 마치신 후에 "내가 너희들의 죄를 용서할 수 있다"는 공의의 선언을 하실 수 있습니다. 이것이 갈보리 위에서 일어난 일입니다.

당신은 아마 십자가는 부도덕하다고 말할지 모릅니다. 당신은 내가 죄를 지었으므로 내가 당연히 내 죄에 대한 벌을 받아야 한다고 말할는지 모릅니다. 그러나 당신이 만약 당신의 벌을 받으면 어떻게 되는지 아십니까? 당신은 육체적인 죽음을 당할 뿐만 아니라 하나님 밖에서 영원히 죽습니다. 당신이 자신의 죄책을 진다면 당신은 영원히 소망이 없으며 저주 아래 있습니다. 그것이 죄에 대한 하나님의 응징입니다. 그러니 죄가 있는 자가 자기 죄값을 받아야 한다고 쉽게 말하는 것은 대단히 어리석은 발언입니다. 그 결과는 너무도 두려운 것입니다. 우리들은 그렇게 생각할 것이 아니고, 십자가의 사실들을 직시해야 합니다.

십자가의 의미는 우리 인간의 이성을 초월하는 것입니다. 그렇지만 십자가 사건은 영생에 대한 엄숙한 진리를 선포하는 것입니다. 그것은 우리들이 죄로부터 구원될 수 있는 유일한 생명의 길을 보여 주는 것입니다. 십자가는 어마 어마한 역설입니다. 우리들이 하나님을 거스려 죄를 짓고 하나님을 노엽게 해드렸는데 오히려 하나님께서 자기 아들을 통해 자신을 십자가에 못박고 죄책과 그 형벌을 받으신 후, 그것으로 인해 우리를 용서해 줄 수 있다고 말씀하십니다.

이것이 십자가의 메시지입니다. 본인은 이것을 이해하지 못합니다. 본인은 이 십자가의 궁극적인 적용을 납득할 수 없습니다. 그러나 본인은 이것을 이렇게 봅니다. 나는 시간의 세계에서 삽니다. 나는 죄인입니다. 나는 하나님께 죄를 범하였습니다. 나는 행동과 마음으로 하나님께 범죄하였습니다. 나는 그분을 잊었으며, 그분께 감사치 않았으며, 본성으로 그분을 알지 못합니다. 나는 나의 이해나 지식을 뽐내었고, 나의 아이디어들을 성경의 가르침보다 더 낫게 여겼습니다. 나는 그런 상태로 무덤까지 갈 것이었습니다. 비록 내가 이 모든 일들을 이해하려고 1년을 더 산다고 하더라도 내가 처음에 시작했던 상태를 결코 넘어서지 못할 것이었습니다. 나는 본인보다 훨씬 더 나은 머리를 가진 자들도 똑같은 결론에 이르렀음을 압니다. 나는 나 자신이 죄인이라는 것을 압니다.

나는 하나님을 알지 못하며 내가 죽은 것이라는 것을 또한 지각합니다. 나는 하나님을 만나고 싶고, 그분과 함께 있고 싶습니다. 그렇지만 어떻게 해야 합니까? 나는 이런 메시지의 도전을 받습니다. 나는 이 복되신 분을 봅니다. 나는 그분이 하나님의 아들이시며 내 영혼을 위한 대속을 지불하기 위해 이 세상에 오셨다는 것 이외에는 달리 그분을 설명할 수 없습니다. 그분은 내가 고난을 받지 않도록 하기 위해서 나 대신 고난을 받으셨으며 나의 죽음을 대신 받으셨고 하나님이 나의 죄를 그분 안에서 벌하셨다고 말씀해 주십니다.

본인은 아직도 이 말씀을 이해하지 못합니다. 나는 사도들의 말에 귀를 기울입니다. 그들은 십자가의 메시지를 믿었으며, 그 결과 그들의 삶이 변화되었습니다. 나는 여러 세기 동안의 성도들을 봅니다. 그들은 십자가를 믿었고, 그 결과 성도들이 되었습니다. 나는 십자가를 봅니다. 나는 이해하지 못합니다. 그러나 나는 나의 실패와 연약 속에서 십자가를 믿었고 그 십자가를 받아들였습니다. 그것이 구원을 받는 유일한 길입니다.

> 한번의 호소도 없었건만
> 당신은 날 위해 피흘려 주시고
> 내 모습 이대로
> 당신께로 오라고 손짓하십니다.
> 오, 하나님의 어린양!
> 나 이제 주께로 나아갑니다.

그래서 나는 나의 논리와 논쟁을 포기하고 그분께 귀를 기울입니다. 나는 속절없는 상태에서 그분께 말합니다. "좋습니다. 저는 당신을 신뢰하겠습니다. 저는 당신의 가장 완전한 희생 위에 내 손을 얹습니다. 저는 당신께 나의 삶을 던집니다."

"하나님의 지혜에 있어서는 이 세상이 자기 지혜로 하나님을 알지 못하는 고로 하나님께서 전도의 미련한 것으로 믿는 자들을 구원하시기를 기뻐하셨도다"(고전 1:21).

여기에 모든 사람들을 위한 복음이 있습니다. 모든 사람들이 죄에 넘어졌습니다. 그러나 모든 사람들이 그리스도의 죽으심과 부활의 큰 능력에 의해 구원받을 수 있습니다. 십자가가 내 마음에 꺼림이 됩니까? 나는 속절없는 상태에서 십자가를 봅니다. 십자가는 이제 더 이상 내 마음에 꺼림이 되지 않습니다. 나는 아이작 윗트(Isaac Watts)의 마음으로 십자가를 바라봅니다.

> 영광의 왕이 달려 죽으신
> 기이한 저 십자가 바라볼 때에
> 내 모든 부귀 명성 헛되이 여기고
> 내 모든 자만들을 내던져 버리네

　나의 어리석은 자만이 성취한 것은 아무 것도 없습니다. 그래서 나는 나의 자만에 멸시를 퍼붓습니다. 그때에야 비로소 나는 하나님께로 가는 길을 발견합니다. 나와 내 죄를 위해 십자가에서 돌아가신 그리스도의 죽으심을 믿고서 나는 주님을 알게 됩니다. 그래서 나는 내 죄가 용서된 것을 알고, 내가 하나님의 자녀이며 하늘 나라의 상속자가 된 것을 압니다.

　예수님이 우리들의 죄를 지시고 십자가 위에서 대신 돌아가셨습니다. 이 십자가로, 오직 이 십자가의 죽으심으로 주님이 우리들을 구원하십니다. 당신은 이것이 당신의 구원을 위한 유일한 길임을 알고 믿으시겠습니까? 당신은 주님께 감사하였습니까? 그렇지 않다면 주께서 당신을 위해 죽어 주신 것을 지금 감사할 수 있겠습니까? 이것이 참된 그리스도인이 되는 시금석입니다.

올바른 관계

•

"요한이 옥에서 그리스도의 하신 일을 듣고 제자들을 보내어 예수께 여짜오되
오실 그이가 당신이오니이까 우리가 다른 이를 기다리오리이까
예수께서 대답하여 가라사대 너희가 가서 듣고 보는 것을 요한에게 고하되
소경이 보며 앉은뱅이가 걸으며 문둥이가 깨끗함을 받으며
귀머거리가 들으며 죽은 자가 살아나며 가난한 자에게 복음이 전파된다 하라
누구든지 나를 인하여 실족하지 아니하는 자는 복이 있도다 하시니라."
마태복음 11:2~6

오늘날 이 세상에서 가장 실제적
이고 절요(絶要)한 것은 예수 그리스도의 복음입니다. 이것이 신약 성
경의 주장입니다. 그리스도의 복음은 어떤 정치적 행위보다 더 실제적
이고 직접적이며 어떤 정부나 의회의 입법 통과보다 훨씬 더 신속한
효력을 냅니다. 그리스도의 복음은 우리들에게 즉각적인 만족과 구원
과 우리에게 필요한 모든 것들을 제공해 준다고 주장합니다.

그렇다면 왜 이 세상은 복음을 향해 달려가지 않을까요? 왜 이 세상

은 그리스도의 발 아래에서 그분의 얼굴을 바라보며 온갖 질병에 대한 그분의 치유를 받지 않을까요? 본문에서 우리는 그 해답을 찾을 수 있습니다. 예수님은 세례 요한의 질문에 이렇게 답변하셨습니다. "누구든지 나를 인하여 실족하지 아니하는 자는 복이 있도다." 이것이 문제입니다.

우리들은 사람들이 그리스도를 믿고 그분께 자신의 삶을 넘겨 드리는 일을 가로막는 걸림돌들을 여러 측면에서 고찰해 보았습니다.

첫째, 그리스도의 인격체에 대한 문제가 있었습니다. 그것은 하나님의 인격체에 대한 놀라운 교리에 관한 문제였는데 많은 사람들이 여기에 걸려 넘어집니다.

그 다음 두번째 걸림돌은 그리스도의 죽음이었습니다. 만일 예수님이 자신의 주장과 같은 인물이라면 왜 십자가에서 죽어야 한단 말입니까? 그리고 우리는 앞 장에서 연약한 모습으로 죽은 그리스도가 사람들에게 꺼림이 된다는 것을 살폈습니다.

이제 또 하나의 다른 걸림돌이 어떤 것인지를 고찰해 보겠습니다. 이것은 세례 요한이 느꼈던 독특한 문제였다고 말할 수 있습니다. 이 문제는 주님의 사역과 관련된 것인데, 주님이 어떤 일은 하시고 어떤 일은 안 하시기 때문에 자주 일어나게 됩니다. 본문 말씀을 주목하십시오. 매우 분명합니다.

요한은 예수님의 활동에 대한 보고를 감옥에서 듣고 두 제자들을 예수님께 보내어 질문하게 하였습니다. 주님은 요한의 제자들에게 "너희가 가서 듣고 보는 것을" 요한에게 다시 전하라고 하셨습니다. 요한이 감옥에서 전해 들은 것들은 예수님의 놀라운 치유의 기적들과 무엇보다도 가난한 자들에게 복음이 전파되는 일이었습니다. 그는 또 죽은 자를 일으키시는 예수님의 기적도 감옥에서 벌써 들었습니다. 이 같은 예수님의 활동 보고 때문에 요한은 그의 두 제자를 주님께 보냈던 것입니다.

그럼 요한의 문제는 무엇이었을까요? 그는 예수님의 활동들에 관해서 마음에 걸리는 것이 조금 있었습니다. 그는 자신에게 이렇게 자문하였습니다. "만약 예수님이 내가 생각했던 것처럼 정말 메시야라면 어째서 내가 듣는 그런 일들만 하실까? 왜 계속해서 좀 다른 일들을 하시지 않을까?" 이 일들은 어떤 것들이었을까요?

어느 날 예수님은 고향인 나사렛의 회당에서 이사야 선지자의 글을 읽으셨습니다(눅 4:16~21). 이사야의 예언에 의하면 메시야가 오시면 두 가지 주된 일을 하실 것이었습니다. 그는 놀라운 은혜의 사역을 하실 것인데, 치유의 기적과 갇힌 자들에게 석방을 선언하실 것이었습니다. 그러나 메시야의 사역은 여기서 그치지 않고 "하나님의 신원(복수)의 날"(사 61:1,2)도 선포할 것이었습니다.

또한 요한은 요단 강에서 세례를 줄 때에 사람들이 이 문제를 놓고 수군대는 말들을 들었습니다. 그들을 향해 요한은 자신이 그리스도가 아니며 사실상 그리스도의 신발끈도 풀 자격이 없다고 밝히고, 메시야의 사역이 어떤 것인지를 부언하였습니다.

"나는 물로 너희에게 세례를 주거니와……그는 성령과 불로 너희에게 세례를 주실 것이요 손에 키를 들고 자기의 타작 마당을 정하게 하사 알곡은 모아 곡간에 들이고 쭉정이는 꺼지지 않는 불에 태우시리라"(눅 3:16,17).

은혜가 있는 것이 확실합니다. 그러나 심판도 분명히 있습니다. 이것이 그리스도에 대한 요한의 메시지였으며 구약 선지자의 메시지였습니다.

　요한은 감옥에서 우리 주님의 놀라운 치유의 기적과 가난한 자들을 향한 복음 사역에 대해 보고를 받았습니다. 요한은 그런 예수님의 사역을 좋게 받아들였습니다. 그런데 심판 사역은 어떻게 된 것일까요? 그분의 손에 키가 잡혀 있는 것일까요? 그분이 메시야라면 왜 타작 마당을 철저히 숙청하지 않으실까요? "오실 그이가 당신이오니이까 우리가 다른 이를 기다리오리이까?" 요한의 제자들도 다음과 같은 질문들을 감옥에 갇힌 그들의 스승에게 던졌을 것임은 쉽게 짐작할 수 있습니다.

　"요한 선생님, 만일 그분이 선생님께서 진술하신 오실 메시야라면 당신이 투옥된 것을 잠자코 보고만 있겠습니까? 그분은 맹인의 눈을 뜨게 하고 절름발이를 걷게 하며 문둥병자를 깨끗게 하고 귀머거리를 듣게 하며 심지어 죽은 자를 다시 살리기도 합니다. 그럼 어째서 그분이 감옥 문들을 열고 당신을 구해 낼 수 없습니까? 그분이 진정 하나님의 어린양입니까? 그분이 참으로 당신의 친구입니까? 당신은 그분의 전령이라고 공언했습니다. 당신은 스스로를 낮추었습니다. 당신은 그분이 우선권을 누려야 한다고 말했습니다. "그는 흥하여야 하겠고 나는 쇠하여야 하리라"(요 3:30). 선생님, 당신이 옳다고 생각하십니까? 그분이 정말 하나님의 아들이라면 어째서 당신이 이 고통을 받으면서 감옥에 갇혀 있는 것을 방치할 수 있단 말입니까? 만약 그분이 능력이 있다면 왜 그것을 사용하지 않습니까?"

　요한은 "그럼 좋소. 그분께 직접 그 질문을 던져 봅시다"라고 응답했습니다.

요한과 그의 제자들이 가졌던 이 문제는 사실상 다른 유대인들에게도 일반적으로 걸리는 하나의 걸림돌이었습니다. 유대인들의 메시야관(觀)은 순전히 정치적이었습니다. 그들은 메시야가 큰 능력을 지닌 대왕(大王)으로 군림한다고 믿었습니다. 메시야가 오시면 제일 먼저 대반란을 지휘하여 유대인들을 로마의 정복자들로부터 해방시키고 유대 민족을 세계 최강대국의 일등 시민들로 승격시킬 것이었습니다. 그들은 또 메시야가 스스로 왕임을 선포하고 예루살렘에서 대관식을 가질 것으로 대망했습니다.

그런데 여기 메시야라고 주장하는 한 사람이 나타났습니다. 그는 자신이 오실자며 유대인들이 고대하던 자라고 말합니다. 그렇지만 그가 한 일은 무엇입니까? 그는 장님의 눈을 뜨게 하고, 절름발이를 걷게 하며, 문둥병자들을 깨끗게 하고 죽은 자를 되살리며, 가난한 자들에게 복음을 전파하느라고 시간을 보냈습니다! 그래서 군중들은 그에게 "왜 자신을 왕으로 선포하지 않습니까?"라고 물은 적이 있었고, 그의 형제들도 동일한 질문을 던졌습니다.

"당신이 하나님의 아들이라면 예루살렘으로 가서 왕관을 쓰십시오. 먼저 폭동과 반란을 일으켜 로마의 세력을 물리치고 우리를 해방시키십시오. 당신이 정말 메시야라면 왕이 되고도 남을 것입니다."

또 한때는 무리들이 강제로 예수님을 왕으로 추대하려고 시도했었습니다. 그들은 예수님이 오천 명을 먹이신 것을 보고 이분이야말로 메시야이며 왕이 되실 분이라고 판단했었습니다. 그러나 예수님은 무리를 떠나 혼자 산으로 올라가셨습니다. 이것이 많은 유대인들에게 걸림돌이 되었습니다.

환언하면, 요한과 유대인들은 그리스도에게 이런 식의 말을 한 셈이 었습니다. "아, 네, 우리들은 당신이 행하신 굉장한 일들에 대해 듣고 있습니다. 당신은 그런 일들만 하실 작정입니까? 그것들이 당신의 사 역의 전부입니까? 그보다 좀더 많은 일을 하시지 않겠습니까? 지금 하 시는 사역도 좋지만 우리들은 당신이 그 이상의 일들을 행하시길 바랍 니다. 당신은 그 이상의 다른 일들을 해 내실 수 없으신지요?" 이것이 그들이 던진 궁극적인 질문이었습니다. 유대인들은 예수님이 자기들 이 기대했던 일들을 하시지 않는 것을 큰 유감으로 여겼습니다. 그것 이 그들의 걸림돌이었습니다.

이제 본인은 예수님 당시의 유대인들이 가졌던 질문들을 현대인들이 교회에 던지는 물음에 대입시켜 보겠습니다. 오늘날 어떤 이들은 교회 가 이 세상 질서를 바로잡도록 하는 메시지를 전해야 한다고 믿습니 다. 우리들은 세상 질서를 위해 인간의 활동들을 지도해야 한다는 것 입니다. 그러나 이 세상은 옛날이나 지금이나 똑같습니다. 그래서 현 대인은 묻습니다.

"왜 기독교는 전쟁을 종식시키지 않습니까? 만약 당신들의 주장처 럼 나사렛 예수가 하나님의 아들이라면 어째서 이 세상이 이 모양이란 말입니까? 당신들은 매주일 복음을 강단에서 외칩니다. 이것 자체가 모순이 아닙니까? 그런데 이천 년 동안 외친 그 복음이 무슨 일을 하였 습니까? 이 세상을 보십시오. 기독교가 하나님의 복음이라면 왜 이 세 상에 대해서 하나님이 아무 일도 하시지 않습니까? 언제 하나님이 새 로운 세상을 만들 것입니까? 언제 하나님이 이 사회를 개혁할 것입니 까? 언제 하나님이 이 세상 일들을 변화시키고 인간들을 위해 좀 좋은 실제적인 유익들을 끼칠 것입니까? 당신들은 안일하게 교회에 앉아서 사람들이 회심하기를 바라며 죄에 대해 말합니다. 그리고 중생이라고 부르는 어떤 훌륭한 체험에 대해 이야기합니다. 그런데 그런 것이 고작입니까? 이 세상이 3차 대전과 핵무기의 위협을 계속 받는 시점에서도 당신들은 개인적인 복음만 전할 작정입니까?"

사람들은 이런 식의 유감들을 교회를 향해 표시합니다. 그런데 사람들은 또 두번째 형태의 질문을 던지기도 합니다. "당신들의 복음이 옳고 하나님이 선하시다면 왜 그처럼 많은 사람들이 이 세상에서 고통을 당합니까? 이 나라(영국)와 독일에서 2차 대전으로 죽은 수많은 그리스도인들을 생각해 보십시오. 그들은 아무런 해악도 끼치지 않았고 다른 사람을 해칠 마음도 없었는데 목숨을 잃어야 했습니다. 나는 이 사실을 당신의 종교와 화합시킬 수 없습니다.

만약 그리스도가 하나님의 아들이고 당신들의 복음이 그토록 귀하다면 도대체 어째서 무죄한 자들이 고통을 받아야 하며 경건치 못한 자들이 오히려 잘 되어야 한단 말입니까?"

시편 73편의 기자는 이 점을 본인보다 훨씬 더 잘 서술하였습니다. 그는 이 입장에 대한 고전적인 진술을 하였습니다.[1] 많은 사람들이 이런 질문을 하고 그것 때문에 예수님을 믿지 못합니다.

세번째 질문의 형태도 우리들이 흔히 듣는 것입니다. "나는 그 메시지를 들었습니다. 그때 본인은 매우 갈급한 상태였으므로 교회의 조언을 받고 곧장 그리스도께로 갔습니다. 나는 자신의 슬픔과 필요 때문에 예수님께 기도했었습니다. 나는 고통 중에 무릎을 꿇고 그분께 기도 드렸습니다. 나는 구원을 그분께 부탁드렸습니다.

그러나 그분은 나의 기도에 응답하지 않았습니다. 그분은 내 말을 들으시는 것 같지 않았습니다. 내가 어떻게 계속 그분을 믿겠습니까? 만약 그분이 당신들의 말처럼 메시야가 나를 그처럼 사랑해서 십자가에서 죽기까지 하셨다면 어째서 나의 기도를 듣지 않으십니까? 얼마나 많은 사람들이 구원을 위한 기도를 올리고서 아무 응답을 못 받았는지 모릅니다.

많은 부모들이 그리스도인이 아닌 자기 자식들을 위해 기도하는데도 왜 그들이 구원을 받고 교회로 들어오지 않습니까? 남편이 아내를 위해서, 또 아내가 남편의 구원을 위해 기도하지 않습니까? 그럼에도 변화가 없습니다. 왜 그렇습니까?" 이것은 많은 현대인들의 걸림돌입니다. 이런 반응이야말로 그 유명한 우리들의 본문 질문에 해당합니다.

"오실 그이가 당신이오니이까 우리가 다른 이를 기다리오리이까?"

그럼 이 어려운 질문에 대해 우리가 어떻게 대답해야 합니까? 우선 우리들은 그러한 문제의 원인에 대해서 본문 속에 주어진 교훈들을 살려야 합니다. 신약의 전반적인 가르침에 비추어(구약도 물론 포함되지만 특히 시편 73편을 염두에 두십시오) 본인은 다음 세가지 근본 원인들을 제시합니다.

첫째, 우리들은 메시야가 오시면 무슨 일을 하실 것인지에 대해서 그릇된 생각과 편견을 지니고 있습니다. 유대인들의 문제는 그들이 메시야가 오셔서 반드시 해 주셔야 할 일과 또한 메시야가 하실 일들에 관해 일정한 선을 그은 것이었습니다.

그들은 이 메시야의 사역에 대한 편견에 젖어 있었습니다. 그래서 예수님이 그들이 기대했던 일들을 하시지 않자 그만 실족하여 넘어졌습니다. 자기들의 기대를 충족시켜 주지 않은 그리스도에게 실망을 느꼈고, 그분의 사역이 하나의 걸림돌이 된 것이었습니다. 그래서 결국 그들은 예수님을 "없이하소서"(요 19:15)라고 소리 지르며 십자가에 넘겨 주었습니다.

본인은 이 점을 길게 설명하지 않겠습니다. 다만 이것이 항상 그리스도를 거절하고 언짢게 여기는 첫째 원인이라는 것을 지적하고 싶습니다. 우리들은 모두, 그리스도가 무엇을 해야 하며 교회는 무엇을 해야 하고 기독교는 또 무엇을 해야 하는지에 대한 선입견을 가지고 출발합니다. 우리들의 이 같은 선입견들이 맞아 떨어지지 않기 때문에 그것들이 걸림돌이 되어 넘어지게 되고, 놀라운 복음의 복들에 대해 이방인으로 머물고 맙니다.

두번째 원인은 이렇습니다. 우리들이 예수님께 가는 것이 예수님 자신을 찾기 위해서라기보다 그분으로부터 복을 찾기 위해 가기 때문에 문제가 어려워집니다. 우리들은 궁지에 몰렸을 때에만 예수님께 얼굴을 돌립니다. 우리들은 평소에는 그분을 생각지도 않고 무심하다가 갑자기 어려움을 당하면 그리스도께로 달려갑니다. 그때에 우리들의 마음에는 단 한 가지 생각뿐입니다. 그것은 우리의 필요입니다.

우리들은 선물을 주시는 분보다 선물 자체에 마음이 잡혀 있습니다. 우리들은 하나님과의 관계보다 우리의 처지와 문제에 관심이 쏠려 있습니다. 우리들은 얼마나 쉽게 이런 식으로 주님을 대하는지 모릅니다. 본인은 누구를 꼬집어 정죄하는 것이 아닙니다. 우리 모두가 이 점에 있어서 모두 죄책을 느껴야 할 것입니다. 우리들은 절박한 상황에 빠지면 하나님의 존전으로 달려가서 광적인 기도를 쉽게 드리게 됩니다.

우리들은 잠시라도 걸음을 멈추고 주님을 찬양하거나 영광을 돌리거나 경배하지 않습니다. 우리들은 사실상 그분이 어떤 분이시며 얼마나 위대하신지도 생각지 않습니다. 우리들은 우리 자신의 필요와 처지에 온통 정신이 사로잡혀 주님께 달려가서 황급한 소청을 올립니다. 즉시 응답이 없으면 마음이 상해 버립니다. 그리고는 언짢은 말을 합니다.

"하나님은 계시지 않아. 만약 그리스도가 정말 자신의 주장처럼 주님이시라면 어째서 내 기도를 들어주시지 않는단 말인가?" 우리들은 우리에게 필요한 복 이외에는 아무 것도 생각하지 않습니다.

세번째 원인은 앞 장들에서 언급했던 것입니다. 그것은 우리들의 이해를 초월하는 일을 우리가 알려고 애쓰는 것입니다. 우리들이 너무도 미미한 인간의 생각으로 영원하신 하나님의 마음을 재어 보고 따져 보려고 하기 때문에 처음부터 문제가 생깁니다.

그런 시도는 영원하시고 절대적인 분을 감당할 수 있는 통찰과 이해력과 논리적 능력이 우리 자신들에게 있다는 주장입니다. 그것은 유한한 작은 인간인 내가 하나님을 완전히 이해할 수 있으며 그 하나님은 내가 이해할 수 없거나 내 능력으로 납득되지 않는 일은 조금도 해서는 안 된다는 것을 전제한 행위입니다. 제가 과장한다고 생각하십니까? 본인이 불공정합니까? 이것이 시편 73편의 기자가 제시한 말씀의 배경이 아닙니까?

"왜 하나님이 이것을 허락하시는 것일까? 나는 이해하지 못하겠다." 이것이 정말 문제입니다. 사람들은 지금도 이런 질문을 하면서 하나님을 언짢게 여깁니다. "만약 하나님이 사랑의 하나님이시라면 왜 전쟁을 허락하십니까? 만일 그리스도가 구주시라면 왜 자기 백성들의 고난을 허락하십니까?" 우리들은 아직도 이런 유감스러운 질문들을 계속 던지고 있습니다.

이 같은 질문을 던진다는 것은 우리가 의식하든지 못하든지간에 우리 모두가 타고난 철학자들이라는 사실을 시사(示唆)합니다. 그런데 철학자들의 문제는 자기들이 모든 것을 이해할 수 있다고 주장하는 것입니다. 이 때문에 신약은 철학을 항상 하나님의 계시와 기독교 진리에 대한 최대의 적으로 간주합니다. 철학은 알고 싶어하며 또한 알 능력이 있다고 내세웁니다. 그래서 하나님이 사도 바울을 통해 우리에게 이런 말씀을 주셨습니다.

"하나님께서 전도의 미련한 것으로 믿는 자들을 구원하시기를 기뻐하셨도다"(고전 1:21). 이 말씀은 우리가 믿음의 위치에 놓여 있다는 뜻입니다. 우리들은 이해할 수 없는 것을 믿습니다. 우리들은 성경의 말씀과 그 증언을 인정하고 받아들여야 하는 입장에 놓인 것입니다.

이상 세 가지 원인들이 그리스도께서 행하셔야 하고 안하셔야 하는 사역들을 놓고 사람들이 넘어지는 측면들입니다. 그럼 어떻게 해야 이러한 곤경에서 헤어날 수 있을까요? 그 대답은 앞 장들에서 말씀 드린 것과 똑같습니다.

세례 요한이 우리에게 보인 큰 모범을 따르십시오. 당신은 갈등에 빠져 있습니까? 당신은 불행하고 마음에 안정이 없습니까? 이 일 저 일을 놓고 항상 따지며 논쟁하십니까? 그런 짓을 그만두고 주님께로 바로 가십시오. 본부에 직접 가서 물어보십시오. 그리스도께 당신의 질문들을 가지고 가십시오. 그분께 당신이 어떻게 생각하고 어떻게 느끼는지를 그대로 말씀드리고 질문을 하십시오. 그러면 주님이 당신에게 대답하실 것입니다. 주님은 언제나 신실하신 분입니다.

그럼 주님이 어떤 식으로 이런 문제를 처리하실까요? 다시 세례 요한과 그의 제자들에게 눈을 돌려 봅시다. 주님이 그들의 질문을 어떻게 받으셨는지를 주목하십시오. 주님은 직접적으로 대답하시지 않았습니다. 요한의 질문을 다시 들어 보십시오. "오실 그이가 당신이오니이까 우리가 다른 이를 기다리오리이까?"

요한의 질문은 우리 식으로 고쳐 읽으면 이런 것입니다. "저에게 단한 가지 질문이 있습니다. 당신이 메시야입니까, 아닙니까? 예(Yes)가 아니면 아니오(No)로 분명히 말씀해 주십시오." 그러나 예수님은 그렇게 대답하시지 않았습니다. 이것은 중요한 요점입니다. 이 문제의 핵심은 주님이 우리들의 어떤 질문들에 대해서 단순히 '그렇다' 혹은 '아니다' 라고 답변하시지 않는다는 것입니다. 그럼 어떻게 하실까요? 주님이 요한에게 하신 것처럼 하십시오. 주님은 요한이 이미 알고 있던 것들을 반복해서 말씀하셨을 뿐입니다.

요한은 감옥에서 예수님의 사역들을 듣고 주님께 질문을 던졌습니다. "저는 당신이 이런 일들을 하신다고 들었습니다. 그런데 다른 일들은 언제 하시렵니까?" 주님의 대답이 무엇이었습니까? "나는 맹인의 눈을 뜨게 하고, 절름발이를 걷게 하며, 문둥병자들을 낫게 하고, 가난한 자들에게 복음을 전한다. 요한아, 다시 생각해 보라. 이것이 무엇을 의미하는지를 깨닫지 못하느냐?"

당신이 이런 문제에 봉착했을 때 제일 먼저 해야 할 것은 예수님이 하시는 일이 아닌 예수님 자신에게 출발하는 것입니다. 본인은 사람들이 그리스도에 대해서 여러 질문들을 하는 것을 듣고 조금도 놀라지 않습니다.

그들이 만약 예수님의 인격체에 대해 바로 깨닫지 못하면 그분의 활동에 대해서 전혀 이해하지 못할 것이기 때문입니다. 그들이 예수님의 죽음을 이해하지 못하는 이유도 바로 여기에 있습니다. 예수님의 제자들도 부활 이후에야 주님의 죽으심의 의미를 알았습니다.

그들은 부활 사건에 비추어 예수님이 하나님의 아들이심을 깨닫고 비로소 십자가의 죽으심이 지닌 뜻을 이해하기 시작했습니다. 예수님이 누구신지에 대한 교리를 파악하지 못하면 아무도 십자가의 교리를 이해하지 못합니다.

예수님은 요한에게 이렇게 말씀하신 셈이었습니다.

"요한아, 너는 내가 하는 일을 이해할 수 없다. 그렇지만 네가 나를 신뢰하느냐? 내가 정말 누구인지 아느냐? 너는 나를 바르게 알고 있느냐? 너의 질문은 내가 다른 일들에서도 의심을 받고 있음을 드러내 준다. 너는 내가 행하지 않는 일들 때문에 나의 인격체에 대한 의문이 너의 마음에 일어나게 하였다. 요한아, 처음의 출발점으로 돌아가서 나를 바로 알기 바란다. 내가 지금 하는 일들은 이런 것들이다. 너는 선지자들이 내가 오면 바로 이런 일들을 할 것이라고 예언했던 말씀들을 기억할 것이다. 메시야에 대해서 예언한 일들을 내가 지금 하고 있는 것이다. 요한아, 내가 메시야임을 모르겠느냐? 내가 메시야 이외에 다른 어떤 인물이 될 수 있단 말이냐? 오직 메시야만이 이런 일들을 행할 수 있다. 이 일들은 내가 메시야임을 공적으로 확증하는 사역들이다. 나는 어저께 무리들에게 이렇게 말했었다."

"아버지께서 내게 주사 이루게 하시는 역사 곧 나의 하는 그 역사(役事)가 아버지께서 나를 보내신 것을 나를 위하여 증거하는 것이요"(요 5:36).

그리스도의 사역은 그분의 인격체에 비추어 보지 않으면 전혀 이해할 수 없습니다. 이것은 지금도 그렇기 때문에 우리들이 제일 먼저 숙지해야 할 일입니다. 당신은 철학으로 예수님의 행위들을 이해하려 하거나 혹은 그분이 행하시지 않은 일들을 놓고 따지지 마십시오. 그분께 가서 과연 예수님이 누구이신지를 발견하십시오.

요한은 예수님의 활동들만 보고서 그분에 대한 결론에 닿았습니다. 그러므로 본문의 이야기를 잘 숙고하십시오. 예수님을 하나님의 독생자로 보지 않고서 어떻게 그분을 설명할 수 있겠습니까? 그분의 행위가 아닌 인격체 자체에서 출발하십시오. 그렇게 한 다음에 두번째 단계로 옮겨 가십시오.

두번째 단계는 예수님의 사역과 그분이 오셔서 하시려고 하는 일들에 대한 예수님의 가르침을 받아들이는 것입니다. 우리들은 자신들의 아이디어나 사상들을 따르지 말고 그리스도의 말씀에 귀를 기울여야 합니다. 예를 하나 들어 봅시다.

하나님의 아들이 이 세상에 오셨다고 해서 전쟁이 금지되고 종식될 것이라고 신약이 말한 적이 있습니까? 오히려 신약은 이 세상 끝날에 전쟁의 소문과 전쟁들이 있을 것이라고 말합니다. 또 그리스도의 오심과 복음이 있기 때문에 각 시대가 이전 시대보다 나아질 것이라고 성경에서 말한 적이 있습니까? 또한 복음이 사회 개혁과 복지 향상을 위하고 고통을 경감시키는 입법을 통과시킬 것이라고 가르친 적이 있습니까? 복음이 하는 일은 새로운 세계 질서를 소개하고 우리들을 정치적이고 국제적인 문제들로부터 해방시키는 것이라고 신약이 말하고 있습니까? 어디에 그런 말씀이 있습니까? 그런 약속을 복음이 해준 적이 있습니까? 그리스도가 오신 결과로 이 세상이 더 나아진다고 주장한 곳이 신약에 있습니까? 예수님이 오신 지가 이천 년이 넘었는데 그동안 복음의 영향으로 이 세상이 너무도 발전되고 좋아져서 전혀 알아볼 수 없을 정도로 달라진 것이 있습니까? 인간들이 복음 전파를 받기 때문에 이 세상이 옛날과 같은 곳이 아닌 전혀 딴 세상이 될 것이라고 신약이 예고한 적이 있습니까?

없습니다. 신약의 말씀은 홍수 이전의 때에도 사람들은 노아가 방주에 들어간 바로 그 당일까지 먹고 마시고 시집 가고 장가 들었다고 증언합니다. 세상 끝날에도 그럴 것이며 지금 우리 세대에도 마찬가지입니다. 롯의 때에도 사람들은 재난이 덮칠 때까지 계속 죄악 속에서 살았습니다. 인자가 다시 오실 때에도 이런 세상은 바뀌지 않고 그대로 있게 될 것이라는 것이 신약의 진술입니다.

우리들은 이런 문제들을 놓고 토론과 논쟁을 합니다. 만일 기독교가 정말 그것이 주장하는 그대로라면, 만약 나사렛 예수가 참으로 하나님의 아들이라면, 만약 그의 복음이 이천 년 동안 전파되었다면 어째서 이 세상은 이 모양 이꼴입니까? 본인의 대답은 예수께서 그렇게 될 것이라고 예언하셨다는 것입니다.

예수님은 전쟁이나 다른 문제들을 종결시키겠다고 말씀하신 일이 없습니다. 예수님은 사람들이 계속 죄인으로 있으면서 주님을 인정하지 않고 믿음으로 자기들의 삶을 주께 던지지도 않는 동안에 전쟁의 소문들과 전염병과 지진과 재난들이 계속된다고 경고하셨습니다. 이것이 주님께서 하셨던 말씀입니다.

그럼에도 우리들이 주님의 하실 일을 우리의 편견과 아이디어로 정해 놓고서 그일을 안하시기 때문에 그분을 못 믿겠다고 말하는 것은 얼마나 잘못된 일인지 모릅니다. 예수님이 하시겠다고 한 말씀을 생각하십시오. 그리고 예수님이 가르치시고 예언하신 것이 문자대로 이루어진 사실을 깨달으십시오.

다른 말로 바꾸면, 예수님이 우리들에게 알리고 싶은 뜻은 사람의 영혼을 가장 일차적이고 중요한 것으로 보신다는 것입니다. 우리들은 모두 이 세상에 대한 질문들을 던집니다. 전쟁과 기근과 사회 불의에 대한 질문들을 우리 모두가 가지고 있습니다. 우리들은 이런 질문들을 안고 기독교를 생각하고 복음을 논의합니다. 그렇지만 예수님이 우리 각자에게 보내시는 답변을 들어 보십시오. 복음은 이렇게 말합니다.

"나의 친구여, 당신은 사회와 세상 형편에 대해 매우 관심이 많구려. 당신은 어떤 정당이나 정치가나 교회를 향해 왜 대기 오염이나 빈곤이나 주택 문제에 대해 대안을 내놓지 않느냐고 항의합니다. 그러나 교회의 대답은 이렇습니다. 당신은 이 사회나 세상사에 쏟는 관심 만큼 당신 자신의 영혼에 관심을 쏟고 있습니까? 그것이 당신의 첫째 관심사여야 합니다."

이 세상은 아직도 죄의 세상입니다. 미래는 어떻게 될는지 아무도 모릅니다. 본인은 이 세상이 앞으로 어떻게 될는지 모릅니다. 우리들은 전쟁을 피하기 위해서 최선을 다해야 한다고 봅니다. 그러나 복음은 "왜 정치가들이 서로 일치되지 않습니까?"라고 묻지 않고 "왜 당신의 가정과 사무일과 친척들 사이에 불화가 있습니까?"라고 묻습니다.

복음의 핵심

우리들은 국제 문제를 가지고 논쟁을 일삼고 왜 복음이 이런 저런 일을 안하느냐고 따지기 쉽습니다. 그러나 복음은 훨씬 개인적입니다. 복음은 당신 개인에게로 돌아옵니다. 주님은 요한에게 말씀하셨습니다. "요한아, 네 자신이 감옥에 있을지라도 나와의 관계를 올바르게 지켜야 한다." 이것이 복음의 질문입니다.

당신의 영혼은 어떻습니까? 우리들의 이 핵심적인 문제가 바로 잡히기 전에는 우리들에게는 이 세상이나 사회의 큰 문제들을 고려할 자격이 없습니다. 이 세상 인간들이 나와 같이 본성적으로 교만하고 시기심이 많고 이기적이라면 어찌 세상이 평화로울 수 있겠습니까? 우리 각 개인들이 천성적으로 나쁘다면 나라들도 다 나쁩니다. 그런데 개인들이 바르게 되기 전에 어찌 국가 사이에 평화가 유지되겠습니까? 당신은 이 세상 질서에 대한 큰 문제들을 놓고 고심하기 전에 먼저 당신 자신의 영혼과 삶의 불화를 생각하십시오.

"요한아, 너 자신이 나와 바른 관계를 확실히 가져야 한다."

끝으로, 주님이 우리에게 주는 메시지는 우리가 그분을 전폭적으로 신뢰해야 한다는 것입니다. 비록 우리가 이해하지 못하는 부분이 있더라도 분명하게 주님을 믿어야 합니다. 이것이 예수께서 요한에게 주셨던 말씀이었습니다.

"나는 네가 들은 보고대로 이런 일들을 하고 있다. 그런데 너는 나더러 "왜 다른 일들은 하지 않느냐"고 묻는다. 그러나 네가 정말 내가 메시야이며 하나님의 아들임을 믿는다면 그런 의문스러운 일들을 내게 맡길 수 없단 말이냐? 너 자신의 투옥과 이에 대한 네 제자들의 염려까지 내게 맡겨야 하지 않겠느냐? 요한아, 네가 만일 나의 신분을 안다면 감옥 문제 자체도 내게 다 맡기고 나를 계속 신뢰할 수 있어야 하지 않겠느냐?"

이것이 마지막 메시지입니다. 이것이 예수께서 우리들에게 지적하시고 싶은 요점입니다. 예수님은 우리들의 철저하고 절대적인 순종과 확고 부동한 충성을 원하십니다. 믿음은 내가 주 예수 그리스도를 절대적으로 믿는 것을 의미합니다. 우리들은 모두 이 교훈을 터득해야 합니다. 바울도 이 길을 거쳐 가야 했습니다.

그는 육신에 어떤 가시가 있었습니다. 그는 복음을 전하고 싶었지만 이 가시가 방해물이었습니다. 그는 이것을 이해할 수 없었습니다. 그는 주께 이 가시를 제거해 달라고 세 번이나 간청했지만 "내 은혜가 네게 족하도다"라는 말씀만 들었습니다. 주님의 말씀은 이런 것이었습니다.

"나는 가시를 빼내지 않겠다. 나는 네 육체에 가시를 두고서 네게 복을 주어 무한히 더 큰 일을 하겠다. 나는 네게 가시가 있음에도 너를 통해 놀라운 일들을 행할 수 있다는 것을 증시하겠다." 바울은 이렇게 응답했습니다. "옳습니다, 주님. 나는 약할 때에 강해진다는 것을 알겠습니다. 나는 이제 주님과 바르게 되는 일 이외에는 아무 것도 염려하지 않겠습니다. 나는 이제 주님과 바르게 되는 일 이외에는 아무 것도 염려하지 않겠습니다."

하나님이 우리들에게 허락하신 장소는 "하나님을 사랑하는……자들에게는 모든 것이 합력하여 선을 이루느니라"고 말할 수 있는 곳입니다(롬 8:28). 여기서 '모든 것'이라는 표현을 유의하십시오. 어떤 것이라도 다 포함됩니다.

"...어떠한 형편에든지 내가 자족하기를 배웠노니"(빌 4:11). 이것이 핵심입니다.

말씀을 다른 각도에서 드려 보겠습니다. 하나님의 아들이신 나사렛 예수는 특히 위에서 언급한 문제를 가지신 분들을 포함한 우리 모두에게 이렇게 도전하십니다.

"내가 하늘 궁전에서 이 땅에 내려와서 죄 많은 육신의 모습으로 살았다는 것이 어디 상상이나 할 수 있는 일이겠느냐? 내가 33년 동안 죄인들의 멸시를 받으면서 십자가를 등에 메고 골고다로 비틀거리며 갔다는 사실이 가능한 일이었겠느냐? 내가 고난을 받고 나무에 못박혀 너를 위해 죽고도 너에 대해 관심이 없다는 것이 말이 되겠느냐? 너는 나를 신뢰하지 못하겠느냐? 나를 이해하지 못하더라도 너는 나를 믿지 못하겠느냐? 너는 나를 믿지 못하겠느냐? 너는 내가 그것을 했다는 점을 깨달을 수 없느냐? 내가 지금 너에게 행하고 있거나 네게 일어나도록 허락한 그 일에 어떤 목적이 있다고 보아야 하지 않겠느냐?"

친애하는 여러분, 하나님의 생각을 이해해서 알아내려고 애쓰지 마십시오. 하나님의 생각은 절대적이고 영원한 것이기 때문입니다. 하나님께서 그의 종인 세례 요한이 감옥에서 고생하다가 춤추는 한 소녀의 변덕에 의해 참수당하게 허락하신 것은 무의미하거나 무관심한 일이 아니었습니다. 그것은 하나님의 지혜의 일부분이었습니다. 아마 당신은 그런 일들이 발생되는 것을 어떻게 이해하느냐고 물을는지 모릅니다. 저는 이해할 수 없습니다. 저는 그런 시도를 하지 않습니다.

그러나 내가 아는 것은 하나님은 사랑이시며 그분의 방법들은 언제나 완전하다는 사실입니다. 나는 갈보리의 그리스도를 보고 이 사실을 확신하였습니다. 나는 영원하신 절대자의 마음을 이해하지 못합니다. 그러나 나는 하나님을 사랑하는 자들에게는 모든 것이 합력하여 선을 이룬다는 것을 압니다.

나는 때때로 이 세상에 있었을 때에 나를 당황하게 했던 수수께끼 같은 일들을 하나님이 내게 설명해 주실, 저 베일을 넘어 영원히 주님과 함께 있게 될 그때를 고대합니다. 그러나 현재 나는 이 세상에서 사도 바울의 입장을 따르기로 합니다.

"당신의 은혜가 내게 족합니다. 나는 어떤 일을 맞더라도 당신을 믿고 신뢰하며 만족하겠습니다."

주님에 대한 일을 바로잡으십시오. 사람의 영혼이 먼저라는 점을 깨달으십시오. 주님과의 영혼의 관계가 궁극적인 문제입니다. 당신이 주님과 바르게 된다면 이 세상이 당신에게 어떻게 하든 당신은 영원토록 바르게 되어 그 누구도, 그 무엇도 당신을 해치거나 빼앗아 갈 수 없는 영광의 상속자가 됩니다. 이것이 주님의 약속입니다.

1) 이 문제에 대한 더 상세한 고찰을 위해서는 Faith Tried and Triumphant, D.M. Lloyd-Jones, I.V.P.를 참조하시오.

거슬리는
그리스도의 교훈

●

"요한이 옥에서 그리스도의 하신 일을 듣고 제자들을 보내어 예수께 여짜오되
오실 그이가 당신이오니이까 우리가 다른 이를 기다리오리이까
예수께서 대답하여 가라사대 너희가 가서 듣고 보는 것을 요한에게 고하되
소경이 보며 앉은뱅이가 걸으며 문둥이가 깨끗함을 받으며
귀머거리가 들으며 죽은 자가 살아나며 가난한 자에게 복음이 전파된다 하라
누구든지 나를 인하여 실족하지 아니하는 자는 복이 있도다 하시니라."
마태복음 11:2~6

앞장에서 살폈듯이 성경의 대선언은 주 예수 그리스도만이 하나님의 메시야라는 것입니다. 예수님은 이 세상에 오셨고 자기 사역을 마치셨습니다. 그는 인류가 필요로 하는 모든 일을 완수하셨습니다. 그분을 믿은 자들은 온전한 만족을 그분 속에서 모두 찾았습니다. 이것이 아직도 우리들 앞에 제시된 비밀

입니다. 하나님이 우리들에게 제공하신 모든 것들을 그리스도 안에서 다 받을 수 있습니다.

한편 이 세상은 절급한 상태에 있으면서도 여러 가지 이유로 예수님을 믿지도 않고, 그분의 메시지도 받지 않으며, 그분께 자신을 의탁하지도 않습니다. 그 결과, 하나님이 우리들에게 넘치게 주시려는 복을 못 받습니다. 이것이 큰 문제입니다.

이 세상에는 물론 다른 긴급한 문제들이 많습니다. 그것들도 중요한 현안 문제들입니다. 복음 설교자들이 그런 현세의 문제들을 부인하는 것이 아닙니다. 사람들은 의식주 문제를 해결하면서 살아야 합니다. 또한 장차 일어날 일들, 예컨대 전쟁이 날 것인지에 대해 알고 살아야 합니다. 이것들은 모두 중요한 질문들입니다.

그렇지만 지금까지 본서에서 강조했듯이 가장 절급한 문제는 예수 그리스도에 대한 질문입니다. 예수 그리스도는 누구이십니까? 그분이 과연 자기 주장과 같은 인물입니까? 그분이 하나님의 아들입니까? 그분이 구주이십니까? 그분이 구원자이실까요? 그분이 약속한 모든 것을 우리들이 체험할 수 있을까요? 이것이 가장 시급하고 중대한 질문들입니다.

그런데 성경에서, 특히 신약이 지적하는 이 세상의 비극의 핵심적 요인은 그리스도를 거절하는 것입니다. "자기 땅에 오매 자기 백성이 영접지 아니하였으나"(요 1:11).

성경은 주저 없이 말합니다. 만약 이 세상 사람들이 주 예수 그리스도를 참되게 믿고 그분이 주시는 선물을 받아 그분이 가르치신 삶을 실천하면 우리들의 문제들이 모두 해결될 것이라고 말입니다. 만약 이 세상 사람들이 신약적인 의미에서의 교인들이 된다면 전쟁의 가능성도 없고 대기 오염의 문제도 없을 것이며, 경제적 착취나 정치적 독재가 성립되지 않을 것입니다. 알콜 중독이나 성범죄나 불경한 자나 이혼이나 기타 일체의 끔찍한 일들이 자취를 감출 것입니다.

지상의 모든 인간들이 진실한 그리스도인의 생활을 한다면 인류를 이처럼 저락시킨 이 세상의 온갖 추악한 죄악들이 사라질 것입니다. 만약 우리 모두가 그리스도를 진실로 믿기만 한다면!

그 가능성은 우리에게 아직도 남아 있습니다. 그런데 왜 이 세상이 그리스도를 믿지 않습니까? 우리들은 사람들이 그리스도에 관해서 못마땅하게 여기는 것들을 고찰해 보았습니다. 사람들은 그리스도의 인격체와 그분의 죽으심에 대해서, 그분이 전쟁이나 고난들을 일으키는 사회의 악들을 심판하고 처리하지 않는 일들을 놓고 언짢게 여깁니다.

이제 본인은 여기서 한걸음 더 나아가서, 유감스럽게도 각 세대에 걸쳐 인간들이 그리스도를 못마땅하게 여기는 다른 하나의 걸림돌에 대해 말씀드리겠습니다. 본문을 다시 읽어 보십시오.

사람들은 주님이 인류와 인류의 문제들을 처리하는 방법을 언짢게 여깁니다. 이 오해는 주님의 나라(왕국)에 대한 가르침과 관련해서 자주 생깁니다. 사복음서를 보면 이 오해가 사람들의 마음을 항상 거스렸다는 것을 알 수 있을 것입니다. 일례로써 요한복음 6장을 보십시오.

예수께서 자기 나라의 본질에 대한 가르침을 주셨을 때 어떤 이들은 "이 말씀은 어렵도다 누가 들을 수 있느냐?"고 하였고 그때부터 "제자 중에 많이 물러가고 다시 그와 함께 다니지 아니"하였습니다(요 6:60,

66). 예수님의 나라에 대한 가르침이 그들의 마음에 걸림이 된 것이었습니다. 다르게 표현한다면, 인류에 대한 예수님의 접근과 구원 방법이 그들의 마음에 들지 않았습니다.

본인의 생각에는 이것이 부분적이긴 해도 세례 요한의 마음 속에까지 끼어든 하나의 유감이었던 것 같습니다. 사실상 예수님은 나중에 이 점을 언급하셨습니다. "여자가 낳은 자 중에 세례 요한보다 큰 이가 일어남이 없도다 그러나 천국에서는 극히 작은 자라도 저보다 크니라"(마 11:11). 이 까닭은 부분적으로 '천국에서는 극히 작은 자' 하나님 나라에 대한 이 예수님의 가르침에 걸려 넘어지지 않기 때문입니다.

그들은 그리스도가 누구이시며 십자가와 부활을 통해 그리스도가 하신 일이 무엇인지를 압니다. 그러므로 그들은 그리스도가 개인의 영혼을 위해 무엇을 할 수 있는지를 아는 자들입니다.

그러나 아직도 많은 사람들이 하나님 나라에 대한 그리스도의 가르침을 못마땅하게 여깁니다. 많은 현대인들은 그들의 생각에 그리스도가 마땅히 해야 할 일을 하지 않기 때문에 그를 믿을 수가 없습니다. 우리들은 기독교가 무엇인지에 대해서 이미 정해 놓은 것이 있습니다. 그런데 예수님의 말씀은 우리들의 이 같은 선입견이나 아이디어들에 맞아 떨어지지 않는 듯합니다. 그래서 우리 현대인들은 이것을 언짢게 여기고 예수님을 믿지 않습니다.

우리들은 이런 종류의 걸림돌들을 아주 간단하게 지적할 수 있습니다. 예수님이 이 세상에 오셔서 하시려고 한 일들에 관한 주님의 가르침은 언제나 사람들의 마음을 언짢게 하는 듯합니다. 이것들은 주로 하나님의 나라에 대한 교훈들인데 사람들이 매우 거북하게 여깁니다.

예수님의 교리는 비포용적인 특징이 있는데, 이것 때문에 사람들은 육신으로 오셨던 예수님을 못마땅하게 여겼으며 현대인들도 아직 동일한 반응을 보입니다. 우리들은 복음이 무엇이며 어떠해야 하는지에 대해서 매우 거창한 아이디어들을 가지고 있습니다. 우리들은 하나님의 나라에 대한 대단히 엄청난 개념들을 갖고 있습니다. 그러나 실제의 복음은 훨씬 좁은 것으로 보입니다. 그래서 사람들은 반감을 느끼고 못마땅하게 여깁니다.

실례를 몇 가지 들겠습니다. 우리 주님은 항상 인간의 영혼과 영적 사물들에 대해서 줄곧 말씀하셨습니다. 요한복음 6장에서 우리 주님은 자신의 살을 먹고 피를 마시는 일에 대해 말씀하셨는데 청중들은 금방 이 교훈을 물질화시켜서 받아들였습니다(무리들은 늘 이렇게 하는 습성이 있습니다). 그래서 주님은 "내가 너희에게 이른 말이 영이요 생명이라"(요 6:63)고 밝혀 주셔야 했습니다. 중요한 것은 육이 아니고 영입니다. 이것이 예수님의 강조점이었습니다.

다시 말해서 우리 주님은 보편적이거나 통상적인 것들을 말씀하시지 않았습니다. 표현이 적합할지 모르지만, 우리 주님은 하나의 커다란 캔버스(Canvas)를 다 채우기 위해서 오시지 않았습니다. 주님은 인간의 영혼과 하나님의 관계라는 특정한 문제를 처리하기 위해 오셨습니다.

유대인들은 정치적인 질문들에 관심이 높았습니다. 그들은 항상 자신들을 하나의 국가로 생각하였기 때문에 국가적인 문제는 그들에게 큰 문제였습니다. 그래서 그들은 앞에서 살폈듯이 우리 주님이 이 일을 처리해 주기를 원했습니다.

그러나 주님이 전혀 그런 일을 하시는 것 같지 않았습니다. 주님은 소수의 일반 평민들에게 말씀을 강론하셨고 시골 마을들을 다니시면서 개인들의 고난을 다루느라고 시간만 낭비하는 듯했습니다. 그래서 사람들은 예수님께 의문을 품게 됐습니다.

"이 사람이 진정으로 메시야라면 이런 소소한 개인들을 상대로 일하지 않을 것이다. 그가 메시야라면 큰 질문과 큰 문제를 다루어야 한다. 그는 항상 우리의 영혼과 영적 문제들에 대해서만 말한다. 왜 그는 다른 큰 문제들을 해결하지 않는가?"

이것이 유대인들에게 걸림돌이 되었고, 지금도 많은 사람들의 마음을 언짢게 합니다.

상당히 많은 사람들이 우리 주님을 단순히 한 위대한 교사로 생각합니다. 그들은 예수님이 자기들 앞에 한 훌륭한 도덕적 모범으로 서 있다고 봅니다. 어떤 이들은 예수님을 한 위대한 예술가로 간주합니다. 그들은 예수님이 인생에 대한 아름다운 생각들을 표현했다는 뜻에서 헬라의 이방 철학자들의 범주에 넣습니다. 그러나 이것은 신약의 기록과는 어림도 없는 곡해(曲解)입니다. 아닙니다!

우리 주님은 언제나 한 가지 일에 대해서 말씀하셨습니다. 이 한결같은 주제는 인간의 영혼이었습니다. 주님은 개인의 무한한 가치에 대해서 강조하셨습니다. "사람이 만일 온 천하를 얻고도 제 목숨을 잃으면 무엇이 유익하리요?"(막 8:36). 예수님은 회중을 바라보시면서 이렇게 말씀하신 셈입니다.

"너희들은 언제나 이 세상 자체 속에 있는 물질에 관심이 쏠려 있다. 그러나 나는 너희 속에 있는 영혼이라고 부르는 것에 관심이 있다. 만일 너희들의 영혼이 하나님과 바르게 되어 있지 않으면 이 세상 전체가 이상적으로 세워진다 하여도 그것은 아무 소용이 없을 것이다." 인간의 영혼이 예수님의 지속적인 주제였습니다.

예수님은 이 한 가지 주제로 일관하셨습니다. 그래서 많은 사람들의 거부감을 일으켰습니다. 요한복음 6장에 나온 사람들처럼 처음에는 예수님께 귀를 기울였던 자들이 집으로 돌아가서 다시는 예수님과 함께 다니지 않았습니다.

저는 여러분께 우리 주님께서 매우 광범위하고 깊은 지식을 가지셨던 사실을 신약의 실례에서 많이 제시할 수 있습니다. 주님은 이 놀라운 지식을 인간의 영혼과 그 영혼이 하나님과 같은 관계를 예시하기 위해 자주 사용하셨습니다. 주님이 사용하신 많은 예시들을 생각해 보십시오. 그것들이 오직 주님의 한 가지 주제 곧 인간의 영혼에 대한 것임을 깨닫지 못하시겠습니까?

예수님은 어느 날 제자들과 함께 시골의 한 과일 나무 곁에 서 계셨습니다. 예수님은 과목(果木)에 대해 관심이 크셨던 모양입니다. 말씀하실 때에 자주 과목에 대한 언급을 하셨는데 익히 잘 아셨던 분야 같습니다.

그렇지만 주님은 원예에 대해서나 나무의 신비한 생명력에 대해 강론하신 적이 없었습니다. 주님은 물론 그렇게 하실 수 있었지만 하시지 않았습니다. 사람들은 예수님의 그런 활동을 좋아했을 것이고 현대인들도 동일한 반응을 보였을 것입니다. 그러나 주님은 과수를 하나의 영적 예시로 삼았을 뿐이었습니다.

"너희는 이 과수 나무들을 보느냐? 이것들은 나쁠 수도 있고 좋을 수도 있는 과목들이다. 너희들은 과목의 상태를 그 열매로 판단한다. 좋은 열매를 맺으면 좋은 과수이고 나쁜 열매를 맺으면 나쁜 과수이다. 너희들 자신과 너희들의 삶도 이 과목들과 매우 흡사하다는 것을 깨닫지 못하겠느냐? 열매로써 나무를 아는 것이 아니겠느냐? 너희들은 영혼을 지니고 있다. 너희 속에 있는 영혼은 과수원에 있는 나무와 같다. 인간들이 과실 나무를 심듯이 하나님은 영혼을 너희들에게 주셨다. 그러므로 너희들의 영혼으로 너희가 행한 것에 따라 영원한 심판을 받게 될 것이다. 귀 있는 자는 들으라. 귀 있는 자는 자기가 듣는 이 말씀을 유의하여라."

주님은 꽃들을 보시고도 똑같은 교훈을 이끌어 내셨습니다. 우리 주님은 꽃들이나 새들을 놓고 그 자체를 설명하시지 않았습니다. 그것들은 인간의 영혼을 하나님이 귀히 여기신다는 하나의 실물 교훈을 위한 자료들이었습니다. 예수님은 꽃들과 새들을 가리키시면서 이렇게 말씀하셨습니다.

"너희 하늘 아버지께서 들의 백합화를 아름다운 옷으로 입히신다면 너희들은 얼마나 더 잘 입히시겠느냐? 하나님이 공중의 새들을 그처럼 아끼셔서 한 마리도 하나님의 허락이 없이는 땅에 떨어지지 않는다면 너희들의 영혼에 대한 관심은 얼마나 더 크겠느냐?"

예수님은 언제나 영혼의 주제를 강조하기 위해서 넓고 깊은 지식을 예시로써 사용하셨습니다. 이 때문에 사람들은 예수님께 불만을 품었습니다. "왜 예수님은 미술이나 문학에 대해서 또는 다른 멋있고 흥미 있는 주제들에 관해서는 우리에게 말씀하시지 않습니까? 예수님은 항상 우리 속에 있는 영혼과 하나님과의 관계에 대한 말씀만 하십니다."

예수님은 과거에도 그러하셨고 지금도 여전히 인간의 영혼에 대한 동일한 주제를 계속 강조하고 계십니다.

그러므로 아주 중요한 질문은 이 세상이 어떻게 될 것이냐가 아니고 내 영혼이 어떻게 되느냐는 것입니다. 이 영혼의 강조 때문에 대개 많은 사람들이 복음과 그리스도를 언짢아합니다. 그러나 복음은 인간의 영혼이 어떻게 되느냐는 이 한 가지 문제에 관심을 쏟습니다.

그런데 복음은 여기서 그치지 않습니다. 복음은 더욱 제한적으로 그 관심의 폭을 좁힙니다. 이것이 예수님 당시의 사람들에게 반감을 일으켰고, 그 후 계속해서 많은 사람들의 기분을 상하게 합니다. 왜냐하면 우리 주님께서 사람의 영혼에 대해서 말씀하시는데 그치지 않고 구체적으로 개인의 영혼에 대해 말씀하셨기 때문입니다.

예수님은 직접적으로 남녀 개인들에게 그들의 영혼에 대해 말씀하셨습니다. 이것이 모든 위대한 철학자들과 주님이 완전히 다른 점입니다. 이 세상의 철학자들은 인간의 영혼을 하나의 아이디어(관념)로 보는 데에만 관심이 있습니다. 그들은 이 영혼의 개념을 놓고 논의하기를 좋아합니다. 그들에게 영혼은 하나의 철학적 체계 속에서 분류될 수 있는 어떤 범주에 속합니다.

그런데 우리 주님은 인간 영혼을 전혀 그런 식으로 다루시지 않았습니다. 주님은 항상 직접적이며 즉각적이었습니다. 주님은 사람들을 늘 개인적으로 대하셨습니다. 주님의 이 같은 직접성이 각 세대마다 많은 인간들에게 걸림이 되어 왔습니다.

1830년대에 영국의 수상을 지냈었던 멜본 경(卿)은 이렇게 발언한 적이 있습니다. "여러분, 만일 종교가 개인적으로 되면 대단히 불편해집니다." 우리들은 종교에 대해서 본능적으로 관심이 있습니다. 우리들은 종교적인 사상이나 개념들을 놓고 이야기하기를 좋아합니다. 그러나 종교가 우리들의 개인적인 입장에 적용되면 퍽 난처해 합니다. 우리들의 종교관은 일반적이어야지 개인적이 되어서는 불편합니다. 그렇지만 주님은 언제나 종교를 개인적으로 다루셨습니다.

　　요한복음 4장에서 우리는 예수님이 '사마리아 여인'과 대담하신 내용을 기록한 하나의 전형적인 예시를 읽을 수 있습니다.
　　예수님은 어느 날 오후 매우 지치고 피곤하셔서 제자들이 이웃 마을로 빵을 사러 간 사이에 한 우물 곁에 앉으셨습니다. 그때 한 여인이 물을 길으러 왔습니다. 예수님과 이 여인은 서로 이야기를 하게 됐는데 종교적인 토론이 벌어졌습니다. 이 여인은 사마리아인이었으므로 어디서 어떻게 예배를 드려야하는지에 대한 나름대로의 견해를 갖고 있었습니다. 이 사마리아 여인의 말은 매우 똑똑하였습니다. 그런데 우리 주님께서 그녀의 말을 가로막고 "가서 당신의 남편을 데려오라"고 하셨습니다. 종교적인 논의 중에 우리 주님께서 갑자기 개인적인 접근을 하신 것이었습니다. 주님은 항상 그렇게 하십니다.
　　우리들이 주님의 말씀을 들으면, 우리들이 세례 요한이 했듯이 주님께로 가면, 우리는 불가불 예수님이 우리에게 개인적인 질문으로 파고드신다는 사실을 발견할 것입니다.
　　중요한 것은 하나님에 대한 우리들의 아이디어나 하나님이 무엇을 하셔야 하는지에 대한 우리의 견해가 아닙니다. 우리들이 그런 것들에 대해 얼마나 똑똑하게 말할 수 있느냐가 중요한 것이 아닙니다! 우리들은 흔히 묻습니다. "하나님이 사랑의 하나님이시라면 왜 이런 저런 일들을 일어나게 하십니까?" 우리들은 종교 문제를 놓고 따지기를 좋아합니다. 사실 종교적인 논쟁은 즐겁습니다. 사람들은 평생토록 같은 종교적인 질문들을 가지고 갑론을박을 합니다. 그런데 아무도 종교적인 논의를 하는 것을 반대하지 않습니다. 그러나 그것이 일단 개인적인 영역으로 들어오면 싫어합니다.

그러나 주님에게는 종교가 철저하게 개인적입니다. 왜냐하면 하나님께 대한 나의 관계가 모든 문제의 핵심이기 때문입니다. 우리 주님은 그저 하나님에 관해서 보편적으로 말씀을 하시지 않았습니다. 주님은 영혼에 대해서 일반적인 범위에 국한시켜 말씀하시지 않았습니다. 주님은 인생에 대해서도 이 세상에서 어떻게 살아야 하는지에 대해서 진부한 의견을 내놓기 위해서 오시지 않았습니다.

아닙니다! 우리 주님은 직접적이고 개인적인 어떤 일을 하시기 위해 오셨습니다. 주님은 개인들에게 한 사람 한 사람씩 말씀하십니다. 그래서 사람들은 주님을 이해하지 못합니다. 사람들은 예수님이 개인들에게 질문을 하고 답변을 해 주실 것이 아니라 일반 대중들을 향해 보편적인 것들을 말씀하셔야 한다고 생각합니다.

그렇지만 사도행전을 읽어 보십시오. 주님은 자기 종들을 통해서, 곧 첫번째 복음 설교자들과 전도자들을 통해서도 항상 개인 단위의 접근을 하게 하셨습니다.

주님이 다소의 사울에게 어떻게 접근하셨는지를 생각해 보십시오. 사울은 기독교 교회사에서 가장 큰 개종자입니다. 사울은 자신의 종교적 아이디어들을 가지고 그리스도인들을 핍박하였습니다. 그때 주님이 그에게 나타나셔서 이렇게 질문하셨습니다. "사울아 사울아 네가 어찌하여 나를 핍박하느냐"(행 9:4). 환언하면 '너는 나와 어떤 관계에 있느냐?'는 말씀입니다. 중요한 문제는 바로 이것입니다. 복음은 언제나 우리에게 개인적인 도전으로 다가오며 개인적인 응답을 요구합니다.

그러므로 본인은 최대의 질문을 직접적으로 던지겠습니다. 이 단순한 질문을 하면서 본인은 조금도 사과할 필요가 없다고 봅니다. 당신의 영혼은 어떤 상태에 있습니까? 당신은 하나님을 아십니까? 당신은 주예수 그리스도를 당신 개인의 구주로 아십니까? 저는 지금 당신이 그분에 대해서 어떤 아이디어를 가지고 있는지를 묻지 않습니다. 저는 단순히 예수님의 가르침에 대한 당신의 견해를 묻는 것이 아닙니다. 제가 묻는 질문은 당신이 그분을 아시느냐는 것입니다.

신약 성경을 읽어 보십시오. 신약의 성도들은 그리스도를 알았다는 사실을 확인할 수 있을 것입니다. 그냥 아는 것이 아니고 그리스도를 개인적으로 직접 아는 지식이 신약 교회의 교인들에게 있었습니다. 구원이란 우리 개인의 영혼에 관한 것입니다. 구원은 우리들의 자세와 위치를 바꾸는 것입니다. 그리스도인들이란 그들의 삶에 어떤 변화가 온 자들입니다. 구원은 매우 개인적인 사건입니다. 우리들이 이 점을 간과하면 그리스도에 대한 거부감을 느끼게 될 것입니다. 그리스도는 언제나 개인적이시기 때문입니다. 그리스도를 믿는 자들은 그 어떤 것보다도 바로 이 구원의 개인적 성격을 하나님께 감사합니다. 우리 신자들은 예수님이 우리에게 막연하고 애매하며 종교적인 아이디어들을 남기신 것이 아니라 개인적인 일을 해 주셨기 때문에 감사합니다.

차제(此際)에 우리는 또 한 가지를 언급해야 합니다. 그것은 주님이 항상 회개를 촉구하신다는 사실입니다. 이 회개의 권고가 얼마나 많은 사람들을 언짢게 해 왔는지 모릅니다! 예수님의 지상 생애에서도 그랬었고 그 후 지금까지 회개의 촉구는 수많은 인간들의 비위를 상하게 하고 있습니다. 만일 예수님이 인생에 대한 멋진 프로그램을 짜놓고 "이것이 내 아이디어니까 따르시오"라고만 말했었다면 아무도 그리스도에게 거부감을 갖지 않았을 것입니다.

사람들은 일반적으로 플라톤이나 소크라테스나 아리스토텔레스나 다른 철학자들에 대해서 반감을 느끼지 않습니다. 그들은 예수님의 경우처럼 사람들을 언짢게 하지 않습니다. 그들은 항상 우리들에게 좋은 말로 권유합니다. 철학자들은 앉아서 자기들의 인생론을 논하고서 '이렇게 살아야 한다'고 권합니다. 그러면 우리들은 '참 훌륭한 인생론이구나'라고 생각하고 그런 식의 인생을 살아 보려고 합니다.

그러나 우리 주님의 말씀은 사람들의 신경을 건드리는 이상한 측면이 있습니다. 어떤 이들은 예수님께 돌질을 하려고 했었고, 어떤 이들은 주님을 떠나서 다시 동행하지 않았습니다. 예수님은 십자가에 달리셨습니다. 군중들은 "없이하소서, 그를 십자가에 못박으소서"라고 외쳤습니다. 예수님께 무슨 문제가 있었단 말입니까? 왜 사람들이 예수님을 그처럼 못마땅하게 여겼을까요?

부분적으로 예수님이 회개의 메시지를 전했기 때문에 사람들의 신경을 건드리고 비위를 상하게 했습니다. 예수님의 설교는 모든 사람들을 정죄하는 결과를 낳았습니다. 아무도 그렇게 정죄당하는 것을 좋아하지 않습니다. 그렇지만 우리는 회개가 복음 메시지의 필수 요항(要項)임을 인정해야 합니다. 예수님은 이런 식으로 말씀하셨습니다.

"인자의 온 것은 잃어버린 자를 찾아 구원하려 함이니라"(눅 19:10). 이 말씀을 들은 사람들은 예수님께 큰 화를 내었습니다. 예수님의 말씀이 자기들의 형편에 그대로 적중했기 때문이었습니다. 우리 주님께서 이 말씀을 하셨을 때 시사된 내용은, 우리는 모두 상실된 인간들이며 우리가 구원을 받으려면 하나님의 아들이 세상에 오셔야 한다는 것이었습니다. 우리들은 본능적으로 그런 말을 좋아하지 않습니다. 인간들은 스스로를 구원할 수 있다고 믿습니다. 그래서 주님이 오셔서 우리들의 죄를 노출시키고 우리의 속절없음을 드러내었습니다.

"회개하라 천국이 가까웠느니라"(마 4:17). 예수님이 인류에게 주신 첫 마디는 종교를 놓고 논쟁을 벌이지 말고 하나님을 만나라는 것이었습니다.

"네 마음을 다하고 목숨을 다하고 뜻을 다하여 주 너희 하나님을 사랑하라…네 이웃을 네 몸과 같이 사랑하라"(마 22:37,39).

예수님의 말씀은 이런 질문이었습니다. "너희들이 그렇게 하는가? 그것이 하나님의 요구 사항이다. 너희는 하나님을 어떻게 생각하는가? 하나님을 어떻게 대하고 사는지 말해 보라." 예수님은 특별히 우리에게 우리들의 죄를 인정하고 회개하라고 촉구하십니다.

큰 문제에 빠져 있는 오늘날의 세상은 기독교의 사상이나 원칙들을 하나의 길잡이로 선양하는 것에 크게 반대하지 않습니다. 아무도 기독교 사상 강좌를 듣고 언짢아하지 않습니다. 사람들은 그것이 매우 아름다운 개념이라고 인정합니다.

그렇지만 복음의 메시지는, 당신이 현재 그 모양이기 때문에 이 세상이 이처럼 어려운 상태에 있다고 지적합니다. 당신의 문제도 당신이 하나님을 섬기지 않기 때문이라는 것이 복음의 지적입니다. 당신이 하나님께 반항하고 당신이 자의적이며 교만하기 때문에 당신의 삶에 혼란이 옵니다. 당신은 당신이 뿌린 씨를 거두고 있습니다. 당신이 바람을 심으면 폭풍을 거둡니다. 당신은 당신의 하나님을 떠났습니다. 당신은 하나님께 등을 돌렸습니다. 당신은 인간을 찬양해 왔습니다. 당신은 문명과 교육과 정치를 믿었습니다. 당신은 그리스도 없이 이 세상을 이끌 수 있다고 생각했습니다.

그 잘못을 인정하고 회개하십시오. 이것이 복음이 이 세상과 당신을 향해 외치는 메시지입니다. 우리들은 이런 메시지를 다들 싫어합니다. 그러나 그리스도의 메시지는 언제나 동일합니다. 복음은 우리더러 죄를 수치스럽게 여기고 하나님께 회개하며 돌아오라는 것입니다. 이 회개의 메시지는 옛날이나 지금이나 사람들의 비위를 상하게 합니다.

마지막으로, 사람들이 예수님을 못마땅하게 여기는 것은 주님의 구원 방법이 너무 간단하기 때문입니다. 어쩌면 이 구원의 단순성이 주된 걸림돌이라고 해도 과언이 아닙니다.

십자가의 교리와 그리스도의 보혈 교리와 중생의 교리만큼 사람들의 비위를 거슬리고 거부감을 일으키는 것은 없습니다. 요한복음 6장에 나오는 사람들의 반응을 보십시오. 예수님은 그들에게 말씀하셨습니다.

"나는 생명의 떡이다. 나는 너희들에게 새 생명을 주려고 하늘에서 내려온 산 떡이다."

이 말씀에 사람들은 반감을 느끼고 다시는 예수님의 복음을 듣지 않으려고 가버렸습니다. 예수님이 구원하려고 오셨다는 말씀을 들으면 사람들은 화를 내고 그분께 돌을 던집니다. 구원의 방법이 단순하기 때문입니다.

만약 그리스도가 오셔서 우리에게 가르쳐 주신 구원의 방법이 고상한 교훈들을 생각해 보고 그대로 살도록 결심하는 것이라고 했다면 누구나 좋아했을 것입니다. 그리스도를 본받는다는 생각은 인간들에게 호감을 줍니다. 그런 말들은 인간들의 비위를 거스르지 않습니다. 그런 식의 말들은 우리를 보고 한번 잘 해 보라는 아첨에 불과하기 때문입니다. 인간들은 의지만 굳으면 무슨 일도 할 수 있을 것처럼 가르칩니다.

예수님이 이 세상에 오셔서 고작 주셨던 말씀이 "내가 좋은 모범을 보일 테니 인생을 그렇게 따라서 살라"고 한 것이라면 모두들 "참 멋있다"고 생각했을 것입니다. 그렇지만 예수님은 그렇게 가르치시지 않았습니다. 주님의 말씀은 이런 것이었습니다.

"너희들은 완전히 상실한 자들이다. 너희들은 너무도 죄가 많아서 스스로를 구원하지 못한다. 만일 인간들이 자기들의 구원을 위해 조금이라도 무엇을 할 수 있었다면 내가 구태여 이 세상으로 올 필요가 없었을 것이다. 하나님은 과거에 인간들에게 그런 기회를 주셨었다. 율법을 주시면서 그대로 살면 하나님 눈에 의롭게 될 것이라고 하셨다. 만일 인간들이 그런 식으로 자기들을 구원했더라면 하나님의 아들이 세상에 오지 않았을 것이다."

사실 예수님의 오심은 사람들이 스스로를 구원할 수 없다는 증거입니다. 우리 주님은 계속해서 이 말씀을 하셨는데, 사람들의 귀에는 항상 거슬리기만 했습니다.

"나는 많은 사람들을 위해 내 목숨을 대속물로 주려고 왔다. 이 방법 이외에는 너희들의 영혼들을 구하고 하나님께 너희들을 화해시킬 수 있는 다른 길이 전혀 없기 때문이다. 복음은 이처럼 단순하다. 내가 너희들의 구원을 내 몸으로 사고 너희들에게 선물로 준다."

그런데 우리 인간들은 예수님의 이 구원을 좋아하지 않습니다. 우리들은 시리아(수리아)의 나아만 장군과 같습니다. 나아만은 문둥병자였습니다. 그는 엘리사에게 찾아가서 어떻게 해야 자신의 병이 낫겠느냐고 물었습니다. 그가 받은 처방은 요단 강에서 몸을 일곱 번 씻어야 한다는 것이었습니다. 이 말에 나아만은 역정을 부리며, 엘리사가 자신을 모욕했다고 화를 냈습니다. 그의 나라에는 요단강 보다 훨씬 크고 좋은 강들이 많았으므로 그는 하나님의 선지자로부터 모욕을 당했다는 생각으로 몹시 불쾌해 하며 돌아가려고 했습니다.

그러나 그보다 더 현명한 부하들이 그를 만류하였습니다. "만일 엘리사가 당신에게 이보다 더 어려운 일을 하라고 했다면 장군은 그것을 안하셨겠습니까? 그런데 이처럼 간단한 일을 하라고 하는데 어찌 거절하시렵니까? 그 선지자가 시키는 대로 행하면 효과가 있을 줄로 압니다." 나아만은 너무도 우스꽝스러워 보이는 이 단순한 일을 행하였고 그의 문둥병은 깨끗이 치유됐습니다.

복음의 성격은 바로 이런 것입니다! 사람들의 귀에 본능적으로 거슬리는 말이 복음의 단순성이라는 사실은 얼마나 큰 비극입니까! 지금 당장 아무 것도 하지 말고 구원을 선물로 받으라는데 그것이 사람들의 비위를 거슬립니다. 사람들은 구원을 받기 위해서 길고 복잡한 프로그램을 원합니다. 그런 것을 부지런히 적어서 그대로 해보겠다고 애씁니다.

그러나 그리스도의 복음은 전혀 그렇지 않습니다. 복음은 당신이 자신의 어두운 영혼에 대해서 아무 할 일이 없다고 말합니다. 당신의 어두운 부분을 한 점이라도 지워지기를 기다릴 필요가 없이 현재의 모습 그대로 나오면 됩니다. 구원은 주 예수 그리스도가 주시는 단순한 선물을 받는 것입니다. 그런데 이것이 어째서 그렇게 걸림이 되고 거슬린단 말씀입니까!

아마 당신은 이렇게 항의할지 모릅니다. "내가 그렇게 무가치한 인간이란 말씀인가요? 내가 밑바닥에서 사는 인간과 똑같다는 말씀입니까?" 그렇습니다! 당신은 바닥에서 헤매는 가장 천한 인간과 조금도 다름이 없는 속절없는 죄인입니다. 인간은 스스로를 구원하지 못합니다. 구원은 거저 주는 하나님의 은혜의 선물입니다. 우리들은 회심되어야 합니다. 우리들은 어린아이들처럼 되어야 합니다. 우리들은 우리 자신들의 무력함을 인식하고, 하나님으로부터 선물을 받아야 합니다.

이제 당신은 왜 예수님이 요한에게 메시지를 보내면서 다음의 말씀을 덧붙이셨는지를 이해하시겠습니까? "누구든지 나를 인하여 실족하지 아니하는 자는 복이 있도다."

나사렛 예수를 구주로서 깨닫고 믿는 자는 행복합니다. 예수님이 우리 한 사람 한 사람을 구원하시려고 십자가에서 우리 죄를 위해 돌아가시고 우리의 의로움을 위해 부활하신 사실을 믿는 자는 복이 있습니다. 예수 그리스도로부터 이 놀라운 새 생명의 선물을 받고 새로운 본성으로, 새로운 관점과 가치관으로 인생을 새출발하는 자는 복 있는 사람입니다. 우리들은 단순히 어린아이들처럼 예수님을 바라보고 그분의 신령한 구원의 선물을 받아 새로운 피조물이 될 수 있습니다.

사랑하는 친구 여러분, 예수님이 아직도 당신의 마음에 거슬립니까? 예수님에 대한 지금까지의 말씀들이 아직도 유감스럽습니까? 그리스도는 당신의 영혼의 구주 되신 분입니다. 그분은 당신의 최대의 보호자이십니다. 그분을 못마땅하게 여기는 것은 비극 중에서도 비극입니다. 어린아이처럼 그분께 당신을 의탁하고 그분의 구원을 받으십시오.

거슬리는 그리스도의 교훈

침노하는 사람들

•

"세례 요한의 때부터 지금까지 천국은 침노를 당하나니
침노하는 자는 빼앗느니라."
마태복음 11:12

우리들은 20세기의 고통과 유혈을 생각할 때에, 우리가 사는 이 세상의 형편을 들여다볼 때에, 인생에 대해 깊이 숙고해 볼 때에, 때때로 이 세상이 무엇이 잘못됐는지를 질문하게 됩니다.[1] 도대체 인간이 어떻게 됐길래 자기들의 세상을 그렇게 파괴시킵니까? 왜 인간은 다른 인간에게 그토록 잔인합니까? 왜 사람들은 함께 평화롭게 살지 못합니까? 왜 우리들은 이 지상의 선한 열매들을 즐기지 못합니까? 왜 이 세상은 옛부터 지금까지 이런 식으로 존속되어야 합니까? 이것들이 우리들의 당면 과제이며 던져야 할 질문들입니다.

이것들은 또한 성경 자체에서 제기되고 해답된 큰 질문들입니다. 성경은 인생과 이 세상에 대한 책입니다. 성경은 우리의 삶과 현 세상을 떠난 책이 아닙니다. 성경은 동화나 이야기책이 아닙니다. 성경은 무엇보다도 위대한 역사책입니다. 그것은 또한 심오한 철학서이기도 합니다. 성경은 인생과 세상에 대한 질문들을 아주 확명하게 해답해 주는 책입니다.

본문은 이 말씀을 아무리 반복해도 싫증이 나지 않습니다. 이 말씀은 현대 사회에 꼭 필요한 메시지입니다. 우리 세상의 문제는 성경이 죄라고 부르는, 하나님께 대한 우리의 거역과 불순종 때문에 일어난 것입니다. 그런데 성경은 세상의 많은 책들처럼 문제의 진단에서 그냥 그쳐 버리지 않습니다. 성경은 우리들에게 훌륭한 처방까지 제공해 줍니다.

우리는 신약의 맨 처음에 나오는 네개의 책들을 '복음서'라고 부릅니다. '복음'은 '좋은 소식'이라는 뜻입니다. 신약은 하나님이 어떤 일을 행하셨다고 말합니다. 이것이 매우 좋은 소식입니다. 우리가 하나님께서 행하신 일을 믿고 그 메시지를 받아들이면 우리는 이 악한 현세에서 '정복자들보다 더 강한' 자들로서 넉넉히 이기며 살 수 있습니다(참조. 롬 8:37).

주 예수 그리스도는 하나님의 아들이십니다. 한때 베들레헴의 구유에 뉘어 있었던 아기가 다름 아닌 성삼위의 제2위 되신 분입니다. 이분은 영원의 세계에서 이 세상으로 오셨습니다. 오늘날 인류가 처해 있는 혼란과 실패의 제반 문제들을 처리하기 위해서 예수님이 오셨습니다. 복음서는 나사렛 예수가 하나님의 아들이시며 인간의 문제 해결을 위해 어떤 일을 실행하셨다고 말합니다.

예수님은 대구원을 우리들에게 제공해 주시는 분입니다. 그분은 이 세상에서도 느낄 수 있는 화평과 기쁨과 만족의 삶을 제공해 주십니다. 예수님은 영원한 영광의 전망을 우리에게 펼쳐 보이십니다. 이것은 인류의 최대 이상과 꿈을 훨씬 더 능가하는 최대의 영광입니다. 이것이 신약이 제공하는 놀랍고 기이한 메시지입니다.

만약 이것이 사실이라면 어째서 온 세상이 다음과 같이 말하지 않느냐고 당신은 질문할 것입니다. "우리들이 틀렸습니다. 하나님께로 돌아갑시다. 그리스도의 복음을 다 같이 믿읍시다. 복음을 실천에 옮겨서 우리들의 문제를 해결합시다. 그리고 서로 화목하게 지내면서 이 복을 기쁨으로 누립시다."

왜 이 세상이 복음을 믿지 않을까요? 이 주제가 곧 마태복음 11장의 본문이 다루는 것입니다. 우리들이 앞에서 고찰했듯이 그리스도께서 이 지상에 계셨을 때에도 사람들은 문제들을 갖고 있었고 또 예수님을 언짢게 여겼습니다. 사람들은 예수님을 믿기를 주저하였고 그분에 대한 질문을 던졌으며, 인간들을 혼란케 하는 것들이 세상에 많았습니다.

예수님은 이 세상에 복음의 말씀을 선포하시고 십자가에서 우리 대신 죽어 주기 위해 오셨습니다. 그때로부터 복음이 성령의 능력으로 계속 세상에 전파되었습니다. 그러나 대다수의 사람들은 복음에 전혀 관심이 없고 복음을 비웃습니다. 그럼에도 복음의 말씀이 처음에 선포된 때부터 이 메시지를 믿고 하나님의 나라에 들어간 자들이 있습니다. 그들은 복음의 주장이 옳다는 것을 깨달았으며 신약이 제공하는 모든 것들을 체험한 자들이었습니다.

이 세상에는 어떤 의미에서 두 개의 역사가 전개되고 있습니다. 하나는 세속 역사이고, 다른 하나는 교회사입니다. 교회사는 하나님의 백성들의 역사로써, 이 세상과 분리되어 교인으로서 성도의 삶을 산 자들에 대한 기록입니다. 그래서 이 세상에는 두 종류의 인간들이 있습니다. 이 세상의 종이 되어 패배한 희생자들이 있는가 하면 이 세상을 이기면서 승리한 사람들이 있습니다.

그들은 고난과 반대와 슬픔과 시련에도 불구하고 다른 점이 있었습니다. 그들의 삶에는 그리스도인 이외의 다른 사람들 속에서는 찾을 수 없는 행복과 기쁨과 환희가 있었습니다. 이런 사람들이 세상에 있었다는 사실은 놀라운 일입니다. 이제 복음을 믿고 하나님의 나라 속으로 들어간 이 사람들에 대해 생각해 보도록 하겠습니다.

본문은 매우 이상하고 가장 특이한 구절입니다. 이 진술의 의미는 무엇일까요? 11장 2절부터 6절까지의 말씀에서 보았듯이 세례 요한은 그의 두 제자들을 그리스도께 보내어 "오실 그이가 당신이오니이까?"라고 여쭈었습니다. 요한은 잠시 확신이 없었습니다. 우리 주님은 자신이 메시야라는 사실의 증거를 주시면서 "누구든지 나를 인하여 실족하지 아니하는 자는 복이 있도다"라고 덧붙이셨습니다.

요한의 제자들이 돌아간 후에 예수님은 요한에 대해 무리들에게 말씀하셨습니다. "요한을 너희들은 어떻게 생각하느냐?" 예수님의 말씀을 풀어서 옮기면 이런 뜻입니다.

"내가 방금 요한의 질문을 받고 그의 제자들을 돌려 보내면서 준 말을 오해하지 말라. 요한이 아주 바보인 것처럼 생각하지 말라. 전혀 그렇지 않다! 세례 요한은 아주 탁월한 인물이다. 너희들이 그의 말을 들으려고 광야로 몰려 갔을 때 무엇을 보았느냐? 대중의 입맛을 맞추는 설교자가 아니고 불 같은 여호와의 선지자가 아니었느냐? 너희들은 부드러운 옷을 입은 사람을 보려고 광야로 나간 것이 아니었다. 그런 자들은 왕궁에 있기 때문이다. 요한은 분명 왕궁에서 사는 자가 아니다. 그는 무거운 쇠사슬에 묶인 채 감옥에 갇혀 있다. 요한은 궁중 인물도 아니고 인기에 연합하는 사람도 아니다. 그는 왕의 방탕한 삶을 면전에서 정죄하고 죄를 지적했기 때문에 옥살이를 한다. 나를 오해하지 말라. 요한은 선지자이다. 그는 내가 복음을 전하도록 내 앞에 먼저 나타나서 하나님의 나라를 실제로 전파한 사람이다."

그러나 예수님은 부언해서 말씀을 이으셨습니다.

"하지만 요한이 그처럼 놀라운 메시지를 전하였고 나도 이런 사역을 해왔지만 너희들의 대다수는 전혀 복음에 관심도 없고 반응도 없다. 너희들은 마치 요한이 나타난 적도 없고 나도 이 세상에 온 적이 없었던 것처럼 여기면서 사는 자들이다. 그럼에도 불구하고 복음을 듣고 하나님 나라로 몰려 드는 자들이 있다. 세례 요한의 때부터 지금까지 천국은 침노를 당하나니 침노하는 자는 빼앗느니라."

이것이 12절의 진술이 뜻하는 대체적인 의미입니다. 그럼 복음을 듣고 하나님의 나라로 들어온 자들을 '침노' 하는 자라고 서술한 뜻은 무엇일까요? 어떤 이들은 이 말씀을, 하나님의 나라에 들어가는 중생한 자들은 모두 격렬한 죄인들로 부를 수 있다는 뜻으로 해석합니다. 이들의 견해에 따르면, 우리들은 한때 그런 격렬한 감정과 행동을 가졌던 자들이라는 것입니다. 어떤 이들은 제게 와서 이렇게 말합니다.

"저는 가끔 차라리 기독교 분위기에서 자라나지 않았더라면 좋을 뻔했다고 생각합니다. 저는 가끔 차라리 불신자로 태어나서 어릴 때 교회를 다니지 않았더라면 나았을 뻔했다고 생각합니다. 나는 내가 아예 난폭한 죄인이었다면 좋았을 것 같습니다. 구세군에 다니는 사람들은 아주 놀라운 회심의 체험이 있다는 말을 들었습니다. 그들은 술주정꾼이고 아내를 구타하는 자들이며 그 이외의 끔찍한 일들을 행했던 사람들이었는데 복음을 듣고 완전히 생활이 변화됐다고 합니다. 나도 그런 종류의 사람이었더라면 그 같은 엄청난 변화를 체험할 수 있었을지 모릅니다. 침노하는 자라는 말씀이 그런 뜻이 아니겠습니까?"

분명히 이것은 당치 않은 제안입니다! 이것이 사실이라면 하나님이 죄에 프리미엄을 붙이셨다는 뜻이 됩니다. 그렇게 되면 하나님께서 악과 불의와 포악한 죄들을 보상해 주신다는 말이 됩니다. 있을 수 없는 일입니다.

하나님은 거룩하십니다. 하나님은 의로우십니다. 하나님은 그런 식의 의도적인 죄악을 결코 보상해 주시지 않습니다. 이런 해석은 그리스도인들이 한 종류의 어떤 특정한 타입에 속한다는 그릇된 결론에 이르게 합니다. 장구한 기독교사를 일견해 보아도 그것이 사실이 아님을 쉽게 증명할 수 있습니다. 교회에는 온갖 종류의 사람들이 들어와 있습니다. 인생의 진흙 바닥에서 들어온 자들도 물론 있습니다. 하나님께 참으로 감사할 일입니다.

그러나 똑같이 감사할 것은 그렇게 바닥까지 내려가지 않고서 기독교적 분위기에서 자란 사람들도 거듭나서 하나님의 나라에 들어온다는 사실입니다. 저는 그런 사람들의 이름을 많이 열거할 수 있습니다.

존 웨슬리와 그의 형제 찰스가 전형적인 예입니다. 이 두 사람은 난폭한 죄를 저지른 적이 없었으며 기독교 가정에서 자랐습니다. 그럼에도 그들은 하나님의 나라를 침노해서 들어간 자들이라고 말할 수 있습니다.

본절의 의미는 하나님의 나라에 들어가기 위해서 우리들이 난폭한 죄인들이 되어야 한다는 것이 아닙니다. 우리 주님의 이 말씀은 이렇게 옮길 수 있습니다. "세례 요한의 때로부터 지금까지 이 메시지의 진리를 깨달은 자들이 있다. 그들은 하나님의 나라에 들어가려고 몸부림친다. 이 일의 긴급성을 그들이 자각했기 때문이다." 그러니까 본절은 긴급성에 대한 서술을 침노라는 개념으로 표현한 것입니다.

예시를 하나 들겠습니다. 불난 집에 갇힌 한 사람이 있습니다. 이 사람은 본시 조용하고 얌전한 성격을 가졌습니다. 그는 어떤 일에도 흥분하지 않는 매우 침착한 사람입니다. 그런데 그가 갑자기 불난 집에 갇히게 되었습니다! 그는 속히 집에서 빠져 나가지 않으면 목숨을 잃을 것을 지각합니다. 그는 갑자기 격렬해지면서 자기 생명을 구하기 위한 탈출구를 맹렬히 찾습니다. 그는 더 이상 조용하게 가만히 앉아 있는 인물이 아닙니다. 그는 불에 타 죽게 되는 현실을 깨달았기 에 화급해지고 격렬한 몸짓으로 살 길을 찾습니다. 그는 자신의 절박한 상황을 인식한 자입니다. 그래서 그에게 과격한 성격이 나타나고 황급하게 탈출을 시도합니다.

본문은 바로 이러한 종류의 절급성을 시사합니다. 주님의 말씀은, 하늘 나라에 들어가는 자들은 이처럼 절박한 상황에서 침노하는 사람들과 같다는 것입니다. 예수님의 복음을 믿은 자들은 누구나 이러한 화급성을 지각한 사람들입니다.

우리들도 본절에서처럼 침노하는 자들이라고 묘사될 수 있겠습니까? 당신은 이 세상에서 복음이 제공하는 것을 받은 적이 있습니까? 우리 주님이 본문에서 지적하시는 것은 너무도 많은 사람들이 화급함을 느끼지 못한다는 사실이었습니다. 만일 그들이 자신들의 절급한 상태를 깨달았더라면 침노하는 자처럼 사력을 다해 하나님의 나라로 들어가려고 했을 것입니다. 그럼 왜 그들이 자신들의 절박한 상황을 깨닫지 못하였을까요? 이제 이 질문을 놓고 생각해 보겠습니다. 모든 죄 중에서 이 죄가 오늘날 여러분과 제가 속한 이 세대의 두드러진 죄라고 여겨지기 때문입니다.

그런데 사실상 이 문제는 새로운 것이 아닙니다. 성경에서 이 문제는 가장 큰 주제들 중 하나입니다. 왜 이 세상 사람들이 그처럼 영광스럽고 훌륭한 메시지에 등을 돌리는 것일까요? 성경은 그 원인을 죄 때문이라고 말합니다. 죄는 우리들에게 약물 중독을 일으킵니다. 죄는 우리 속에서 냉담과 무관심을 일으킵니다.

성경에 의하면, 죄만큼 우리들을 마비시키는 것은 없습니다. 죄는 마치 수면제의 효과처럼 나를 졸립게하고 무관심하게 만듭니다. 사실상 성경은 처음부터 끝까지 죄와 악의 결과인 우리 인간들의 냉담과 무관심을 흔들어 깨우는 일을 합니다.

성경에는 무감각한 인간들을 각성토록 시도한 실례들이 수없이 많습니다. 구약을 보십시오. 홍수 이전의 인간들의 문제가 무엇이었습니까? 하나님은 노아라는 한 사람을 불러서 인간들에게 하나님의 말씀을 전파하게 하셨습니다.

노아는 "하나님의 진노를 피하라"고 외쳤습니다. 하나님의 눈에 보시기에 인간들의 죄가 차고 넘쳤습니다. 방주의 건조가 죄악된 인간들에 대한 하나의 선명한 경고였습니다. 노아는 사람들에게 죄를 회개하고 더 늦기 전에 하나님과 화해하라고 촉구하였습니다. 노아는 120년 동안 같은 메시지를 계속 전하였습니다. 그래도 대다수의 사람들은 그의 말에 전혀 관심이 없었습니다. 겨우 8명만이 방주 속에 들어갔고, 나머지 인간들은 모두 익사당하였습니다. 그 이유가 무엇이겠습니까? 죄에 대해서 감각이 없어졌기 때문입니다. 인간 속에 들어 있는 죄는 약물처럼 인간을 무관심하게 만듭니다.

소돔과 고모라도 마찬가지였습니다. 롯은 이 악한 사람들에게 교훈도 하고 호소도 했습니다. "하나님은 여러분들의 악행을 무한정 계속되도록 허락하지 않으십니다. 여러분은 하나님의 율법을 깨뜨리고 무시하며 그 신성성을 짓밟고 있습니다. 여러분이 하나님의 경고를 듣지 않으면 무서운 심판이 반드시 내릴 것입니다." 그러나 그들은 롯의 설교와 그의 경고를 일소에 부쳤습니다.

그것은 구약 전체에 점철되는 이야기입니다. 하나님은 동일한 메시지를 그의 선지자들을 통해 이스라엘 자손들에게 보내셨습니다.

"회개하고 하나님께로 돌이키십시오. 그러지 않으면 하나님이 여러분을 심판하시고 원수들이 여러분을 공격하게 될 것입니다. 여러분의 도시는 파괴되고 여러분의 성전은 무너지며 여러분 자신들도 포로로 끌려 갈 것입니다."

하나님은 선지자들을 부지런히 보내시면서 이스라엘 백성들이 너무 늦기 전에 구원을 받도록 권유하고 호소하게 하셨습니다. 그럼에도 이스라엘 자손들은 듣지 않았습니다. 그 이유는 죄에 대한 무감각이었습니다.

우리 주님도 지상에 계실 때에 똑같은 말씀을 하셨습니다. 세례 요한의 메시지도 근본적으로 동일한 것이었습니다. 요한은 매우 특이한 선지자였습니다. 그는 광야의 사람이었습니다. 그는 낙타털로 만든 옷을 입고 메뚜기와 야생꿀을 먹었습니다. 그는 오실 메시야이신 그리스도를 전파했습니다. 그러나 대다수의 이스라엘 백성들은 듣지 않았습니다. 오직 극소수의 사람들만이 하나님의 나라에 들어갔습니다. 나머지 절대 다수는 냉담하였고 무관심했으며 마음이 조금도 움직이지 않았습니다. 이것이 문제였습니다.

오늘날도 바로 이 점이 문제라는 것을 여러분도 저와 함께 동의하실 줄 압니다. 20세기 현대인들의 두드러진 죄가 곧 이 무관심과 냉담의 죄가 아닙니까? 1930년대의 영국의 입장을 생각해 보십시오. 전쟁이 불가피하여 곧 전쟁이 터질 것이라는 경고를 받고도 몇 사람이나 이것을 믿었습니까? 전쟁의 임박성을 직시했던 지도자들에게 얼마나 심한 냉소를 던졌습니까? 내각에서 사퇴하는 한 각료에게 집에 가서 아스피린이나 먹으라고 조소하였습니다! 이것이 우리들이 현재 살고 있는 세상의 무서운 죄악입니다.

우리 자신들이 처해 있는 매우 위험한 처지에 대해 무관심하고 우리 인생의 절급한 상태를 깨닫고 눈을 뜨기를 거절하는 이 무감각이 오늘날의 큰 죄악입니다.

현대인의 이 죄는 지적인 측면에서 그리스도의 복음을 무시한다는 점에서 특수한 형태를 지니고 있습니다. 현대인들은 지식이 있다는 자부심 때문에 그리스도의 복음이 자기들에게 하나의 모욕거리라고 생각합니다. 현대인들은 하나님을 제쳐놓았습니다. 사람들은 하나님에 대해서 전혀 생각하지 않습니다. 미래의 삶은 안중에도 없습니다. 현대인들은 지금 당장 눈 앞에 보이는 현세상을 위해서만 살기 때문입니다.

지난 백 년 동안의 최대의 강조점은 현세에 쏠렸었고 현사회의 개선을 위한 최선의 노력을 경주하는 것이었습니다. 우리들은 주택과 경제와 돈에 더 많은 관심을 쏟았습니다. 우리들은 인생을 더 즐기기 위해서 더 많은 돈을 원합니다. 우리들의 관심은 온통 물질적입니다. 우리들은 앞에 나서서 다음 세계에 대해 상기시키는 자들을 못마땅하게 여깁니다. 우리 인간들은 사실상 다른 세상이 있는지에 대해서 확신이 없습니다. 미래의 세상을 운운하는 것은 원시적인 사상이라고 현대인들은 경시합니다. 죽음과 무덤 이후의 다른 세상에 대한 신앙은 무식한 이교도들에게나 어울린다고 여깁니다.

그러나 현대 과학의 지식을 가졌다는 우리들은 그런 신앙을 인정하지 않습니다. 그래서 우리 현대인들은 의식적으로 죽음과 무덤 이후의 삶에 대한 것들을 회피해 왔습니다. 우리들은 영적 영역과 영원하고 절대적인 것에 대해서는 문을 닫고 살아왔습니다.

현대인들은 자기 만족 속에서 영적 세계에 대한 관심을 내던지고 현세의 삶에 집중되어 삽니다. 현대인들은 이 세상을 거의 완전하게 개선할 것처럼 자신하면서 삽니다. 그럼에도 우리의 세상은 온갖 문제들에 눌려 있습니다. 전쟁과 무지와 혼란과 투쟁이 계속됩니다. 이런 와

중에서도 사람들은 인생의 절박한 상황에 대해 냉담하고 무관심합니다. 하나님의 사람들은 복음을 외치면서 사람들의 경성을 촉구하지만, 이상스럽게도 절대 다수는 거들떠보지도 않고 오히려 선지자들을 핍박합니다.

우리들의 현실은 아직도 옛날과 같지 않습니까? 우리들의 세상에서 일어나고 있는 온갖 문제들이 산적해도 대다수 사람들의 인생관은 조금도 변하지 않고 '먹고 마시고 즐기자'고 합니다.

본인은 어떤 영화 배우가 이렇게 말한 것을 신문에서 읽었습니다. 그녀에 의하면 런던은 정말 멋진 곳이라는 것이었습니다. 그 까닭은 런던에서는 새벽 3시까지 먹고 마시고 실컷 즐길 수 있기 때문이라고 하였습니다. 대부분의 사람들이 이런 자세로 일생을 삽니다. "현재의 순간이 중요하다. 이 순간을 최고로 즐기도록 해야 한다." 이것은 죄로 인해 생긴 무관심입니다. 이것은 인생의 실체를 직면하지 않는 실패이며 경고의 소리에 귀를 막은 소치입니다.

이제 이 문제를 좀더 긍정적인 형태로 설명해 보겠습니다. 만일 복음에 대한 무관심이 사람들을 하나님 나라 밖에 머물게 하는 요인이라면 하나님 나라 속으로 들어가게 하는 것은 무엇일까요?

"세례 요한의 때부터 지금까지 천국은 침노를 당하나니 침노하는 자는 빼앗느니라" 그럼 사람을 '침노'하는 자로 만드는 것은 무엇입니까? 간단히 말씀드리겠습니다.

첫째, 그것은 무엇보다도 세례 요한의 설교입니다. 둘째는 주 예수 그리스도의 설교입니다. 요한의 설교 방식은 외치는 것이었습니다.

"다가올 진노에서 피하시오. 도끼가 나무 부리에 놓였습니다" 그의 설교는 단순히 가지를 쳐 주는 정도가 아니고 그보다 더 중요한 심판을 선언하는 것이었습니다. 그는 앞으로 오실 자에 대해 외쳤습니다.

"손에 키를 들고 자기의 타작 마당을 정하게 하사 알곡은 모아 곡간에 들이고 쭉정이는 꺼지지 않는 불에 태우시리라" 이것이 요한의 메시지였습니다. "회개하십시오. 하나님께로 돌아가서 죄를 풀어 놓고 용서를 받으십시오. 여러분의 모든 문제들이 하나님과의 그릇된 관계에서 비롯된다는 사실을 깨닫지 못합니까? 하나님께로 돌아가십시오."

요한의 설교는 어떤 이들을 침노하는 자로 만들었습니다. 그들은 요한의 메시지를 깨닫고 그에 따라 행동하였습니다.

이것이 우리에게 주는 의미는 무엇입니까? 쉽게 말해서 이것은 우리들에게 주는 예수 그리스도의 복음 메시지입니다. 우선 세례 요한의 입을 통해서 하나님은 우리들을 준비시킵니다. 우리들은 이 세상에 들어와 있습니다. 우리들은 생명의 실체적인 근원에 대해서 전혀 알지 못합니다. 우리들은 어디서 왔는지 모르지만 그냥 이 세상에 있다는 사실만 압니다. 그럼 이 세상에서 내가 무슨 일을 하는 것일까요? 그저 하루 하루를 살면서 최대한으로 잘 살아 보려는 것일까요? 내가 가장 즐길 수 있는 나날을 보내는 것이 이 세상살이의 목적일까요? 그것이 전부입니까? 자신에게 정직한 자라면 그런 삶으로서는 충분하지 않다고 느낄 것입니다.

이 세상에는 생명뿐만 아니라 죽음도 있기 때문입니다. 내가 매일 산다는 것은 그만큼 내가 죽음에 가깝다는 것을 의미합니다.

침노하는 사람들

이것은 사람들에게 겁을 주기 위한 감상적인 이야기가 아닙니다. 그것은 성경이 항상 말하는 인생의 사실들입니다. 그러므로 복음은 내가 잊고 싶어하는 것을 상기시켜 줍니다. 그것은 내가 이 세상에서 죽을 인간으로 산다는 사실입니다. 나는 이것을 피할 수 없습니다. 물론 나는 약을 삼키고 잊을 수는 있습니다. 나는 잊기 위해서 별짓을 다할 수 있습니다. 실제로 절대 다수의 인간들이 그렇게 하면서 삽니다. 그러나 성경은 이렇게 말합니다.

"어리석은 자가 되지 말라! 네가 너의 마음을 많은 쾌락으로 채우면서 죽음의 사실은 잊으려 하여도 매순간마다 죽음에 가까워진다. 죽음은 지금 오는 중이다."

그럼 죽음은 무엇입니까? 죽음은 끝이 아닙니까? 성경은 죽음이 결코 마지막이 아니라고 말합니다. 우리들은 하나님에 의해서 만들어진 존재들입니다. 하나님은 우리들이 죽을 때에 그냥 존재가 없어지게 만드시지 않았습니다. 인간의 죽음은 꽃처럼 시들었다가 죽어 버리거나 동물의 죽음과 같은 것이 아닙니다.

인간의 죽음은 하나의 새로운 영역으로 이어집니다. 성경은 이 영역을 우리들이 하나님과 대면해서 서는 것이라고 가르칩니다. 심판이 있다는 말씀입니다. 우리들을 지으신 하나님이 우리의 심판관이십니다. 우리들은 누구나 그분 앞에 서게 될 것입니다. 이것이 세례 요한의 메시지였습니다. 이것이 성경 전체의 메시지입니다.

이렇게 간단한 말씀인데도 과연 몇 사람이나 이 사실을 깨닫고 삽니까? 우리 중에 과연 몇 사람이나 날마다 우리 자신들을 이렇게 상기시키면서 삽니까? "너는 죽어 가고 있다. 너는 죽음과 무덤을 넘어 심판을 받기 위해 하나님 앞에 서야 한다."

　그럼 하나님이 우리를 어떻게 심판하실까요? 하나님은 우리들에게 어떻게 심판하실 것인지 말씀하셨습니다. 십계명에서, 이스라엘 백성들에게 준 선지자들의 설교에서, 산상 설교에서, 그리고 예수 그리스도의 인격체 속에서 말씀하셨습니다.

　하나님은 우리들이 주님을 사랑해야 한다고 일러 주셨습니다. 하나님은 우리들이 온 마음과 정신과 혼과 힘을 다해 주님을 사랑하고 우리 이웃을 우리 자신처럼 사랑하시기를 원합니다. 이것이 하나님의 율례입니다. 어떤 사람이 우리 주님께 하나님의 법이 무엇이냐고 물었을 때 그렇게 대답하셨습니다. 우리 전체로 하나님을 사랑하는 것이 곧 심판의 기준이 될 것입니다.

　아마 어떤 사람들은 이런 요구가 현대인들에게 무리한 말이라고 생각할지 모릅니다. "요즘 이런 식의 복음이 유치하다고 생각하지 않습니까? 그런 말을 하려면 당신은 백 년 전에 태어났어야 했습니다. 당신은 현대의 엄청난 지식과 발전을 모르십니까?"

　하지만 본인이 위에서 서술한 것을 현대의 어떤 지식이 해결할 수 있단 말입니까? 모든 철학과 모든 과학과 지난 백 년 간 발전된 심리학까지 다 합쳐서 생각해 보십시오. 그것들이 제가 지적한 문제를 엄연한 사실로 말하지 않는 것이 있습니까? 우리들은 누구나 예외없이 죽어야 합니다. 죽음과 무덤 뒤에는 심판의 하나님이 서 계십니다. 한 사람씩 우리들은 하나님을 대면하고 심판을 받아야 합니다.

　이 사실을 깨닫는 자들은 침노하는 자가 됩니다. 그들은 핵무기에 대해서 더 이상 말하지 않습니다. 그들은 오히려 이렇게 말합니다. "전쟁이 나든지 말든지 여기 직면해야 할 무엇이 있다. 이것은 가장 중요한 문제이다." 이들은 복음의 긴급성을 인식한 자들입니다.

이제 한 가지 더 증거를 덧붙이겠습니다. 제가 말씀드리는 것이 과거의 어떤 세대보다도 현 세대에서 더 분명히 볼 수 있는 단순한 진리가 아닙니까? 현 세대의 역사가 성경의 진리를 더욱 확실히 증명합니다. 인간이란 하나님 없이는 이 세상에서마저도 평화롭게 살지 못합니다. 전쟁은 성경의 진리에 대한 하나의 증명입니다. 하나님이 없는 인간은 잘못된 길을 가며 자기 인생과 자기의 세계를 아주 망쳐 놓습니다. 인생살이가 이 사실들을 증명해 줍니다. 이것이 비기독교 철학자들을 당황하게 하는 큰 문제입니다.

20세기의 모든 지식과 배움에도 불구하고 현 세대는 가장 잘못된 사회를 이루고 있으니 어찌된 일입니까? 인류 역사에서 현대처럼 발전을 이룩한 때가 없는데도 왜 이 사회는 중세기의 어둠으로 들어가는 듯합니까? 도대체 문제가 무엇입니까?

오직 한 가지 적절한 대답이 있을 뿐입니다. 그것은 회개의 메시지를 담은 성경책입니다. 이 복음의 메시지에 직면하고 그 절급성을 깨닫는 자는 침노하는 자가 됩니다.

감사하게도 이 영광스런 침노를 위해 권유의 말씀이 한 가지 더 있습니다. 그것은 그리스도의 설교입니다. 내가 불 속에 갇혀 있다는 위험을 직시하면 탈출구를 찾습니다. 그런데 나를 위해서 주님이 어떤 일을 해 놓고 기다리고 계신지를 알면 나의 탈출 시도는 한없이 더 절급해집니다. 사람들이 자신의 상실된 상태를 깨달으면 두려워합니다. 그런데 그들이 예수 그리스도의 영광스러운 복음을 보면 그것을 붙잡으려고 안간힘을 쓰게 됩니다.

그럼 이 영광의 복음이 제공하는 것은 무엇입니까? 그 모든 영광을 다시 한번 간단하고 쉬운 말씀으로 옮겨 보겠습니다. 세례 요한의 뒤를 이어 오셨던 그리스도의 메시지는 곧 우리를 하나님과 올바른 관계에 놓이게 하기 위해서 예수님이 이 세상에 오셨다는 것입니다.

예수님은 우리들의 죄를 위해 돌아가셨습니다. 예수님은 자신의 몸으로 우리들의 형벌을 대신 받으셨습니다. 이것이 갈보리 언덕의 십자가가 지닌 뜻입니다.

여러분, 여러분의 죄는 용서받을 수 있습니다. 하나님은 당신에게 죄의 용서를 제공하고 계십니다. 하나님은 당신에게 새 생명과 하나님 자신을 아는 지식과 하나님 자신과의 교제의 삶을 제공하십니다. 하나님은 당신의 가슴에 기쁨과 평강을 주시겠다고 하십니다. 그리고 이 모든 것 위에 하나님은 자신의 영광스러운 삶을 영원토록 당신이 누리기를 원하십니다.

만일 당신이 하나님께서 당신에게 하라는 일을 행하고 그분을 믿으면, 비록 이 세상이 당신을 괴롭혀도, 비록 전쟁과 기근이 닥쳐도, 비록 이 세상이 당신을 저버리고 당신을 죽이며, 다른 그리스도인들과 함께 학살을 당하여도 당신을 하나님의 사랑으로부터 분리시킬 수 있는 것은 아무 것도 없습니다. 당신에게는 죽음과 무덤을 넘어 영광스러운 삶을 누릴 수 있는 길이 열려 있습니다. 이것은 우리 주님께서 주신 말씀입니다. 이 메시지를 깨달은 자들은 침노하는 자들입니다. 절대 다수는 관심이 없었지만, 그래도 하나님의 나라 속으로 몰려드는 자들이 있었습니다. 그들은 요한의 말을 믿었던 자들이었고 그리스도의 말씀을 믿었던 자들이었습니다. 그들은 자신들이 처한 위험을 보았고, 구원의 길도 보았습니다. 그들은 말하기를 "우리는 이 구원을 가져야 한다. 구원을 받기 전에는 결코 가만히 앉아 있을 수 없다"고 하였습니다. 이것이 사람들로 하여금 침노하게 합니다.

여기에 회개의 부름이 있습니다. 여기에 말할 수 없이 영광스러운 예수 그리스도의 복음의 공여가 있습니다. 다시 묻겠습니다. 당신은 침노하는 자입니까? 어떤 이는 "어떻게 내가 그런 사람의 하나인지를 알 수 있느냐?"고 질문합니다. 그 대답은 매우 간단합니다.

이 침노하는 자들에게는 뚜렷한 특징이 있습니다. 복음의 진리를 깨달은 자들은 그것이 자신들의 삶에서 가장 중요한 문제가 됩니다. 요즘 사람들은 우선권을 자주 논합니다. 침노하는 자들의 우선권은 하나님과의 관계입니다. 그들은 그 이외의 문제는 전혀 문제가 아니라는 사실을 압니다. 물론 그들에게도 다른 일들에 대한 관심이 있고 그것들이 나쁜 것은 아닙니다. 당신은 직장이나 가정에 계속 관심을 가질 수 있습니다. 이것은 옳고 좋은 관심입니다.

그러나 세례 요한의 메시지를 믿는 자들은 이렇게 말합니다. "세상에서, 내 인생에서 가장 중요한 것은 내가 어디에 서 있느냐는 것이다. 내가 오늘 밤에 갑자기 죽는다면 어떻게 될까? 나는 이 위험 부담을 알고 그냥 살 수는 없다. 이들은 불난 집에 갇혀서 타 죽게 되는 위험을 깨달은 사람과 같습니다. 그래서 그들은 다른 어떤 일보다도 밖으로 뛰쳐나오는 일에 최대의 관심을 쏟습니다. 그리스도인들은 자신들의 영혼의 구원을 첫째로 삼는 자들입니다. 이것이 당신의 우선 순위입니까? 당신의 영혼과 당신의 영원한 문명과 하나님과 당신의 관계와 다른 어떤 문제보다 제일 먼저입니까?

침노하는 자들의 두번째 특징은 그들이 하나님의 나라에 들어가려고 사력을 다한다는 것입니다. 그들은 자신의 화급한 처지를 깨닫고서 말합니다. "내가 하나님의 자녀라는 것과 나의 죄가 용서됐다는 것을 알면 무슨 일이 생겨도 아무 걱정이 없다. 나와 하나님 사이가 바르고 내가 하나님께로 간다는 것을 알면 내게 어떤 일이 일어나도 문제가 되지 않는다."

그들은 하나님 나라로 들어가는 입구를 찾습니다. 당신은 그렇게 하신 적이 있습니까? 당신은 이 최대의 문제에 직면해 보았습니까? 당신이 하나님 나라에 확실히 들어가 있는 것을 알려고 힘써 보았습니까?

침노하는 자들의 세번째 특징은 그들이 받은 정보와 지식과 권면을 아주 즐겁게 받고 기뻐할 준비가 되어 있습니다. 이들은 불난 집에 갇혀 있는 자들입니다. 그들은 자신들이 얼마나 위험한 상태에 있는지를 압니다. 그들에게는 비상 출구를 찾는 일보다 더 중요한 것이 없습니다. 그때 "이것이 비상구다!"라고 말하는 음성이 들립니다. 이런 화급한 상태에 빠진 자들은 어떤 철학적인 통찰에 관심이 없습니다. 그들은 비상구가 있다는 소식을 듣고 이렇게 말하지 않습니다. "잠깐 기다리십시오. 이 문제를 놓고 좀 따져 봅시다. 이런 소식은 백 년 전이었다면 더 어울리겠군요." 아닙니다.

자신의 절급한 처지를 지각한 자들은 다음과 같은 탈출구의 소식을 기쁘게 받습니다. "나를 따르라. 나는 비상 탈출구의 길을 만들기 위해 이 세상에 왔다. 내가 있는 쪽으로 오라!"

다시 말해서, 침노하는 자들은 하나님의 음성에 순종합니다. 그들은 하나님께 돌아가서 자신들의 죄를 인정합니다. 그들은 논쟁을 그치고, 똑똑한 체하려고 하지 않습니다. 그들은 하나님의 말씀에 귀를 기울입니다. 그들은 하나님께서 자기들이 지닌 문제가 지적인 것이 아니고 도덕적인 것이라고 말씀하시는 것을 듣습니다. 그들은 그리스도를 기꺼이 맞이하고 그분의 경탄스러운 구원을 받아 들일 준비가 되어 있습니다. 그들은 이 구원의 선물을 이해하지 못합니다. 그들은 다만 "있는 그대로 주께 나아갑니다"라고 말합니다. 그러면 나를 따르라고 하셨던 그 음성이 다시 귀에 들어 옵니다.

"너의 죄와 네가 지금 잘못하고 있다고 아는 그 모든 일들에서 떠나라. 그리고 이 세상의 풍조와 사고 방식과 그 가치관을 모두 버리라. 이 세상의 모든 죄악과 하나님께 대한 일체의 모독과 세속의 모든 사상들을 버리고 너는 내게 와서 나를 따르라."

침노하는 자들은 이 말씀을 순종할 준비가 되어 있습니다. 그들은 그리스도의 복음이 좁다고 말하지 않습니다. 그들은 기독교인이 되면 이것 저것을 금하기 때문에 그리스도인의 생활이 너무 제한적이라고 말하지 않습니다. 그들은 자기들이 불난 집에서 구조될 수만 있다면 그어떤 것도 상관하지 않습니다. 그들은 불에서 나올 수만 있다면 그 어떤 제한도 달게 받습니다. 자신들의 화급한 문제를 알고 비상구로 탈출하여 구원을 받으라는 부름을 듣는 자들은 흥정을 하지 않습니다.

그들은 자신들의 영혼이 그 무엇보다도 더 중요하다고 말하고, 어떤 대가를 치르고서라도 구원을 받으려고 합니다.

침노하는 자들의 마지막 특징은 그들이 불로부터 탈출했다는 것을 확지할 때까지는 가만히 있지 않습니다. 불난 집 안에 있는 자는 빠져나가지 못하면 타 죽는다는 것을 압니다. 그래서 탈출할 때까지 계속 출구를 찾습니다. 성도들의 생애를 읽어 보십시오. 이 세상에 태어난 가장 훌륭한 하나님의 백성들의 전기들을 읽어 보십시오.

그들은 모두 한 사람도 빠짐없이 비상 탈출구를 향해 달려간 자들이었습니다. 그들은 일단 자기 영혼이 하나님의 생명을 받지 못하고 이 세상에 사는 위험을 직지(直知)했을 때, 그들이 하나님을 대면할 날이 올 것을 지각했을 때, 그들은 하나님의 나라 속에 들어갔다는 사실을 확지할 때까지 조금도 쉬지 않았습니다. 그들은 성경을 읽었고 기도하였습니다. 그들은 자신들이 할 수 있는 일은 다 행하였습니다. 그것이 침노하는 자들의 특징입니다.

그럼 당신은 어떻습니까? 당신은 하나님 나라에 들어갔다는 것을 아십니까? 당신은 죄에 대한 하나님의 진노에서 당신이 안전하다는 것을 아십니까? 당신은 하나님을 아십니까? 이것은 유치할 정도로 간단하고 우스꽝스럽게 들릴 것입니다. 그러나 그것이 우리 각자의 문제가 아닙니까? 우리들은 잠시 동안만 이 세상에 산다는 것을 압니다. 우리는 모두 이 세상을 떠나야 한다는 것도 압니다.

그럼에도 우리는 그 이후에 하나님이 우리를 대면하기 위해 기다리신다는 영원한 사실을 알기를 원치 않습니다. 우리들은 생명 보험이나 건강 보험을 들고 안락한 삶을 위해 여러 가지 일들을 주선하면서도 그것들이 모두 일시적이며 끝이 올때가 있다는 것을 압니다.

그렇지만 그 다음은 왜 생각하지 않습니까? 당신의 영원한 운명은 어떻게 되겠습니까? 당신이 죽으면 어떻게 되겠습니까? 당신은 언젠가 죽게 될 것입니다. 당신의 영혼은 하나님을 만나게 될 것입니다.

당신은 이 문제의 긴급성을 깨닫지 못하겠습니까? 우리는 언제 죽을지 모릅니다. 그러나 당신은 그때가 올때까지 기다리지 않아도 됩니다. 하나님께 감사할 일입니다. 탈출구는 지금도 열려 있습니다. 구원의 길은 바로 눈 앞에 있습니다. 당신은 1초도 기다릴 필요가 없습니다. 당신이 과거에 얼마나 충실한 인생을 살았든지 간에 당신은 현재 있는 그 모습 그대로 하나님 앞에 나와서 자신의 죄를 인정하고 하나님을 알기를 원하고 하나님과 바른 관계를 맺기를 희망한다고 말해야 합니다.

그리스도가 하나님의 아들이시며 당신과 당신의 죄를 위해 이 세상에 오셨다는 것을 믿는다고 하나님께 말씀드리십시오. 이제 이 복음의 진리에 의존해서 하나님이 버리라고 요구하시는 것들을 다 포기하고 그리스도를 따르며 주님의 능력으로 살려고 한다고 하나님께 말씀드리십시오.

이렇게 하면 당신은 당신의 죄가 용서받은 것을 알게 될 것입니다. 당신은 죽음과 무덤의 두려움을 갖지 않게 될 것입니다. 당신은 하늘 나라에 들어간 것을 알게 될 것입니다. 당신은 하나님의 자녀가 된 것이 어떤 것임을 느끼게 될 것입니다. 당신은 예수 그리스도와 공동으로 하늘의 상속자가 된 것이 무엇인지를 깨닫게 될 것입니다.

"세례 요한의 때부터 지금까지 천국은 침노를 당하나니 침노하는 자는 빼앗느니라."

하나님의 나라 속으로 밀고 들어가십시오! 그렇게 하셨습니까? 그 문은 아직도 활짝 열려 있습니다. 지금 당장 그 문으로 들어갈 수 있습니다.

1) 본 설교는 1948년 영령(英靈) 기념일에 한 것임.

불신

•

"이 세대를 무엇으로 비유할꼬 비유컨대 아이들이 장터에 앉아 제 동무를 불러 가로되
우리가 너희를 향하여 피리를 불어도 너희가 춤추지 않고 우리가 애곡하여도 너희가
가슴을 치지 아니하였다 함과 같도다 요한이 와서 먹지도 않고 마시지도 아니하매
저희가 말하기를 귀신이 들렸다 하더니 인자는 와서 먹고 마시매 말하기를
보라 먹기를 탐하고 포도주를 즐기는 사람이요 세리와 죄인의 친구로다 하니
지혜는 그 행한 일로 인하여 옳다 함을 얻느니라."
마태복음 11:16~19

본문에서도 우리들은 앞에서 던
졌던 똑같은 질문을 다루도록 하겠습니다. 어째서 우리 주님이 사역하
셨던 당시의 대다수가 주님에 대해 거부감을 느끼고 주님을 믿지 않았
을까요? 왜 앞장에 나왔던 침노하는 자들과는 달리 절대 다수가 주께
서 제공하는 은혜로운 구원을 보지 못하고 받지 못한 것일까요?

주님은 이 주제를 본문에서 다시 거론하십니다. 그러나 이 문제는 주
님이 육신으로 계셨을 때 제기하셨던 것이지만 현대인들의 문제이기

도 합니다. 현대인들은 온갖 분쟁과 불행과 혼란과 방종 속에서 하나
님을 참되게 알지 못하면서 살아갑니다. 왜 인류는 복음의 메시지를,
이 참된 사실을 고려하지 않을까요?

　오늘날 교회에 다니는 사람들은 전세계적으로 볼 때 소수에 지나지
않습니다. 대다수의 인간들은 복음에 관심이 없습니다. 우리 주님의
당대 인간들이 주님 자신을 배척했듯이 현대인들도 주님을 믿지 않습
니다. 복음 속에는 우리들의 모든 질문들과 우리들의 온갖 문제들에
대한 해답이 있습니다. 그런데 왜 이 복음을 사람들이 거들떠보지 않
는단 말입니까? 이것은 큰 질문입니다. 우리 주님은 앞에서 보았듯이
이 질문에 대한 커다란 답변을 이미 하나 해 주셨습니다. 그것은 사람
들이 죄의 결과에서 오는 냉담과 무관심과 약물 중독과 같은 무기력
상태에 빠져 있었기 때문이었습니다. 그러나 이것만이 주님을 믿지 않
는 유일한 원인은 아닙니다.

　주님은 또 하나의 이유가 있다고 지적하십니다. "이 세대를 무엇으
로 비유할꼬?" 이 세대에 분명 문제가 있다는 말씀인데, 주님은 하나의
유명한 비유를 사용하셨습니다. 예수님은 이 세대가 장터에 앉아서 친
구들을 부르며 다음과 같이 말하는 아이들과 같다고 하셨습니다. "우
리가 너희를 향하여 피리를 불어도 너희가 춤추지 않고 우리가 애곡하
여도 너희가 가슴을 치지 아니하였다. 도대체 어떻게 된 일인가?"

　우리는 이 광경을 이해해야 합니다. 우리 주님은 자신의 세대가 이
장터의 어린이들에 비교될 수 있다고 하셨습니다. 우리 주님의 복음을
믿지 않고 복음의 유익을 거절하는 모든 사람들도 이 어린아이들에게
똑같이 비교될 수 있습니다.

주님 당시의 아이들은 요즘 아이들처럼 크고 넓은 곳으로 나가 놀았는데 그 당시의 놀이터는 장터였습니다. 시장이 끝나면 넓은 공간이 비어 있기 때문에 아이들이 마음껏 뛰놀며 일종의 게임을 했습니다. 그런데 다른 아이들과 함께 놀지 않고 따로 서서 바라만 보는 아이들이 있었습니다. 함께 놀던 다른 아이들은 자기들끼리 의논하였습니다. "우리가 피리를 불자. 그리고 저기 따로 서 있는 아이들을 불러 우리와 함께 게임을 하도록 하자. 그들과 함께 춤추며 즐겁게 놀자." 그러나 따로 서 있던 아이들은 함께 놀아 주기를 거절했습니다.

놀던 아이들은 다른 제안을 했습니다. "상여 놀이를 하자꾸나. 우리들이 곡을 하는 사람들처럼 울자. 초상집 사람들같이 검은 빛깔의 옷을 입고 울어 보자. 그러면 저 따로 있는 아이들이 우리와 함께 놀이를 할지 모른다." 그러나 딴 아이들은 상여 놀이에도 끼지 않았습니다. 그러자 놀이를 하던 아이들이 마음이 상해서 말했습니다. "우리가 너희들에게 같이 춤추자고 청해도 듣지 않고, 우리가 너희들에게 상여 놀이를 하자고 해도 너희가 원치 않는다. 우리들이 같이 하자고 청하는 것은 무엇이든지 너희들은 원치 않고 꼭 반대되는 것만 하려고 하는 듯하다."

주님은 말씀하셨습니다.

"꼭 이 어린아이들과 같다. 이 세대의 자녀들, 하나님의 나라 밖에 있는 사람들은 장터에서 놀이를 청하는 아이들처럼 행동한다."

"요한이 와서 먹지도 않고 마시지도 아니하매 저희가 말하기를 귀신이 들렸다 하더니 인자는 와서 먹고 마시매 말하기를 보라 먹기를 탐하고 포도주를 즐기는 사람이요 세리와 죄인의 친구로다하니" 환언하면 '이 세대'는 세례 요한에게 가서 말했습니다.

"같이 즐기며 기뻐합시다." 요한은 대답하였습니다.

"회개하고 다가올 하나님의 진노로부터 피하시오."

그러자 그들은 우리 주님을 보고 말했습니다.

"어떤 일들은 심각하게 처리해야 하오. 당신이 절대로 상관하지 말아야 할 사람들이 있소. 그런데 당신은 그들과 함께 앉아서 식사를 하고 있소. 당신은 죄인들과 세리들의 친구요."

그들은 예수님을 보고 "너무 즐거워하고 먹는 것과 포도주 마시기를 좋아하는 인물"이라고 평하였습니다. 그들이 원하는 것이 무엇이든지 요한과 예수님이 거절하는 듯했습니다. 그래서 그들은 기분이 상하여 복음을 듣지 않고 하나님의 나라 밖에 머물러 있습니다. 의심할 나위 없이 이것이 본 비유를 설명하는 유일한 방법입니다.

요한이 그리스도 앞에 왔기 때문에 아무도 요한이 피리를 불면서 사람들을 초대하여 함께 즐기며 춤추자고 제안했다고 말할 수 없습니다. 그렇지 않습니다. 즐기기를 원한 자들은 요한이 아니고 사람들이었습니다. 요한은 그들의 제안대로 즐기기를 원치 않았습니다. 같은 사람들이 동일한 방식으로 그리스도께 다른 요구를 했지만 주님은 거절하셨습니다.

이것이 복음을 거절하고 하나님의 나라 밖에 머물러 있는 사람들의 관점이며 사고 방식입니다. 본 비유의 의미를 이해하기 위해 우리는 이렇게 보아야 합니다. 주님은 여기서 불신 상태를 분석하고 계십니다. 본인은 성경 전체에서 불신 상태를 본 비유에서처럼 비난적으로 분석한 곳은 없다고 생각합니다.

사람들로 하여금 하나님 나라 밖에 머물게 하는 것은 무엇입니까?

냉담입니까? 그렇습니다. 그러나 그보다 더 무서운 불신 상태가 있습니다. 이 불신 상태에 대해서 우리 주님이 하시는 말씀을 생각해 봅시다. 첫째, 주님이 말씀하시는 것은 하나의 굳어진 사고 형태 내지는 하나의 고착된 정신입니다. 불신은 소극적인 것이 아니고 활동적인 것입니다. 우리들은 불신을, 믿지 않으려는 인간의 부정적인 상태로 간주하는 경향이 있지만 성경은 전혀 그렇게 보지 않습니다.

불신은 매우 적극적이고 활동적입니다. 그것은 아주 확정적인 사고 형태를 지닌 영혼의 상태를 가리킵니다. 성경은 불신을 내용적으로 이렇게 묘사합니다. "불신은 죄의 한 표출이다. 그것은 저 잔혹하고 악질적인 질병의 한 증상이다." 사도 바울은 고린도후서 4:4에서 다음과 같이 서술하였습니다. "그 중에 이 세상 신이 믿지 아니하는 자들의 마음을 혼미케 하여."

불신은 매우 무서운 상태입니다. 불신은 단순히 믿기를 거절하는 것이 아닙니다. 마귀는 물론 그런 것이 불신이라면서 우리를 속이려 듭니다. 마귀는 현대 불신자들을 설득시켜서 그들이 복음을 믿지 않는 것은 그들이 지성인들이며 아는 것이 많고 매우 머리가 좋아서 그런 것처럼 오도합니다. 불신자들은 그리스도인들을 자기들만큼 알지 못하는 어리석은 인간들이라고 생각합니다. 불신자들은 자기들의 두뇌가 탁월하고 과학적인 지식이 있기 때문에 기독교의 복음을 받아들이지 않는다고 자부합니다.

그러나 주님은 그런 것이 아니라고 말씀하십니다. 그들은 장터의 어린아이들과 같다는 것이 주님의 지적입니다. 여러분은 그 아이들의 정신을 유의해서 보았습니까? 그들에게는 언짢은 기분이 있고 매우 적극적인 활동력이 있습니다. 그들은 결코 소극적이지 않습니다. 불신이란 대단히 활동적이라는 것이 성경 전체의 지적입니다.

불신자들은 물론 이 말에 동의하지 않을 것입니다. 그러나 그것은 성경의 진단입니다. 불신자들은 사탄에게 속은 자들이며 죄와 악의 노예들이기 때문에 불신 상태에 빠져 있다는 것이 성경의 주장입니다. 불신자들은 자신들이 성경의 족쇄로부터 해방되고 복음이라는 마약으로부터 풀려 났다고 생각하며 기뻐합니다. 이들은 가련한 인간들입니다. 이들은 노예들임을 의식하지 못합니다. 다른 악덕들의 희생자들처럼 자신들이 희생물이라는 사실을 모릅니다. 이들은 마치 어떤 질병에 시달리면서도 그것을 느끼지 못하는 환자와 같습니다.

이 불신자들은 장터에 앉아 "우리가 어떻게 놀 것과 우리들이 무엇을 할 것인지를 스스로 결정하자"고 말하는 아이들의 무리와 같습니다. 그들은 언제 피리를 불고 언제 울어야 할지를 스스로 결정합니다. 이것이 불신의 한 특징입니다. 이런 상태에 빠진 자들은 들으려거나 어떤 교훈을 받으려거나 무슨 정보를 얻을 마음이 없습니다.

우리 인간들은 인생에 대한 이론을 가졌다고 가정합니다. 우리에게 정확하게 무엇이 필요하다는 것을 안다고 생각하기 때문에 그것을 요구합니다. 그래서 복음 앞에서도 자신들의 요구를 들고 나옵니다. 이것이 배움의 길을 막는 불신의 태도입니다. 불신자는 양팔을 펴고 나오지 않습니다. 불신자는 이미 가지고 있는 선입견과 편견을 가지고 나와서 비판하기를 기다립니다.

이제 솔직하게 우리 자신들에 대해서 말해 보십시오. 우리들은 이 불신의 상태를 너무도 잘 압니다. 우리들은 복음을 불신의 자세로 대한 적이 없습니까? 세상에서 가장 어려운 일은 성경을 열린 마음으로 읽는 것입니다. 사람들은 자기들의 마음이 열려 있다고 자주 선전합니다. "저는 마음이 열려 있습니다. 그리스도인들이 편견을 가졌을 뿐입니다."

그러나 당신 자신을 살펴보십시오. 마음이 열린 사람들은 듣기도 전에 일축해 버리지 않습니다. 그들은 "나는 듣고도 받아들이지 않을 거야"라는 자세를 취하지 않습니다. 마음이 열린 사람들은 미리 판정을 결정하지 않고 이렇게 묻습니다. "이 복음이란 무엇일까? 복음의 주장은 무엇일까? 복음이 제공하는 것은 무엇이며 인생 문제에 대한 해답을 어떤 것으로 줄까?"

한 가지 간단한 질문을 던지겠습니다. 복음에 대한 우리들의 자세는 열린 마음입니까, 아니면 시장터의 어린아이들과 같은 마음입니까? 우리들은 듣지도 않고서 복음을 안다고 말합니다. 내가 만일 이런 자세를 가지고 있으면 그것은 편견입니다. 그렇게 되면 성경은 도무지 내게 말을 못하게 되는 셈입니다.

시장터에 앉아 있던 아이들이 그와 같았습니다. 그들은 자기들이 피리 불 것을 결정하였고, 자기들이 호곡할 것을 결정했습니다. 자기들 이외에는 누구도 말을 못하게 했습니다. 그들은 다른 아이들이 자기들의 제안에 동의하지 않았기 때문에 화가 났습니다. 예수 그리스도의 진단에 의하면, 이것은 언제나 불신 상태의 첫번째 증상이며 비극입니다. 이 상태에서는 가르칠 수가 없습니다. 도무지 들으려고 하지 않기 때문입니다. 이 불신은 사실을 직시하고 공정하고 편견없는 조사를 해보지 않은 채 결정을 내리고 결론을 짓습니다.

아마 당신은 그리스도인이 아닐는지 모릅니다. 당신은 행복하지 않습니다. 당신은 인생의 문제들을 놓고 해결해 보려고 애씁니다. 당신은 도대체 기독교의 복음이 나에게 무슨 해답을 줄 수 있겠느냐고 말할는지 모릅니다. 그러나 그렇게 생각하지 마시고 복음의 메시지를 들으십시오. 한번 기회를 꼭 주시고 복음이 하는 말에 귀를 기울여 보십시오. 복음이 우리들에게 주는 첫번째 호소의 하나는 인생과 삶에 대한 우리들의 선입관과 결론들을 열린 마음으로 다시 재고해 보라는 것입니다.

불신 상태의 두번째 특징은 항상 변하고 모순된다는 것입니다. 저는 이것이 당연한 귀결이라고 봅니다. 불신은 사고가 아닌 편견의 결과이기 때문입니다. 또한 그것은 참된 이성에 기초한 것이 아니고 느낌과 충동의 결과이기 때문입니다. 따라서 불신은 비합리적이며 항상 자신의 위치를 바꾸기 때문에 취급하기가 매우 어렵습니다. 우리 주님은 이 점을 본 비유에서 그대로 표출시켰습니다.

불신자들은 장터의 어린아이들과 같습니다. 그들은 처음에는 "피리를 불며 춤을 추자"고 말합니다. 그들은 금방 마음을 바꾸고 "상여 놀이를 하며 곡을 하자"고 말합니다. 우리는 그들이 다음 순간에 어떻게 바뀔지 모릅니다. 이것이 주님께서 지적하신 것처럼 불신자들의 정확한 상태입니다.

현대 사회에서도 불신자에 대한 예수님의 진단이 그대로 적용됩니다. 지성주의가 종교나 인생 문제 해결을 위해 차지하는 비중을 생각해 보십시오.

비근한 예로서 알더스 헉슬리(Aldous Huxley)가 일으킨 1920년대와 1930년대의 지성주의 운동을 들 수 있습니다. 이 그룹은 자신들을 스스로 지성인들이라고 불렀습니다. 그들은 인간의 문제가 사람들이 느낌에 따라 살기 때문에 생긴다고 하였습니다. 이 점에서 종교가 가장 큰 책임이 있다고 그들은 주장하고, 인간의 지성을 추켜들었습니다. 인간에게 제일 필요한 것은 지성이었습니다. 그래서 먼저 과거로부터 전승되는 것들을 우리 속에서 모두 제거하고 과학적인 지성주의를 강조하게 됐습니다.

이것이 소위 말하는 불룸스버리 세트(Bloomsbury Set)의 두드러진 특징이었습니다. 1920년대의 많은 똑똑한 젊은이들이 인생 문제를 이성과 사고(思考)로 해결할 수 있다는 이 지성주의에 끌려들었습니다. 그러나 지금 그들이 우리들에게 들려주는 말이 무엇입니까?

이제 와서 알더스 헉슬리는 말하기를, 이 세상의 유일한 희망은 신비주의라고 합니다. 이 세상의 문제는 아무 쓸모가 없는 지성주의라는 것입니다. 그는 지성주의를 사용해 보았지만 아무런 도움을 얻지 못하였습니다.

그의 새로운 주장에 따르면 이 세상의 유일한 희망은 우주의 배면에 깔린 원시적인 정신에 우리가 몰입되는 것입니다. 우리는 불교도가 되어야 합니다. 헉슬리의 말은 결국 지성주의로서는 전혀 뚫고 나갈 길이 없으므로 신비주의에서 우리의 구원을 찾아야 한다는 것입니다.

"우리는 처음에 피리를 불었지요. 이제는 상여 노래를 부릅니다." 불신은 항상 바뀌고 모순됩니다. 우리는 불신이 다음 순간에 무슨 말로 바뀔는지 전혀 예측하지 못합니다. 지난 백 년 동안 불신자들이 내세웠던 인생 문제의 해결책들을 훑어 보십시오. 본인의 말이 과장이 아님을 확인할 수 있을 것입니다.

우리 주님께서 그들에 대한 평가를 아주 완벽하고 정확하게 내리셨

127

불신

습니다. 처음에는 모든 것이 지성주의라야 한다고 해놓고서 다음 순간에는 반드시 신비주의여야 한다고 주장하는 것이 불신의 특징입니다.

너무도 많은 사람들이 기독교를 불신의 자세로 봅니다. 복음 메시지는 여자들이나 어린아이들에게나 어울리지 그 속에 무슨 지성이나 이지나 사고가 없다고 사람들은 불평합니다. 그 다음에 하는 말은 전혀 딴판입니다. "저 설교자는 지성을 너무 많이 사용해. 설교에 논쟁이 너무 많아. 왜 예화를 좀 사용하고 이야기를 해 주지 않을까?" 이들에게는 복음이 어떤 방식으로 전해지더라도 모두 마땅치 않습니다. 불신의 자세를 가진 자들에게는 복음 메시지가 항상 언짢게 들릴 뿐입니다.

다른 실례를 들어 보겠습니다. 사람들은 기독교의 구원을 선행과 자꾸 연결시키는 경향이 있습니다. 예수 그리스도의 복음을 그런 사람들에게 전할 때 이렇게 말해 보십시오.

"당신은 어린아이와 같이 되어야 합니다. 구원은 거저 주는 선물입니다. 마치 가난뱅이가 무엇을 받듯이 이 구원의 선물을 받으십시오. 복음은 당신이 갑자기 무슨 훌륭한 선행을 해야 한다고 가르치지 않습니다. 당신은 아무 일도 할 수 없습니다. 당신은 오직 믿음으로 의롭게 됩니다." 이런 말을 들으면 사람들은 모욕을 받는다고 생각합니다. "사람을 어떻게 보는 겁니까? 다 큰 사람을 보고 어린아이같이 되라고 하니 나의 인격과 본성에 아주 거슬리는 말입니다."

복음 메시지가 거룩함으로 시작되어도 사람들은 동일한 반응을 보입니다. "생명으로 인도하는 문은 좁고……" 개인의 죄나 사회의 죄악을 외쳐 보십시오. 혹은 십계명이나 도덕 율법이나 산상 설교나 그리스도의 사랑을 전해 보십시오. 그들의 반응은 여전합니다. "이것은 도대체 불가능한 종교요. 복음은 너무 패쇄적이고 좁으며 모욕적입니다."

피리를 불고 상여 노래를 하는 것은 언제나 모순입니다. 불신 상태에 있는 사람들은 복음이 어떤 형태로 나가도 싫어합니다. 자기들의 마음에 맞지 않기 때문입니다.

또한 열심에 대해서 언급해 보십시오. 인간의 구원이 우리들의 열심에 달린 것이 아니라고 말하면 사람들은 또 모욕을 받는다고 불쾌하게 여깁니다. 그런데 다른 문맥에서 열심을 내어 주를 섬기라고 하면 "우리를 광신도로 만들려는 것입니까?"라고 항의합니다.

어떤 비종교적인 사람이 제게 찾아와서 자기 옆집에 사는 한 목사님에 대해서 불평한 적이 있습니다. "당신과 같은 동료인 그 목사는 내 영혼에 대해서 내게 한마디도 언급한 일이 없습니다. 마치 내게는 영혼이 없기라도 한 듯이 말입니다." 그런데 이 사람이 떠나기가 무섭게 또 한 사람이 와서 불만을 털어놓았습니다. "당신과 같은 직업을 가진 그 목사는 나만 보면 항상 복음과 내 영혼에 대해서만 말합니다." 이런 사람들에게는 우리가 무슨 말을 하든지, 어떤 일을 하든지 항상 그릇된 것으로 비쳐집니다. 이 불신 상태는 고쳐질 줄을 모릅니다. 그것은 매우 부당한 것입니다.

불신 상태의 또 다른 특징은 만족을 모르는 것입니다. 이것은 가장 큰 문제입니다. 불신은 자기 나름의 요구들로 시작됩니다. 그것은 요청하는 것들이 있지만 만족을 찾지 못하고 안식과 화평을 얻지 못합니다. 이것이 성경의 한 주제입니다. 성경은 죄에 빠진 인간의 운명은 난민처럼 지상에서 방황하기만 한다고 증언합니다. 본인은 다음 구절을 아무리 자주 인용해도 지루하지 않다고 생각합니다.

"내 하나님의 말씀에 악인에게는 평강이 없다 하셨느니라"(사 57: 21).

현대인들은 복음을 비판하고 듣지 않습니다. 현 세대는 모든 것을 다 아는 듯이 여깁니다. 정말 그렇습니까? 현대인들이 행복합니까? 만족과 평안을 찾았습니까? 그 대답은 현 세대가 이 세상에서 평안을 못 찾는다는 것입니다. 현대인들에게는 지적인 만족도 없습니다.

어째서 그 많은 이론들과 가설들이 끝없이 바뀌고 있습니까? 왜 쓸데없이 탐색만 하고 새로운 아이디어에 급급합니까? 어째서 각종 종파와 유사 종교에 사람들이 쏠려 다닙니까? 오늘날의 이 세상은 결코 알고 있는 상태가 아닙니다. 이 세상은 행복하지 않습니다. 남녀 인간들은 인생의 해답이 무엇인지를 묻고 있습니다. 어떻게 하면 인생 문제의 굴레에서 풀려나 탈출할 수 있을지를 묻고 있습니다. 이 세대는 그 길을 알지 못합니다. 그럼에도 복음의 길에 대해서 귀를 기울이지 않습니다.

더구나 불신은, 지적 만족도 찾을 수 없듯이 도덕적 만족도 얻지 못합니다. 온갖 쾌락을 추구하는 광적인 이 세상의 불안정을 보십시오. 무슨 안식이 있습니까? 본인은 이것을 정죄하는 것이 아닙니다. 다만 그리스도 밖에 있는 인간들의 안식 없는 가련한 모습을 비극의 한 증상으로 지적할 뿐입니다. 어떤 점에서 본인은 이렇게 사는 사람들을 나무라지 않습니다. 한 가정을 생각해 보십시오.

저녁이 되어 가족이 모여 함께 부부와 자녀들이 서로를 바라본다면 무슨 말을 할까요? "앞으로의 전망은 어떤 것일까? 우리 각자에게 무슨 일이 일어날까?" 사람들은 이 같은 질문에 대해 만족한 해답을 얻지 못하고 하루하루를 이런 저런 일들과 생각을 하면서 넘어갑니다.

극장이나 기타 유흥 장소들에 사람들이 모여드는 것이라든지 향락을 좇는 광적인 쾌락 추구가 조금도 이상하지 않습니다. 남녀 인간들은 만족을 찾으려고 이리저리 뛰어다닙니다.

그렇지만 그들은 구하는 것을 찾지 못합니다. 이 세상은 극도로 불행합니다. 피리를 불고, 상여 노래를 부릅니다. 처음에는 이것을 해보고 그 다음에는 저것을 해봅니다. 항상 바꾸어 보지만, 자기가 원하고 필요로 하는 것을 찾지 못합니다.

성경에 의하면, 불신 속에서 죽는 사람들은 영원토록 계속 그런 상태로 머물게 됩니다. 이런 말을 하는 것은 대단히 유감스러운 일입니다. 그러나 성경은 불신자들이 영원의 시간 속에서도 자기들이 찾을 수 없는 만족을 구하느라고 애쓰게 될 것이라고 가르칩니다. 우리 주님은 부자와 나사로의 비유에서 이 사실을 가르쳤습니다. 본 비유에 나오는 부자는 세상에서 호사를 누렸지만 자기 대문 앞의 나사로라는 가난한 거지를 무시했습니다. 이제 그 부자는 지옥에 있습니다. 거기서 무엇을 할까요? 그의 영혼은 만족을 찾으려고 애쓰고 있습니다. 그는 말합니다.

"나사로를 보내어 그 손가락 끝에 물을 찍어 내 혀를 서늘하게 하소서"(눅 16:19~31).

본인이 이 가르침을 이해한 대로는 이것이 지옥입니다. 사람들이 영원토록 만족과 평안을 찾지만 절대로 구하지 못하는 곳이 지옥입니다. 이것은 너무도 끔찍하여 생각하기조차 무섭습니다. 그러나 이것은 성경의 명백한 가르침입니다. 만족은 오직 하나님과 그리스도 안에서만 찾아집니다. 불신은 인간들이 결코 만족할 수 없는 상태입니다. 그 불신의 상태에서는 아주 높은 곳에 닿기도 하고 저 밑바닥으로 떨어지기도 합니다.

불신자들은 돈도 많이 벌고 영향력도 크게 행사할 수 있습니다. 그들은 없는 것이 없이 다 소유할 수도 있습니다. 그렇지만 그들이 불신 상태에 있는 한, 그들은 자기들의 머리와 마음 속에 안식과 평안을 절대로 누리지 못합니다.

끝으로, 불신의 가장 큰 비극은 영광스러운 진리에 눈 멀게 된다는 것입니다. 불신은 최고, 최선의 유익을 차단시킵니다. 장터의 어린아이들로 다시 돌아가봅시다.

"가로되 우리가 너희를 향하여 피리를 불어도 너희가 춤추지 않고 우리가 애곡하여도 너희가 가슴을 치지 아니하였다."

그러나 주님은 이렇게 말씀하셨습니다.

"요한이 와서 먹지도 않고 마시지도 아니하매 저희가 말하기를 귀신이 들렸다 하더니 인자는 와서 먹고 마시매 말하기를 보라 먹기를 탐하고 포도주를 즐기는 사람이요 세리와 죄인의 친구로다 하니 지혜는 그 행한 일로 인하여 옳다 함을 얻느니라."

불신이 하는 일이 무엇인지 다시 간략하게 말씀드리겠습니다. 그것은 사람들로 세례 요한과 주 예수 그리스도의 인격체에 대해서 눈이 멀게 합니다. 사람들은 세례 요한을 보고서 말했습니다. "힘을 내시오! 사람이 좀 밝아야 하지 않소? 당신은 여기서 메뚜기와 야생 꿀만 먹고 사는데 그래서야 어디 쓰겠소. 너무 그렇게 불행한 모습을 보이지 말고 좀 어깨를 펴고 사시오."

사람들은 요한이 행복하기를 바랐지만 요한이 거절하자 욕질을 했습니다. "그는 귀신이 들렸어. 정신이 나간 사람이야. 그는 회개를 외치는데 광신이야, 광신!" 이것이 하나님의 마지막 선지자이자 주 예수 그리스도의 전주자(前走者)로서 달렸던 전능하고 영원하신 하나님의 대사자(大使者)를 보고 사람들이 던진 말입니다.

오, 불신이란 얼마나 괴악한 것입니까! 그것은 하나님이 선택하신 종을 병신이라고 하고, 귀신이 들린 광인(狂人)이라고 부르게 합니다.

이제 예수 그리스도에 대한 그들의 태도를 보십시오. 예수님은 세리와 죄인들의 친구가 되어 그들과 함께 먹고 교제하셨습니다. 그랬더니 사람들이 무엇이라고 했습니까? "먹기를 탐하고 포도주를 즐기는 사람이요." 성육하신 하나님의 아들이 직접 그들과 함께 계셨는데도 그분을 '이 목수'라고 불렀습니다.

영존하시는 하나님이 사람으로 세상 땅을 밟으시며 능력 있는 기적들을 행하시고 그의 손에 모든 능력들을 쥐고 계셨는데도 사람들은 그분을 인정하지 않았습니다. 불신은 이 세상이 아는 최대의 은인들에게 등을 돌리게 하는 너무도 사악한 행위입니다.

불신은 동시에 이 은인들의 메시지에도 귀를 먹게 합니다. 세례 요한은 회개의 교리를 설교했습니다. 그가 이 세상에 왔을 때 사람들은 그가 춤을 추고 피리를 불기를 원했습니다. 그러나 요한은 그들에게 다가올 하나님의 진노에서 피하라고 말했습니다. 이것은 사실상 예수 그리스도의 메시지에서 가장 중요한 부분이었습니다. 이 복음이 맨 먼저 말하는 것은 당신이 웃어 대고 춤을 출 처지가 아니라는 것입니다.

당신의 세계를 돌아보십시오. 하나님의 심판에 직면한 당신의 모습을 직시하십시오. 하나님의 진노를 피하십시오! 늦기 전에 회개하십시오. 춤을 추면서 당신이 행복한 것처럼 느낄 때가 아닙니다. 당신이 제일 먼저 할 일은 베옷을 입고 재를 쓰고 무릎을 하나님 앞에 꿇는 것입니다. 당신은 자기 죄를 놓고 곡을 하고 애통해 해야 합니다. 이것이 당신의 귀에 즐겁게 들리든지 않든지 복음의 불가결한 요소입니다.

감사하게도 복음은 여기서 그치지 않습니다. 사람들이 이 복음의 진리를 깨닫고 자신들이 이 세상에서 얼마나 위험한 처지에 있으며 또한 그들에게 닥칠 운명이 어떤 것인지를 알면 자신들이 아무 쓸모 없는 죄인들임을 느끼게 됩니다. 그들은 자신들에 대해서 어떻게 할지를 모릅니다. 그래서 이렇게 말합니다.

"나는 하나님께 죄를 지었습니다. 나는 하나님을 너무 오랫동안 잊고 살았습니다. 나는 그분이 내게 내리신 모든 자비에 대해 감사하지 않았습니다. 그런데 내가 무슨 얼굴로 그분께 돌아가겠습니까? 내게는 그럴 권리가 없습니다. 사실 내가 할 수 있는 것은 아무것도 없고 다만 애곡할 뿐입니다."

이렇게 고백하면 주님께서 오셔서 "괜찮다"고 말씀하십니다. 주님은 탕자의 아버지가 탕자에게 베풀었던 일을 우리를 위해 해 주십니다. 탕자가 자기 부친에게 돌아갔을 때 했던 말을 기억하십니까?

"아버지여 내가 하늘과 아버지께 죄를 얻었사오니 지금부터는 아버지의 아들이라 일컬음을 감당치 못하겠나이다 나를 품꾼의 하나로 보소서."

이 탕자는 자기 아버지에게 아무런 요구를 할 수도 없고 아들이라고 불리어질 수도 없다고 느꼈습니다. 그러나 아버지는 그의 종들에게 이렇게 지시했습니다.

"제일 좋은 옷을 내어다가 입히고 손에 가락지를 끼우고 발에 신을 신기라 그리고 살찐 송아지를 끌어다가 잡으라." 이것이 복음의 메시지입니다.

복음에는 양면이 있습니다. 세례 요한과 그리스도의 회개의 촉구가 있고, 용서의 제공이 있습니다. 이것은 영광스러운 구원입니다. 우리들이 천국과 영원한 복락의 상속자가 되는 것이기 때문입니다.

사람들의 마음을 눈 멀게 하여 복음의 메시지를 배척하게 하는 불신은 얼마나 무서운 것입니까! 똑똑하다고 생각하는 사람들은 복음 메시지에 모순이 있다고 말합니다. "절반쯤은 회개하라고 말하고 절반쯤은 기뻐하라고 말하니 완전히 모순입니다."

천만의 말씀입니다! 각자에게 제일 먼저 선행되어야 할 것은 죄인이라는 사실을 지적받고서 자기 죄를 확실히 깨닫고 인정하는 일입니다. 자신이 죄인이라는 것을 확신하지 못하는 자는 소망이 없습니다. 그는 하나님의 눈에 속절없는 죄인이며, 아직 그리스도인으로서 출발한 것이 아닙니다. 하나님은 거룩하시고 절대적이시며 영원하십니다.

"의인은 없나니 하나도 없습니다"(롬 3:10).

이 세상이 아는 최선의 사람들은 언제나 자신들의 죄와 무가치함을 철저히 인식한 자들이었습니다. 그러나 당신이 일단 죄를 확신하면 주님이 당신에게 평안을 부어 주십니다. 주님은 당신의 죄가 용서받았다고 말씀하시고 주님의 기쁨 속으로 들어오라고 초대하실 것입니다. 주님은 당신과 함께 거룩한 춤을 추시고 당신을 위해 잔치를 벌이며 같이 잡수실 것입니다. 주님은 당신이 하나님의 자녀가 되었으므로 하나님의 생명과 능력을 받을 수 있으며 죽음과 무덤을 넘어 영원한 세월을 주님과 함께 즐거워할 것이라고 말씀하실 것이기 때문입니다.

우리들은 위에서 불신에 대한 주님의 분석을 들었습니다. 하나님이 우리들을 불신으로부터 구해 주시기 바랍니다. 우리들이 그리스도와 그의 나라 밖에 있다면 그것은 우리가 사탄에 의해 눈이 멀어졌기 때문입니다. 우리가 그리스도의 복음을 받지 않고 있다면 그것은 우리가 저 추악한 불신의 손아귀에 사로잡혀 있기 때문입니다. 불신은 우리 자신과 우리의 최대 은인이시며 인간이 받을 수 있는 가장 영광스러운 선물이신 그리스도 사이에 서 있습니다. 하나님께서 이 사실을 우리가 직시할 수 있게 해주시기를 빕니다.

하나님의 심판과 피할 길

•

"예수께서 권능을 가장 많이 베푸신 고을들이 회개치 아니하므로 그 때에 책망하시되
화가 있을진저 고라신아 화가 있을진저 벳새다야 너희에게서 행한 모든 권능을
두로와 시돈에서 행하였더면 저희가 벌써 베옷을 입고 재에 앉아 회개하였으리라
내가 너희에게 이르노니 심판 날에 두로와 시돈이 너희보다 견디기 쉬우리라
가버나움아 네가 하늘에까지 높아지겠느냐 음부에까지 낮아지리라
네게서 행한 모든 권능을 소돔에서 행하였더면 그 성이 오늘날까지 있었으리라
내가 너희에게 이르노니 심판 날에 소돔 땅이 너보다 견디기 쉬우리라 하시니라."
마태복음 11:20~24

이 말씀은 주님을 배척한 바리새 인들을 마지막으로 정죄하셨던 것보다 훨씬 더 두렵고 심각한 주님의 선언입니다. 여러분도 이 견해에 동의하실 줄 압니다. 본문의 말씀에는 우리로 하여금 엄숙한 느낌을 자아내게 하는 무엇이 있습니다. '화'라는 어휘 자체는 매우 불길한 것에 대한 강한 표현입니다. '화'는 어떤 임박한 두려운 재난이 올 것을 예언하거나 예고하는 경고입니다. 요한계시록에서도 본문과 똑같은 의미로 이 단어가 사용된 것을 볼 수

있습니다.

요한계시록에는 이 세상의 인간 역사가 종식되는 확정적인 운명이 서술되어 있는데 하나님을 믿지 않는 인간들에게 내릴 '화'는 우리를 거의 공포로 휘몰아 넣고 경종을 울립니다. 그런데 이 동일한 뜻의 말씀이 동일한 효과를 내며 두로와 시돈, 그리고 소돔과 고모라에 대한 주님의 언급 속에서 사용되고 있습니다.

현대인들은 아무리 성경을 모른다 하여도 소돔과 고모라에 대한 이야기는 다소 알고 있습니다. 이 평원의 도시들은 하늘에서 내려오는 불과 유황으로 파괴되었습니다. 이것들은 공포와 전율을 일으키는 심판과 재난을 실증하는 구약의 실례입니다. 그러므로 우리 주님 자신이 본문에서 이 무서운 심판을 언급하신 것은 대단히 중차대(重且大)하고 심각하기 짝이 없는 경고입니다.

그러면 우리 주님은 왜 이런 말씀을 하시게 되었을까요? 본문에 의하면, 주께서 큰 권능을 행하신 도시들이 회개하지 않기 때문에 주님은 호된 질책을 하셨습니다. 그러니까 본문의 주제도 앞에서 우리들이 살펴본 것처럼 주님에 대한 사람들의 반응입니다. 이 주제는 세례 요한이 자신이 처했었던 환경 때문에 예수님에 대해 다소 주저했던 일부터 시작되었습니다. 어떤 면에서 본문은 예수님 자신까지도 놀라게 한 사건을 다루고 있습니다.

신약은 예수님이 여러 번 사람들의 불신을 이상히 여기셨다고 증언하였습니다. 예수님은 본장 전체에서 불신의 원인들을 지적하시고, 불신이 인간들로 하여금 복음 메시지를 진정으로 듣지 못하게 만든다는 사실을 노출시키셨습니다.

그런데 주님은 여기서 그치지 아니하시고 사람들이 주님께 복종하지 않는 또 다른 무서운 이유를 제시하십니다. 그것은 사람들이 주님의 오신 결과와 주님을 만나고 그분의 말씀을 듣는 일이 가져오는 필연적인 종국을 인식하지 못한다는 사실입니다. 고라신과 벳새다의 시민들은 예수님과의 만남이나 관계가 가져오는 불가피한 결과들을 이해하지 못하였습니다. 이것이 본문에서 예수님이 다루시는 주제입니다.

이 주제는 심판의 선언으로 주어졌는데, 예수님은 최후 심판의 교리를 여러 번 진술하셨습니다. 예수님은 이 도시들에서 큰 권능을 많이 행하셨지만 그들이 회개하지 않았으므로 준엄한 질책을 하셨습니다. 주님은 그들에게 닥칠 심판을 선언하시고 최후 심판 때에 그들이 당하게 될 처지와 형편을 예고하셨습니다.

이 심판의 교리는 성경 전체에 흐르는 하나의 대주제입니다. 심판은 맨 처음부터 나옵니다. 아담과 하와가 아직 낙원에서 천진한 상태에 있었을 때에도 하나님은 그들에게 한 가지 금지 사항을 주시고, 불복할 경우에 닥칠 결과를 경고하셨습니다. 이로써 하나님은 심판의 전반적인 개념을 인류의 조상들에게 소개하셨습니다.

심판은 인간이 타락한 순간에 실제로 나타났으며 그 효력을 발휘하였습니다. 이 인간의 타락에 수반된 심판의 이야기를 계속 읽어 가면 성경에서 심판 교리가 꾸준히 연속됨을 쉽게 확인할 수 있습니다. 역사는 끝도 있을 것입니다. 역사 속에는 일종의 책임도 있습니다. 우리는 이 사실을 항상 잊고 삽니다. 이 세상에서 누리는 우리들의 인생은 중대한 책임을 안고 있습니다.

분명히 이 같은 책임 의식은 대부분의 현대인들 속에서 찾아볼 수 없습니다. 오늘날의 남녀 인간들을 보십시오. 그들은 생각하기를 거부합니다. 그들은 쾌락을 더욱 늘리기 위해서, 보다 더 안락하고 행복해지려고 자유 분방하기 짝이 없습니다. 우리들이 그들에 대해서 어떤 점을 놓고 말하든 그들이 인생의 책임을 전적으로 느끼면서 살지 않는 것은 분명합니다. 만약 성경이 아무 것도 하지 않고 단 한 가지 일만 한다면 그것은 곧 이것입니다.

즉, 성경을 읽는 사람은 심판의 사상 때문에 이 세상에서의 삶이 너무도 심각한 일이라는 인상을 즉각적으로 받지 않을 수 없다는 것입니다. 만약 인생이 단순히 죽음으로 끝나 버리고 그것이 모든 것의 마지막이라면 이야기는 다를 것입니다. 그러나 성경은 우리들의 생명이 하나님으로부터 왔다고 말합니다. 하나님은 우리들에게 생명의 선물을 주시고, 우리를 하나님의 형상대로 만드시고, 우리에게 상당한 품위를 입혀 주셨습니다. 그런데 성경은 아울러 하나님이 우리들에게 어떤 것들을 요구하신다고 증언합니다.

그래서 우리 각자는 자기가 사는 삶에 대해서 책임을 져야 합니다. 각 사람은 자기 삶의 청지기 노릇을 어떻게 하였는지를 끝에 가서 판정받게 될 것입니다. 성경이 처음부터 끝까지 진술하는 이 심판은 개인과 사회와 국가와 민족들에게 다 같이 적용될 것입니다.

본인은 우리들이 지금 살펴보는 이 같은 교리가 많은 현대인들의 눈살을 찌푸리게 한다는 것을 잘 압니다. 사람들은 오랫동안 하나님의 마지막 심판 교리가 너무도 냉혹하고 잔인하다고 항의해 왔습니다. 사람들은 인생살이가 현재에도 험난한데 또 무슨 심판이냐고 듣기 싫어합니다.

"당신은 우리들이 힘든 세상을 조금씩이나마 주목하면서 살아갈 수 있는데 힘과 격려가 되는 설교를 하면 안되나요? 왜 당신은 '화'를 선언합니까? 그러잖아도 살기가 힘든 판에 심판 교리까지 들고 나와서 짓누르면 어떻게 살란 말입니까? 하나님은 심판의 하나님이 아니고 사랑의 하나님이십니다. 우리는 심판을 외치는 성경 구절들을 인정할 수 없습니다."

이 같은 사람들은 사랑의 하나님이 심판을 운운할 수 없다고 결정한 자들입니다. 그래서 성경의 심판 구절들을 하나님의 말씀이라고 보지 않고 빼버립니다. 그러나 인생의 현실이 이 심판의 메시지들을 다시 생각해 보게합니다. 사람들은 성경에서 심판의 교리들을 삭제시켰지만 인간의 역사가 이제 그것을 외치고 있습니다. 사람들은 조금씩 이 사실을 인정하기 시작합니다.

사람들이 심판의 교리를 배척하는 까닭은 이것을 예수님의 다른 말씀들과 조화시킬 수 없기 때문입니다. 그들은 말합니다.

"어린아이들과 함께 놀고, 죄인과 세리들의 식탁에 같이 앉으셨던 그분이 심판을 하신단 말입니까? 동정에 가득찬 눈으로 온 동네들을 다니며 병자를 고쳐 주고 '수고하고 무거운 짐진 자들아 다 내게로 오라'고 청했던 그분이 과연 '화가 있도다'라고 정죄의 심판을 내릴 수 있단 말입니까? 당신은 심판 교리를 탕자의 비유와 조화시킬 수 있습니까?"

사람들은 어떻게 해서든지 심판의 사상을 내던지려고 애씁니다. 그들은 심판이 자기들의 신관과 맞지 않는다고 말합니다. 그들의 신은 오직 사랑의 하나님이라는 것입니다.

본인은 여기서 이런 반대를 길게 반박하지 않겠습니다. 다만 간략하

하나님의 심판과 피할 길

게 지나가면서 몇 가지 대답을 제시하렵니다.

첫째, 당신이 심판의 사상을 성경에서 빼어 버리면 성경에는 남는 것이 거의 없습니다. 우리들이 어떻게 생각하고 말하든지, 우리들의 견해가 어떤 것이든지 간에, 심판은 성경 속에 기록된 필수적인 일부분입니다. 또한 심판 사상은 구태여 성경의 기록이 아니더라도, 도덕 질서의 불가결한 개념입니다. 물론 본인은 세상 사람들이 이것을 믿지 않는다는 것을 압니다. 그러니까 오늘날의 사회가 온통 무질서하고 무법으로 가득 차 있습니다. 그러나 당신이 도덕 원칙들을 믿는다면, 법과 정부를 믿는다면, 당신은 하나의 개념으로서나마 심판을 믿어야 합니다.

당신이 이것도 믿지 않는다면 당신의 눈을 사용해야 합니다. 성경의 분명한 심판 교리를 떠나서도 자연 속에 심판 사상이 있는 것을 볼 수 있기 때문입니다. 우리들이 자연 법칙을 어기면 그에 따르는 고통을 받습니다. 우리는 자연의 원리를 적당히 넘겨 버릴 수 없습니다. 내가 만약 건강 규칙들을 어기면 고통을 받습니다. 내가 만약 손가락을 불 속에 넣으면서 "나는 델 것을 믿지 않는다"고 말한다고 해도 화상의 결과가 따를 것입니다.

이 원리는 자연과 인생 자체 속에 본래부터 들어 있습니다. 마찬가지로 사고(思考)의 영역에서도 당신이 도덕 질서를 조금이라도 믿는다면 심판 개념이 필연적으로 따라야 합니다.

본인은 물론 심판 교리에 대한 반대가 내용적으로 볼 때 철학적이거나 지적인 것이 아님을 압니다. 사람들은 개념적으로 심판을 반대하는 듯이 말하지만 실제 이유는 그것이 아닙니다. 우리들은 어린아이들이 심판의 아이디어를 다들 싫어한다는 것을 압니다. 우리들도 한때는 어린아이들이었습니다. 그래서 우리 자신들의 경험으로 이 사실을 잘 압니다. 우리들이 어렸을 적에 잘못을 행했다가 벌을 받으면 부모님들이 매우 인정이 없다고 느꼈을 것입니다. 이처럼 범법자들은 심판의 아이디어가 너무 지나치다고 생각합니다.

그렇지만 이런 식의 생각이 옳은 것일까요? 물론 옳지 않습니다! 그런 생각들은 우리들이 정죄로부터 풀려 나려는 시도이며 자기 정당화를 내세우려는 짓입니다. 그것은 나의 잘못에 직면하지 않으려는 시도입니다. 나는 정당하게 나를 벌하는 분을 놓고서 그분의 행위가 옳은지 그른지를 따지고 있습니다. 그분을 생각할 때에 나 자신을 염두에 두지 않습니다. 이것은 너무도 뻔한 하나의 심리적 회피책입니다. 이것은 사상적인 문제라기보다는 어린아이의 유치성입니다.

다시 다른 측면에서 말씀드리겠습니다. 만약 인생에 심판의 원리가 없다면 착하게 살려고 힘쓰는 자들에게는 퍽 불공평할 것입니다. 만약 선과 악의 차이가 없다면 그것이 공의이겠습니까? 만약 방탕한 사람이 선한 생활을 하려고 땀을 흘리면서 일한 사람과 동일한 영광스러운 유익을 거둔다면 그것이 옳은 것일까요? 아닙니다! 그것은 전혀 공정하지 않으며 선한 사람에게 불공평합니다.

그런데 문제는 우리들이 선한 사람의 경우를 전혀 생각하지 않고 나쁜 사람만 생각한다는 것입니다. 그리고 우리 자신들이 범죄자일 때 이런 불공평을 항상 적당히 얼버무립니다.

마지막으로, 심판에 대한 그릇된 생각은 이것입니다. 만일 하나님이 아무런 탈출구를 제공하지 않고서 인간의 죄 위에 심판을 선언하신다면 우리는 아마 너무하신다고 느낄지도 모릅니다. 그러나 우리들의 성경 본문이 의심의 여지가 없이 확명하게 증명하듯이 하나님은 우리들에게 충분한 기회를 먼저 주시기 이전에는 결코 심판을 선언하시지 않습니다.

우리 주 예수 그리스도는 고라신과 가버나움과 벳새다로 걸어 들어가서서 처음으로 방문한 곳들을 향해 재앙을 선포하시지 않았습니다. 전혀 그렇지 않습니다! 주님은 정반대의 일을 하셨습니다. 주님은 사랑과 동정과 자비를 보여 주셨습니다. 주님은 구원의 복음을 그들에게 설교하셨습니다. 주님은 구원의 문을 활짝 열어 놓고 계셨습니다. 그럼에도 그들이 주님의 얼굴에 침을 뱉었을 때 주님은 재앙과 심판을 선언하셨습니다. 심판을 반대할 수 있는 이유가 성립되지 않습니다.

본인은 경외심으로 말씀드립니다. 하나님 자신의 사랑까지 쏟는 온갖 기회가 다 주어졌습니다. 십자가 이후에야 심판이 선언되었습니다. 우리들에게는 심판을 불평할 단 하나의 이의(異議)도 구실도 없습니다.

이제 이 심판 교리에 관한 반대를 제쳐두고, 심판이 어떤 원칙에서 집행될 것인지에 대한 주님 자신의 말씀을 간단히 보여 드리겠습니다. 세 가지 원칙이 있습니다.

첫째 우리들이 주 예수 그리스도를 어떻게 생각하는지에 따라 모든 사람들이 심판을 받을 것입니다. 우리 주님은 이 심판의 근거를 본문에서 매우 현격하게 드러내셨습니다. 예수님이 가버나움, 고라신, 벳새다(주님이 사시면서 권능을 많이 행하신 곳)를 두로, 시돈, 소돔, 고모라와 비교하신 점을 주목하십시오. 왜 그렇게 하셨을까요?

이사야, 예레미야, 에스겔 선지자들의 예언들을 읽어 보면 두로와 시돈보다 더 자주 이 선지자들이 정죄한 도시들이 없음을 확인할 수 있습니다. 이 도시들의 백성들은 불경스럽고 하나님을 대적했으며, 죄악된 생활을 했습니다. 시돈과 두로는 하나님의 눈에 괴악한 곳이었습니다. 그래서 선지자들의 경고와 정죄와 질책을 받았던 것입니다.

소돔과 고모라도 기회를 받았습니다. 창세기 19장을 읽어 보십시오. 소돔과 고모라는 인간의 타락으로 말미암은 온갖 거짓과 추악을 상징합니다. 이 도시들은 방탕하였고 음란하였으며 불량배들이 음탕한 눈으로 거리를 활보하는 죄의 시궁창이었습니다. 그런데 본문에서 주님이 하시는 말씀은 가버나움과 고라신이 이런 구약의 도시들보다 더 사악하다는 것입니다.

주님의 말씀에서 우리는 한 가지 분명한 의미를 깨달을 수 있습니다. 그것은 모든 인간에 대한 심판은 궁극적으로 주 예수 그리스도와의 관계에 귀착된다는 사실입니다. 가버나움과 고라신과 벳새다 도시들의 도덕적 결함에 대한 말씀이 한 마디라도 있는지 찾아보십시오. 찾지 못할 것입니다. 이 도시들의 도덕 생활이 소돔과 고모라와 같았다는 말은 본문에 없습니다. 우리들은 이 도시들이 그렇지 않았다는 것을 확신할 수 있습니다. 거기에는 악인들이 정욕에 사로잡혀 거리를 쏘다니지 않았습니다. 그럼에도 이 도시들은 소돔과 고모라보다 더 나빴습니다. 왜 그럴까요? 여기에 대답이 있습니다.

예수님은 가버나움에서 사셨습니다. 예수님은 가버나움의 거리들을 걸으셨고 그곳을 본부로 삼으셨습니다. 그뿐만 아니라 예수님의 가장 크고 놀라운 권능들이 가버나움에서 많이 행해졌습니다. 베드로, 안드

레, 빌립과 같은 사람들이 이 도시 출신들이었고, 여기서 예수님은 자신의 영광을 가장 현저하게 드러내셨습니다. 그럼에도 이 도시들의 백성들은 예수님이 전혀 그들에게 오신 적이 없는 듯이 태연하게 살았습니다. 이것이 심판의 근원입니다.

이제 현대적인 표현으로 본문을 해석해 봅시다. 당신과 내가 심판대에 설 때에 우리들이 받게 될 질문은 단 한 가지일 것입니다.

"너는 주 예수 그리스도에 대해 무엇을 하였는가?"

요한계시록은 우리들이 죽음과 무덤을 넘어 심판대에 서게 될 때에 주 예수 그리스도를 볼 것이라고 말합니다. "모든 눈이 그를 볼 것이요." 그 때 우리는 어떤 질문을 받을지를 즉시 알 수 있을 것입니다. 그 질문은 우리들이 그분에 대해 어떻게 했느냐는 것입니다. 이것이 본문에서 우리 주님이 하시는 말씀입니다.

예수께서 말씀하시기를 이 도시들은 엄청난 기회를 가졌다는 것입니다. 가버나움의 특권은 얼마나 놀라운 것이었습니까! 하나님의 아들 자신이 그곳에서 사셨습니다. 주님은 그 백성들과 함께 계셨고, 백성들은 주님의 기이한 권능들을 자기들의 눈으로 목격하였습니다. 그럼에도 예수님이 그들의 삶에 아무런 영향을 끼치지 못하였습니다. 그 백성들은 주님께 관심을 두지 않았습니다. 예수님은 이것이 곧 정죄와 심판의 근원이 된다고 말씀하셨습니다.

이 원칙은 지금도 마찬가지입니다. 우리들은 마지막 심판대에서 우리들의 선행이나 도덕이나 혹은 인생에 대한 우리들의 사상을 조사받지 않을 것입니다. 신약의 전반적인 메시지는 예수 그리스도가 심판의 근원이 되셨다는 것입니다. 이것은 대단히 심각하고 경고적인 말씀입니다. 우리 주님이 이 도시의 주민들에게 하신 말씀은 사실상 이런 것이었습니다.

"너희들은 내가 너희의 심판을 받는다고 생각했을 것이다. 너희들은 나를 지켜보고 관찰하며 나에 대한 너희 자신들의 견해를 표명하였다. 너희들은 자신들을 재판관이라고 생각했었다. 그러나 너희들은 사실상 피고석에 있는 죄수들이다. 너희들에게는 너희 속에 있던 나의 임재가 너희를 심판하고 있었다는 사실을 깨닫게 될 날이 이를 것이다."

그러므로 정말 중요한 것은 우리들이 생각하고 말하는 것이 아니고, 주님이 우리를 어떻게 보시느냐는 것입니다. 환언하면, 우리들이 주님께 속한 자들인지 아닌지가 중요합니다. 결국 결정적인 문제는 예수님께 대한 우리들의 반응입니다. 사실상 그리스도의 복음을 들으면 그만큼 책임이 증가합니다. 복음의 골자는 예수님께서 어떤 일들을 하시기 위해서 이 세상에 오셨다는 것입니다.

그렇다면 예수님이 우리들을 다르게 만든 것이 있습니까? 이것이 우리가 제일 먼저 던져야 할 질문입니다. 만약 예수님이 이 세상에 오시지 않았다면 내게 무슨 차이가 있었을까요? 예수님이 나의 생애 속으로 들어오셨습니까? 내 생애가 주 예수 그리스도의 오심으로 달라진 것이 있습니까? 만약 그렇지 않다면 나는 가버나움과 고라신과 벳새다의 백성들과 똑같은 처지에 있는 것입니다.

우리가 예수님과 어떤 관계에 있느냐는 것이 그리스도의 복음이 지적하는 핵심적인 요항입니다. 이것은 단순한 기독교 이론이나 사상의 문제가 아닙니다. 물론 이것 저것에 대한 기독교관(觀)이 있으며, 그런 견해가 중요한 주제이기도 합니다. 그러나 우리들은 여러 일들에 대한 기독교관에 관심이 쏠리기 전에 그리스도에 대한 우리들의 견해부터 확실히 해 두어야 합니다.

당신은 그리스도를 어떻게 생각하십니까? 복음은 철학이 아닙니다. 복음은 예수 그리스도라는 한 인격체와의 개인적인 만남이며 그분과의 인격적인 관계를 촉구하는 초청입니다. 내가 그리스도와 맺는 이 관계의 문제가 그 무엇보다도 중요합니다. 바로 이 문제에 관해서 내가 마지막 심판 때에 조사를 받게 될 것입니다. 다시 당신에게 간단한 질문을 하겠습니다.

예수 그리스도는 당신에게 어떤 분입니까? 만약 그분이 역사에서 삭제된다면 당신에게 어떤 영향이 있을 것 같습니까? 그분이 당신의 삶을 지배하고 형성해 갑니까? 이것은 당신이 숙고해야 할 중대한 질문입니다.

이제 두번째 심판 원칙에 대해 말씀드리겠습니다. 우리 주님에 의하면, 정죄와 심판을 피하는 길은 회개하는 것입니다. 주님은 평원의 도시들이 회개하지 않기 때문에 정죄하셨습니다. 그러면 회개란 무엇이냐고 묻는 분들이 있을 것입니다. 아주 간단하고도 직설적으로 말씀드리겠습니다.

회개란 내가 그리스도를 바라보고서, 그분에 대해 읽고서, 그분이 어떤 분이며 무엇을 하셨는지를 알고 나서 인생에 대해 새롭게 생각하기 시작하는 것입니다. 우리들은 이 세상에 살면서 우리 자신들의 생활 철학을 지니게 됩니다.

그래서 회개란 우리들이 계속해서 같은 생각으로 살지 않고, 가던 길을 멈추고 이렇게 자문해 보는 것입니다. "저 사람의 말이 옳지 않을까? 나는 저 설교자가 마음에 들지 않는다. 그렇지만 그의 말에는 진리가 있지 않을까? 나는 그의 심판교리가 싫다. 하지만 어쩌면 그의 메시지에 진리가 있을는지 모른다."

그러니까 회개의 첫걸음은 재고해 보려는 준비에서 시작됩니다. 사람들이 만약 다음과 같이 말하기 시작한다면 그들은 회개를 시작한 자들입니다.

"나는 그것에 대해 전혀 생각해 보지 않았었다. 나는 내 직업과 가족을 위해서는 항상 생각해 왔지만, 인생이 과연 무엇인지에 대해서는 전혀 고려해 보지 않았다. 나는 왜 내가 이 세상에 태어났으며 이대로 가면 어떻게 되는지에 대해 자문해 본 적이 없었다. 사실상 나는 그런 질문들을 누르고 피해 왔었다. 그러나 이제 나는 이런 문제들을 꼭 생각해 보아야 한다는 것을 깨닫는다."

그런데 이렇게 말하고 생각하기 시작한 자들은 여기서 그치지 않습니다.

"이제 생각해 보니 솔직히 말해서 지금까지 하나님으로부터 아주 멀리 떨어져서 살았을 뿐이다. 나는 이렇게 말하면서 살아왔다. '이것이 내가 생각하는 것이다. 나의 아이디어는 이것이다.' 이제 나는 그런 생각들이 잘못됐다는 것을 깨닫기 시작한다. 왜냐하면 하나님이 내 생각 속에 전혀 들어오시지 않았기 때문이다. 나는 하나님의 권위와 독특한 계시라고 주장되는 성경을 붙잡지 않았다. 나는 나 자신의 신(神)을 만들었었다. 이제 그것이 잘못된 일이었음을 깨닫는다."

이렇게 말하는 사람들은 회개의 과정을 밟는 사람들입니다. 그들은 여러 해 동안 하나님에 대해서 생각하지 않고 살아온 것을 인정합니다. 그리고 자신들이 하나님을 기쁘게 해드리려는 생각을 하지 않고 살아왔다고 자인합니다. 이들은 자신들의 잘못을 모두 인정하고서 한

걸음 더 나아가 자신들이 하나님의 사랑을 요구할 자격이 없다는 사실도 깨닫습니다. 그들은 하나님이 이 세상을 창조하셨고 그 속에 자기 자신들을 넣어 두셨다는 것을 깨닫습니다. 하나님은 그들에게 여러 가지 특권들과 건강과 힘과 사랑하는 사람들을 주셨습니다. 그러나 그들은 이것을 생각해 본 적이 없이 자기들 마음대로 살았습니다.

그러나 이제 그들은 그런 삶이 하나님께 대한 죄였음을 깨닫고, 하나님의 심판을 비판하던 자세를 내던지고 겸손히 말합니다. '나는 죄인입니다. 나는 심판을 받아 마땅한 사람입니다. 내 자식이 그렇게 행동했다면 나는 그에게 벌을 주었을 것입니다. 그런데 나는 그보다 무한히 더 악한 짓을 했습니다. 나는 하나님께 죄를 지었습니다.' 그들은 탄원할 것이 없다고 느낍니다. 그래서 그들은 무릎을 꿇고 하나님께 자신들의 죄를 인정하며 고백합니다. 그리고 그들은 하나님의 거룩한 존전으로 나아갈 수 없다고 하나님께 말합니다.

이것이 회개의 다음 단계입니다. 그러나 그들은 또 여기서도 멈추지 않습니다. 그들은 하나님과 바르게 되기를 원합니다. 그들은 자기들의 죄를 인정하고 고백하였습니다. 그 다음 그들은 자신들이 최선을 다하더라도 지나간 과거를 돌이킬 수 없다는 사실을 깨닫게 됩니다. 그들은 자신들의 모든 선함이 하나님에게는 전혀 선하지 않다는 것을 깨닫습니다.

그들은 외치며 묻습니다. "내가 무엇을 하여야 합니까?" 그들이 받는 응답은 다름 아닌 예수 그리스도의 복음입니다. 그들을 위해 예수님이 하신 모든 일들인 것입니다. 그들은 주 예수 그리스도를 믿고 그분께 자신들의 삶을 던지며 그분께 복종하라는 음성을 듣습니다. 그들은 일어나서 주님을 따라가라는 음성을 듣습니다. 그들은 그렇게 하기로 결심합니다.

회개에는 이 단계가 포함됩니다. 단순히 당신의 죄에 대해 안쓰럽게 여기는 것은 회개가 아닙니다. 그것은 후회입니다. 대부분의 사람들은 죄의 결과 때문에 후회합니다. 밤에 나쁜 짓을 하고서 아침이 되면 안타까워합니다. 그러나 그것은 회개가 아니고 후회입니다. 회개는 당신이 잘못됐다고 아는 것에 등을 돌려 대는 것을 의미하기 때문입니다. 회개는 이렇게 말하는 것입니다.

"나의 유일한 소망은 내 십자가를 지고서 그리스도를 따르는 것이다. 나는 이제 그렇게 하려고 한다. 어떤 일이 닥쳐도 좋다."

이 같은 자세로 십자가의 길을 향해 출발하는 것이 회개입니다. 우리 주님에 의하면 이 길만이 심판의 정죄를 피하는 유일한 방책입니다.

예수께서 질책하셨던 그 도시들이 회개만 했더라면, 얼마나 좋았겠습니까! 자신들을 정당화시키려고 애쓰고 예수님을 정죄하려고 하기보다 이렇게 말했더라면 얼마나 좋았겠습니까!

"주여, 우리에게 말씀하십시오. 당신이 행하신 일들을 목격하고서 우리들은 당신이 하나님의 아들이심을 깨닫기 시작했습니다. 우리들은 이제 자신들의 잘못을 보기 시작했습니다." 그들이 베드로처럼 말했더라면 얼마나 좋았겠습니까! "주여, 나를 떠나소서. 나는 죄인이로소이다." 만약 그들이 이렇게 했더라면 주님은 그들에게 손을 내밀고 그들을 잡아 주시면서 용서의 메시지를 들려주셨을 것입니다.

끝으로, 종국적인 정죄를 받은 사람은 누구도 변명이나 탄원을 할 수 없는 상태로 내버려질 것입니다. 예수 그리스도께서 우리들에게 가능한 모든 것을 다 해주셨기 때문입니다. 본문에 언급된 도시들을 생각해 보십시오. 비극이라고 느껴지지 않습니까? 그들 가운데 하나님의 아들이 사셨습니다. 그들은 주님의 기적들을 보았습니다. 백부장의 병든 종이 가벼나움에서 나았습니다. 어떤 신하의 아들도 거기서 나았습니다.

우리 주님은 벳새다의 어떤 집에서 유숙하셨습니다. 베드로, 안드레, 요한이 모두 벳새다 출신이었습니다. 예수님이 한 소경의 눈을 뜨게 하신 곳도 벳새다 교외였습니다. 주님은 이곳에서 놀랍고 경이로운 큰 일들을 행하셨습니다. 그곳의 사람들은 주님의 권능을 모두 알고 있었습니다. 그들은 위에서 언급한 세 제자들과 또 다른 제자들의 삶에 변화가 온 것을 보았습니다. 이 모든 일들은 그들의 눈 앞에서 일어났습니다.

이제 당신에게 묻겠습니다. 위에서 언급한 사람들에 대해서 어떻게 생각하십니까? 볼 것을 다 보고서도 코웃음을 치며 예수께로 돌아가지 않는 사람들에 대해서 어떻게 말하겠습니까? 불난 집에 갇힌 사람을 구하기 위해서 고가 사다리를 위험을 무릅쓰고 올라간 소방서원이 구조를 해 주겠다는데 이를 거부하는 사람이 있다면 어떻게 하겠습니까? 물에 빠져 죽어가는 사람에게 구명대를 던져 주었는데 이것을 받지 않고 밀어 내는 사람에게 무엇이라고 말하겠습니까? 소방서원의 손을 잡기만 하면 되고, 구명대를 붙잡기만 하면 살텐데 이 모든 생명의 길을 거절하는 사람들에 대해서 당신은 어떻게 생각하십니까?

하나님의 독생자이신 나사렛 예수님은 단 한 가지 커다란 이유로 이 세상에 오셨습니다. 그 이유는 남녀 인간들이 모두 죄를 짓고 율법의 정죄와 하나님의 진노 아래 있기 때문입니다. 아마 당신은 심판의 아이디어를 싫어한다고 말하는지 모릅니다. 그러나 심판은 본인이 이미 지적한 대로 복음 메시지의 필수적인 부분입니다. 다시 당신에게 묻겠습니다. 당신은 성경에서 말하고 있지 않는 어떤 가설이나 이론에 근거해서 당신의 영원한 운명을 내맡기겠습니까? 심판 교리는 인간의 이론이 아니고 성경의 엄연한 가르침입니다. 당신은 이 진리의 말씀을 수락할 용의가 있습니까? "그것은 사람에게 겁을 주는 것이오"라고 말할는지 모릅니다. 두려움이 나쁜 것입니까?

　어떤 사람이 자기 몸 속에서 자라고 있는 암에 대해 의사의 진단을 받고 이를 제거시키지 않으면 생명을 빼앗긴다는 말을 들었다고 합시다. 그 환자가 의사의 말에 동의하고 수술을 받겠다고 한다면 그 사람을 두려움의 희생자라고 보아야 합니까? 나는 그 환자가 매우 현명한 사람이라고 말하겠습니다. 경고를 받고서 겁을 내지 않으려는 것은 정상이 아닌 바보가 되려는 것입니다.

　두려움! 네, 그것은 좋은 것입니다. 당신은 재앙으로부터 당신을 구해 낼 수 있는 경고를 들었습니까? 성경에는 두려움의 요소가 있습니다. 그러나 그것은 하나님의 사랑 때문에 있습니다. 하나님께서 우리들에게 원하시는 삶이 있습니다. 우리들이 하나님의 은혜로우신 부름에 불응한다면 우리는 멸망할 것입니다. 하나님은 세상을 너무도 사랑하셔서 이 두려움의 요소를 끌어들였습니다. 그러나 우리들에게 필요한 것은 모두 예수 그리스도 안에서 제공되었습니다.

　그리스도는 우리들의 죄와 그 죄의 형벌과 죄책을 감당하기 위해 오셨습니다. 우리들에게 필요한 모든 것들이 예수님 안에 준비되어 있습니다. 새 생활, 새 능력, 새 소망, 죽음과 무덤을 초월하는 영원한 복, 이 모든 것들을 복음이 제공해 줍니다. 만약 우리들이 이 복음에 관심을 두지 않거나 무시해 버리거나 혹은 욕을 한다면 무엇이 우리를 기다리겠습니까? 우리들을 기다리고 있는 것은 재난과 비애와 고통입니다.

원컨대 주께서 우리들의 눈을 열어서, 본문에 기록된 사악한 도시들의 운명을 보게 하시고, 동시에 주님을 대면하지 않고 주님의 복음을 거절하며 주께 우리 자신들을 복종시키지 않는 커다란 어리석음의 비극을 깨닫게 하시기를 빕니다.

어린 아이들

•

"그 때에 예수께서 대답하여 가라사대 천지의 주재이신 아버지여
이것을 지혜롭고 슬기 있는 자들에게는 숨기시고
어린아이들에게는 나타내심을 감사하나이다 옳소이다 이렇게 된 것이
아버지의 뜻이니이다 내 아버지께서 모든 것을 내게 주셨으니
아버지 외에는 아들을 아는 자가 없고 아들과 또 아들의 소원대로
계시를 받는 자 외에는 아버지를 아는 자가 없느니라."
마태복음 11:25~27

마태복음 11장의 주제는 사람들
이 예수님에게 걸려 넘어지는 문제를 놓고 우리로 하여금 주님을 대면
하게 하는 것입니다. 예수님은 하나님이 이 세상으로 보내신 분입니
다. 이분은 인류에게 크나큰 구원을 주시려고 오셨습니다. 그럼에도
사람들은 예수님께 달려가서 그분을 맞이하고 자신들을 그분께 맡기
지 않습니다. 오히려 사람들은 예수님을 언짢게 여기고 그분을 받아들
이는데 어려움을 느낍니다.

우리들은 지금까지 예수님이 지적하신, 사람들의 거부 이유들을 함께 고찰하였습니다. 그러나 본문에서 예수님은 어떤 의미에서 논평을 하시는 것이 아니고 하나의 선언을 하십니다. 주님은 이제 인간들이 예수님에 대해 보이는 반응 문제를 전체적으로 보십니다. 말하자면 주님은 인간들의 실패에서 눈을 돌려 하나님이 행하신 놀라운 일을 보십니다. 인간들은 그리스도의 복음을 깨닫지 못하였습니다. 그럼에도 주님은 복음의 영광이 조금도 손상을 입지 않았다고 말씀하십니다. 이 얼마나 놀라운 일입니까!

그런데 주께서는 이 말씀을 하시면서 인류를 두 종류로 가르십니다. 주님은 본 항목에서 자주 두 그룹의 사람들로 구분하셨습니다. 한 그룹은 '지혜롭고 슬기있는 자들'이고, 다른 한 그룹은 '어린아이들'입니다. 우리 주님의 말씀에 의하면 사람들이 그리스도인이 못 되는 이유는 그들이 궁극적으로 교만하기 때문입니다.

'지혜롭고 슬기 있는 자들'은 자기들이 무엇을 안다고 여기는 지적 교만에 빠진 사람들입니다. 그들은 이 세상의 지혜만으로 충분하다고 믿습니다. 그들은 우리들이 시간이라고 부르는 이 순례의 삶을 현 세상에서 사는 것이 무엇인지를 이해한 것처럼 생각합니다. 그들은 계속해서 같은 모양으로 살아가면서 자기들의 이해와 지식, 세상적 지혜와 인간의 철학들이 충분하다고 자족합니다. 주님은 사람들이 이런 생각을 하기 때문에 하나님의 나라 밖에 있다고 말씀하십니다.

우리는 '지혜롭고 슬기 있는것'이 단순히 지성을 의미한다고 보아서는 안 됩니다. 우리 주님은 지적인 사람들이 모두 그리스도인이 아니라고 말씀하시는 것이 아닙니다. 바울이나 누가와 같은 사람들은 지적이었지만 그리스도인들이었습니다. 기독교사에서 지적이었던 위대한 성도들을 우리는 쉽게 열거할 수 있습니다. 주님의 뜻은 이것입니다. 지혜롭고 슬기 있는 자들은 지적이 아닌 사람들은 아니지만 그들은 세상적인 지혜와 이해에 만족합니다. 주님의 말씀은, 누구든지 그런 입장에 놓여 있는 자들은 하나님 나라에 들어가 있지도 않고, 하나님이 또한 그들로부터 숨으시며, 그들에게 그리스도 안에 있는 경이로운 구원의 길을 안 보여 주신다는 것입니다. "천지의 주재이신 아버지여 이것을 지혜롭고 슬기 있는 자들에게는 숨기시고 어린아이들에게는 나타내심을 감사하나이다."[1]

그럼 여기서 어린아이들로 묘사된 다른 그룹의 사람들은 어떨까요? 이들은 물론 문자적인 어린아이들 즉 유아들이 아님이 분명합니다. 그렇지 않다면 이것은 신약의 역사와 그 이후에 후속된 교회사와 모순됩니다. 모든 연령의 사람들이 회심하고 교인이 됩니다. 회심하는데 특별한 연령이 있지 않습니다. 누구나 아무 때라도 회심할 수 있습니다. 복음은 젊은이들뿐만 아니라 나이 많은 사람들도 젊은이들 못지않게 쉽게 회심시킵니다. 심리학자들은 그렇지 않다고 말하겠지만, 그들은 사실과 맞지 않는 이론들을 내세울 뿐입니다. '어린아이들'을 나이로 이해해서는 안 됩니다.

또한 이들을 무지하거나 지성이 부족한 자들로 간주해서도 안 됩니다. 역시 바울과 같은 사람들의 실례가 이를 부정합니다. 당신이 바울을 자연인으로서 어떻게 평가할지 모르지만, 그를 결코 지적 어린아이로는 취급할 수 없을 것입니다. 그는 이 세상이 낳은 가장 지적인 거장의 한 사람이었기 때문입니다. 주님은 '어린아이들'이라는 말을 '지혜롭고 슬기 있는 자들'에 대한 대칭어로 사용하셨습니다. '어린아이들'은 자신의 부족을 알고 주께로 나아온 사람들을 가리킵니다. 그들은 자신들이 잘 모른다는 사실을 깨달을 수 있는 지혜를 가진 자들이었습니다. 그들은 자신들의 이성을 매우 잘 사용하였기에 이성의 한계를 깨달을 수 있었습니다.

바울의 표현을 빌리면, 그들은 지혜롭게 되기 위해서 바보가 된 사람들입니다. '어린아이들'은 이렇게 말하는 사람들입니다. "이런 것들에 직면해 보니 내가 정말 어린아이에 불과하다는 것을 깨닫는다. 나는 무지(無知)한 사람이다. 나는 아무 것도 아니다."

이것은 지혜롭고 슬기 있는 자들의 태도와 정반대입니다. 지혜롭고 슬기있는 자들은 무엇을 좀 안다고 여기고, 지혜와 이해력이 많아서 더 배울 것이 없다고 생각합니다. 그래서 그들은 복음에 대해 무관심합니다.

한편 '어린아이들'은 자신들의 무력성을 절감하고 갓난 아기들처럼 스스로는 아무 것도 못한다고 느낍니다. 이 같은 어린아이들의 단순성이 있기 때문에 그들은 복음을 들을 준비가 되어 있고, 자신들을 내맡기며, 복음을 기꺼이 받아들이게 됩니다. 주님은 이렇게 말씀하신 적이 있습니다.

"가라사대 진실로 너희에게 이르노니 너희가 돌이켜 어린아이들과 같이 되지 아니하면 결단코 천국에 들어가지 못하리라"(마 18:3).

이것이 본 문제를 긍정적으로 보는 관점입니다. 예수님의 말씀은 이렇게 풀어서 옮길 수 있습니다.

"하나님의 나라와 그리스도 밖에 있는 자들이 많다. 이들이 자신을 지혜롭고 슬기 있는 것처럼 생각하기 때문이다. 그러나 하나님께 감사할 것은 이 구원의 길을 받아들이는 자들이 또한 많다는 사실이다."

주님은 본문에서 주께서 이 세상에 오셔서 인류를 위해 행하시는 구원이 얼마나 위대하고 영광스러운 방법으로 이루어지는지를 말해 줍니다. 주님은 "천지의 주재이신 아버지여……감사하나이다"라고 하나님을 찬양합니다. 주님은 공적으로 하나님의 명예와 영광을 고백하고 인정합니다. 주님은 하나님의 구원 방법이 경이롭다고 찬양합니다.

"복음에 걸려 넘어지는 자들이 있음에도 불구하고 나는 하나님의 나라로 들어가는 자들을 볼 때 복음의 온전성을 인정하고 고백하지 않을 수 없다."

그럼 왜 주께서 이러한 구원 방법을 놓고 하나님을 찬양하고 감사하였을까요? 그 해답은 간단하다고 봅니다. 우선 이것이 계시의 문제이기 때문입니다. "천지의 주재이신 아버지여 이것을 지혜롭고 슬기 있는 자들에게는 숨기시고……감사하나이다." 그런데 이 복음은 "어린아이들에게는 나타내심"이 되었습니다. "옳소이다 이렇게 된 것이 아버지의 뜻이니이다" 예수님은 이어서 말씀하셨습니다.

"내 아버지께서 모든 것을 내게 주셨으니 아버지 외에는 아들을 아는 자가 없고 아들과 또 아들의 소원대로 계시를 받는 자 외에는 아버지를 아는 자가 없느니라."

그럼 이 계시의 의미는 무엇일까요? 먼저 부정적으로 말씀드리면, 그것은 어떤 사고의 과정을 거친 결과로 이르게 되는 결론이나 발견이 아닙니다. 우리는 복음과 구원을 하나의 탐색으로 생각하지 말아야 합니다. 20세기에 와서 복음과 구원을 이렇게 보는 것이 유행하고 있습니다. 사람들은 발견에 흥미가 있습니다. 우리들은 모두 진리를 탐구해 보고 궁극적인 지식의 실체에 대한 멋진 탐색에 관심을 두어 왔습니다.

그렇지만 신약은-구약도 마찬가지지만-이와 정반대인 계시로써 우리들에게 도전합니다. 성경의 진리는 인간들의 독서와 연구와 명상과 숙고에 의해 도달되는 사고의 결과가 아닙니다. 그것은 하나님이 우리들에게 주시는 어떤 것입니다. 한 가지 예시로써 성경의 계시가 어떤 것인지를 설명해 보겠습니다.

우리들이 한 건물 속에 있다고 가정해 보십시오. 우리는 무엇을 찾으려고 애를 써보지만 완전히 실패하고 맙니다. 우리들이 보는 것이 있다면 고작 어떤 거대한 스크린뿐입니다. 우리들은 마침내 무엇을 얻어낼 것으로 자신하며 탐색을 계속하지만 아무 것도 발견하지 못합니다. 그래서 결국에는 완전히 실망하고 지친 나머지 모든 기대를 거의 내던지게 될 즈음에 놀랍게도 스크린이 갑자기 거두어지면서 경이로운 장면이 나타납니다. 바로 이런 것입니다.

계시는 베일이 벗겨지고 드러나는 것입니다. 그것은 우리들에게 분명하게 보여지는 어떤 것이지, 우리들의 노력으로 얻어지는 발견이 아닙니다. 계시는 우리들 앞에 전개되는 것으로써 우리들을 경이로움과 놀라움으로 가득 차게 합니다.

계시에 대한 중요한 열쇠가 없이 성경을 읽으면 무의미합니다. 성경이 무엇입니까? 구약을 보십시오. 그것은 남녀 인간들이 무엇을 탐색한 것의 기록이라고 말할 수 없습니다. 어떻게 그렇다고 하겠습니까? 아닙니다. 그와 정반대입니다. 구약의 이야기는 이런 것이 아닙니까?

인간들이 그릇된 짓을 하고 하나님께 등을 돌려 댑니다. 그들은 우상들을 만들어 섬깁니다. 그러나 하나님은 그들에게 가서 말씀하십니다.

환언하면, 하나님이 인간들에게 무엇을 하시고 그들에게 어떤 것을 보여 주십니다. 이것이 계시입니다. 그것은 하나님의 활동입니다. 이렇게 보지 않고서는 구약을 제대로 설명할 수 없습니다. 구약 전체에서 하나님이 줄곧 내려오셨고 인간들에게 나타나셨습니다. 아브라함을 그의 본토에서 부르시고, 그를 가나안으로 데리고 가시고, 그를 한 나라가 되게 하신 분이 하나님이 아니었습니까? 이삭에게 말씀하셨던 분도 하나님이 아니었습니까? 죄짓기를 밥 먹듯이 하고 하나님을 늘상 잊어버렸던 야곱에게 말씀하셨던 분도 하나님이 아니었습니까? 하나님은 계속해서 야곱에게 오셨고 그에게 약속을 해 주셨습니다.

하나님은 또한 이스라엘 백성들에게 사사들과 왕들을 주셨습니다. 하나님은 그들에게 선지자들을 보내셨습니다. 하나님께서 그들의 길을 인도하셨고, 그들을 하나님께로 다시 돌이키기 위해서 적군들을 일으키셨습니다. 처음부터 끝까지 하나님이 모두 하신 일이었습니다.

그런데 무엇보다도 하나님은 자기 아들을 세상에 보내셨습니다. "때가 차매 하나님이 그 아들을 보내사 여자에게서 나게 하시고 율법 아래 나게"(갈 4:4,5) 하셨습니다. 이것은 신약의 크나큰 메시지입니다. 우리는 처음부터 하나님의 활동을 볼 수 있습니다. 하나님이 인간들에게 무엇을 보여 주십니다. 이것이 출발점입니다.

구원은 모두 하나님에게서 오는 것입니다. 우리들이 구원을 이렇게 볼 때 왜 그 많은 사람들이 복음을 거절하는지 더 분명해지지 않습니까? 자연인은 계시의 아이디어를 아주 싫어합니다. 왜 그렇습니까? 자기가 지혜롭고 슬기 있다고 생각하기 때문입니다. 자기가 무척 지적이고 이해력이 충분하다고 자랑하기 때문입니다. "나는 어린아이 취급을 받지 않겠다. 나는 내 손과 머리와 내 능력으로 내가 원하는 지식에 이를 수 있다." 계시는 이런 생각을 처음부터 거짓이라고 지적합니다.·

사람들은 계시가 자신의 노력과 재주로 얻어지는 것이 아니기 때문에 싫어합니다. 그리고 계시의 아이디어가 자기들의 지적 결론이나 발견에 정면으로 도전하므로 이를 못마땅하게 여깁니다. 바울의 말을 들어 보십시오.

"하나님의 지혜에 있어서는 이 세상이 자기 지혜로 하나님을 알지 못하는 고로 하나님께서 전도(설교한 것)의 미련한 것으로 믿는 자들을 구원하시기를 기뻐하셨도다"(고전 1:21).

이것이 첫번째 대원칙입니다. 우리가 여기서 빗나가면 어떻게 다른 부분에서 올바르게 되겠습니까? 만약 우리들의 출발점이 그릇되면 우리들의 여행은 모두 망쳐질 것입니다.

복음의 시작은 계시가 구원의 방법이라는 선포에서 출발합니다. 복음 메시지는 인간이 고안했거나 성취한 것이 아니고 하나님의 마음 속에서 나온 것입니다. 그것은 하나님이 보여 주고 건네 주는 것입니다. 그것은 하나님이 계시하신 것이며, 전적으로 하나님 편에서 온 것입니다. 인간은 이 하나님의 계시에 공헌한 것이 아무 것도 없습니다.

이제 이 절대적인 원칙을 잠시 접어 두고 두번째 진술로 넘어가겠습니다. 다시 한 가지 질문을 던집니다. 왜 하나님의 구원의 길이 계시에 의해서 열려야 합니까? 그것이 인간의 발견이나 성취에 의해서 되지 못할 이유는 무엇입니까? 우리 주께서 본 문맥에서 이 질문에 부분적으로 대답해 주십니다. 이것 역시 신약 전체의 대주제입니다.

구원의 길이 인간의 발견이 아니고 하나님의 계시이어야 하는 이유는 하나님이 위대하신 분이기 때문입니다. "천지의 주재이신 아버지여……감사하나이다." 하나님에 대해서 무척 잘 알고 하나님의 철학을 이해한다고 유식하게 종교적 토론과 논쟁을 하기란 얼마나 쉬운 일인지 모릅니다.

그러나 우리들의 큰 문제의 하나는 우리가 하나님이 누구시며 어떤 분이신지를 망각하고 있기 때문이 아닙니까? 하나님은 천지(天地)의 주인이십니다! 우리들의 지력은 너무도 미미하여 도대체 '천지의 주재' 라는 개념조차 거의 와 닿지 않습니다. 하나님은 영원부터 영원까지 창조주이시며, 조물주이시고, 만물의 보존자이십니다.

우리들은 대단히 큰 세계에서 살고 있습니다. 우리는 이 큰 세계를 이해하지 못합니다. 인간들은 과학을 발전시키고 많은 지식을 쌓으며 발견에 발견을 계속합니다. 우리들은 수천 년 동안 쉬임없이 탐색할 수 있을 것입니다. 그러나 우리들은 결코 이 세상의 신비를 풀지 못할 것입니다.

이제 우주를 생각해 보십시오. 태양과 달과 별들과 여러 위성들을 생각해 보십시오. 하나님이 이 모든 것들을 무(無)에서 창조하셨습니다. 하나님은 "천지의 주재"이십니다. 하나님은 우리들이 볼 수 있는 것 뿐만 아니라 우리가 전혀 알지 못하고 상상해 보지도 못한 그 모든 것들의 주인이십니다. 하나님은 만물의 창조주이십니다. 하나님은 만물을 통어(統御)하시고 보존하시는 분입니다.

그런데도 우리 작은 인간들이 그처럼 위대하신 분을 이해하고 찾을 수 있다고 주장할 수 있겠습니까? 하나님의 위대하심에 대한 한 가지 사실을 아는 일조차도 절대적으로 불가능합니다.

여기에 하나님의 속성까지 더 얹어 보십시오. "아버지여 감사하나이다." 우리 주님께서도 하나님을 부르실 때 형용사를 붙인다는 사실을 생각해 보십시오. 요한복음 17장에서 예수님은 제사장적인 기도를 드리면서 "거룩하신 아버지여"라고 하셨습니다. 그 누구도 우리 구주 예수 그리스도처럼 하나님의 거룩함을 깊이 인지한 자가 없습니다.

주기도에서 주님이 어떻게 기도하셨는지를 주목하십시오. "하늘에 계신 우리 아버지여 이름이 거룩히 여김을 받으시오며" 기독교에 대해 논쟁을 벌이기란 얼마나 쉬운 일입니까! "나는 이렇게 생각합니다. 나는 그렇게 생각하지 않습니다. 나는 하나님이 이렇게 하시면 안 된다고 생각합니다. 나는 이런 저런 것을 믿습니다." 하지만 당신은 누구에게 그런 말을 하는지를 인식하고 있습니까? 그분은 하나님이십니다. 접근할 수 없는 빛 속에 계시는 완전하시고 절대적인 광명의 하나님이십니다. 누구도 하나님을 보고서 살아 남은 자가 없습니다. 누구도 하나님을 본 자가 없습니다. 그 누구도 하나님의 원대하심과 장엄하심과 거룩하심을 온전히 보고서 생존한 사람이 없습니다.

이제 다른 측면에서 본(本)문제를 보십시오. 만일 하나님의 속성이 계시를 불가결하게 한다면 인간의 속절없는 상태는 계시를 얼마나 더 절급하게 하는 것이겠습니까! 우리들은 얼마나 작은 존재들인지 모릅니다. 우리들 자신의 세계에도 당황하게 되고, 서로 품위 있게 공존하지도 못합니다. 우리는 자신을 이해하는 것은 고사하고 스스로의 삶도 제대로 영위하지 못합니다. 우리 자신들에 대해서 얼마나 자주 실망을 합니까!

우리들은 극히 작은 피조물들입니다. 우리는 작은 머리를 가지고 있습니다. 우리는 항상 따라다니는 여러 가지 문제들을 놓고서 해결도 보지 못하는 주제에 하나님을 이해하고 찾을 수 있다고 주장합니다. 너무도 제한된 미흡한 인간들이 하나님을 보고 마치 동격이나 되듯이 말을 합니다. 욥기 9장을 읽고 당신이 지금 그 상태에서 하나님을 찾을 수 있다는 생각을 완전히 제거하십시오.

이제 우리들의 연약성을 보십시오. 우리들의 능력이 아무리 크다 해도 그것으로 충분하지 않습니다. 그래서 우리들은 연속적으로 좌절합니다. 그 위에 우리들의 죄악성을 얹어서 생각해 보십시오. 우리들은 솔직하게 우리가 본질적으로 하나님과 다른 존재라는 사실을 인정해야 합니다. 하나님의 거룩하신 본성을 인식하면 우리들은 그분이 우리와 영원한 대조가 되신다는 것을 깨닫습니다. 하나님은 무한히 크시고 나는 무한히 작습니다. 우리들이 여기서 관심을 두는 것은 이 모든 것들에 대한 약간의 지식이나 어떤 지적인 탐색이 아니라 하나님 자신을 아는 문제입니다.

그런데 어찌 이 연약하고 죄 많고 미미한 인간이 스스로의 능력이나 생각으로 그처럼 장대하시고 거룩하신 하나님을 알 수 있겠습니까? 우리 주님의 말씀에 다시 귀를 기울이십시오. "내 아버지께서 모든 것을 내게 주셨으니 아버지 외에는 아들을 아는 자가 없고 아들과 또 아들의 소원대로 계시를 받는 자 외에는 아버지를 아는 자가 없느니라."

이렇게 아버지를 아는 것은 분명 피상적으로 혹은 간접적으로 아는 것이 아닙니다. 그것은 직접적이고 각별하게 아는 지식입니다. 다시 말해서 매우 가까운 친교를 의미합니다. 우리들이 여기서 말하는 것은 하나님의 어떤 속성들에 대한 교과서적인 지식이 아닙니다.

본인은 인간들이 자연을 연구하면, 그들이 편견없이 똑바르게 사고한다면 상당수의 유수한 현대 과학자들이 인정하려고 하듯이, 우주 뒤에는 어떤 정신 내지는 창조주가 있다는 확신에 이를 것이라고 믿습니다.

그러나 우리들의 현 관심사는 단순히 하나님에 대해서 그분을 하나의 창조주나 능력이나 또는 통제자로서 아는 것이 아닙니다. 우리들에게 정말 필요한 것은 하나님을 개인적으로 아는 것입니다. 우리들이 어려움에 처했을 때, 무슨 문제가 있을 때에 하나님께 나아가서 말할 수 있고 또한 하나님이 거기 계신 것을 우리가 아는 것이 필요합니다. 하나님이 우리의 말을 들으시고 우리가 그분의 말씀을 들을 수 있으며 그분으로부터 복을 받을 수 있어야 합니다. 우리들이 이 세상에 살면서 인생의 실패에 직면했을 때 우리에게 필요한 것은 바로 이와 같은 하나님과의 친밀한 교제입니다. 우리들이 죄를 지었을 때, 우리들의 양심이 우리를 정죄할 때에, 우리들이 후회와 불행에 덮였을 때 우리들이 직접 가서 만날 수 있는 하나님이 우리에게 필요합니다. 온 세상이 우리들을 기쁘게 하거나 안식을 주지 못할 때에 우리들이 바라보고 그리워하며 도움을 받을 수 있는 분은 하나님이십니다. 하나님을 이처럼 아는 것이 우리 모두에게 필요합니다. 시편 기자는 이렇게 읊었습니다.

"하나님이여 사슴이 시냇물을 찾기에 갈급함같이 내 영혼이 주를 찾기에 갈급하나이다"(시 42:1).

이 시편 기자에게는 하나님을 알고 싶은 갈망이 있었습니다. 바로 이것이 우리 주님께서 뜻하시는 말씀입니다.

"아버지를 아는 자가 없느니라"는 말씀은 예수님이 당신에게 하나님을 계시하지 않으면 당신이 결코 하나님을 아버지로서 알 수 없다는 뜻입니다.

어떻게 우리들이 하나님을 알 수 있겠습니까? 하나님의 위대하심과 그분의 거룩성에 비추어 우리들의 속절없는 상태를 생각해 보십시오. 우리가 하나님을 아는 일은 불가능합니다. 그럼에도 우리들은 하나님을 알아야 합니다. 그것이 우리들의 필요입니다. 계시는 절대적으로 필수적입니다.

인간들은 옛적부터 하나님을 찾으려고 노력해 왔었고, 그분을 알려고 시도해 보았습니다. 그리스도의 이방 철학자들을 생각해 보십시오. 그들은 하나님을 추구하려고 했던 사람들이었습니다. 그들은 인생의 의미와 목적을 추구하였습니다. 이에대한 해답은 단 한 가지였습니다. 그것은 만물 뒤에 하나님이 계신다는 것이었습니다. 그리스 사람들은 이 하나님의 필요를 절감하였습니다.

우리는 이 사실을 사도행전 17장에서 확인할 수 있습니다. 바울은 아덴을 방문하였는데, 그곳은 각종 신(神)들을 위한 신전으로 가득 찬 곳이었습니다. 그중에는 '알지 못하는 신에게' 라고 새긴 신전도 있었습니다. 바로 이것입니다. 그들은 쥬피터(Jupiter)와 마르스(Mars) 신을 비롯한 여러 잡신들을 섬겼습니다. 그럼에도 그들은 그 모든 신들 뒤에 다른 한 신 곧 '알지 못하는 신' 이 있다고 느꼈습니다.

인간들은 언제나 이 하나님을 찾으려고 애써 왔습니다. 그들은 이 하나님 속에 궁극적인 만족이 있을 것으로 믿고 그분을 찾았습니다. 그러나 그들은 하나님을 찾지 못합니다. 인간들은 도움을 받지 않고 하나님을 찾은 적이 없습니다. 우리들이 아버지로서 알고 싶어하는 그하나님은 천지의 주재이시기 때문입니다. 계시는 절대 필수적입니다.

계시가 없으면 인간들은 어둠에 머물러 있을 수 밖에 없습니다.

  이제 그럼 계시의 내용도 살펴봅시다. 우리 주님께서 하나님을 찬양하고 그 크신 이름을 드높이신 이유의 하나도 이 계시의 내용 때문이었습니다. "내 아버지께서 모든 것을 내게 주셨으니." 이것이 계시입니다. 우리 주님께서 다시 한 번 자신에 대한 엄청난 주장을 하십니다. 즉 주님을 떠나서는 하나님을 알 수 없다는 주장입니다.
  다시 말해서 하나님이 이 세상의 모든 세력들을 주님께 넘겨 주셨다는 것입니다. 우리들이 이 말씀을 제대로 포착했는지 모르겠습니다. 창조주께서 모든 것을 자기 아들에게 넘겨 주셨습니다. 그래서 이제 그 모든 것들이 예수 그리스도 안에 있습니다.
  그런데 주님을 떠나서 하나님께 도달할 수 있는 것처럼 생각하거나 그런 가능성에 대해 이야기하는 것이 얼마나 모순되고 어리석습니까! 하나님은 모든 것을 주님께 맡기셨습니다. 그리스도가 중심점입니다. 그리스도는 절대적으로 필요하신 분입니다. 이것이 현 시점에서 주님이 가장 크게 강조하시는 선언입니다. 예수님은 다른 곳에서도 비슷한 선언을 하셨습니다.
  "내가 곧 길이요 진리요 생명이니 나로 말미암지 않고는 아버지께로 올 자가 없느니라"(요 14:6).
  이것이 곧 계시의 내용입니다. 나사렛 예수인 주님은 자신이 다름 아닌 하나님의 아들이시며 하나님의 보내심을 받고 이 세상에 오셨다고 주장하였습니다. 남녀 인간들은 하나님께 죄를 지었습니다. 그래서 인간들은 하나님의 진노 아래 있습니다. 따라서 하나님은 인간들의 죄를 벌하셔야 하는데 그것은 죽음이요 하나님과의 분리입니다. 그래서 우리 주님이 하나님의 보내심을 받고 이 문제를 해결해 주시려고 이 세상에 오셨다는 것이 주님 자신의 증언입니다.

이 하나님의 계시가 '지혜롭고 슬기 있는 자들에게는 숨기시고 어린아이들에게는 나타내심'이 되었습니다. 그리스도는 하나님의 아들이십니다. 그리스도는 단지 말씀을 가르치고 기적을 행하시기 위해서 이 세상에 오신 분이 아닙니다. 그리스도가 세상에 오신 참목적은 십자가에 달려 죽으시기 위한 것이었습니다.

히브리서 기자는 하나님이 예수님을 보내신 목적은 "모든 사람을 위하여 죽음을 맛보려 하심"(히 2:9)이었다고 진술하였습니다. 예수님은 갈보리 언덕의 십자가 위에서 자신의 존귀하신 몸으로 인류의 죄를 대신 지기 위해 오셨다고 증언하셨습니다. 십자가 위에서 예수님은 우리 죄를 대신하여 형벌을 받으셨습니다. 이것이 곧 '어린아이들'이 이해했던 메시지입니다. 이 구원의 메시지는 이처럼 간단합니다.

하나님은 그리스도 안에서 십자가를 통하여 구원의 길을 터놓으셨습니다. 하나님은 당신의 독생자 속에서 죄를 형벌하심으로써 그리스도를 믿고 이 사실을 또한 믿는 모든 자들에게 값없는 용서를 거저 주실수 있게 되었습니다.

그럼 우리들이 어떻게 해야 하겠습니까? 아무 것도 할 일이 없습니다. 그저 그리스도를 믿고 용서의 선물을 값없이 받으면 됩니다. 우리는 얼마나 어리석은 존재들인지요!

"내가 무엇을 해야 하는지 말해주십시오. 나를 위해 프로그램을 하나 짜 주십시오. 내가 그런 식으로 하나님을 발견할 수 있다면 그 일을 수행하겠습니다. 나는 선한 삶을 살려고 합니다. 나는 자신을 그리스 도인으로 만들고 싶습니다. 내가 하나님을 기쁘게 해드리겠습니다."

이런 생각을 집어 던지십시오! 그것은 하나님의 방법이 아닙니다. 당신과 내가 아무리 땀을 흘리면서 노력하더라도 죄를 속죄할 수 없습니다. 내가 이미 내 생애에서 저지른 것을 다시 바로잡지 못합니다. 내 존재의 기록부에 찍힌 얼룩들을 나는 지우지 못합니다. 그것들은 그대로 남아 있습니다. 내가 아무리 애써도 나는 내가 원하고 또한 마땅히 살아야 할 올바른 삶을 결코 살 수 없습니다. 나의 모든 노력과 시도는 모두 무용합니다.

그러나 하나님께 감사하십시다. 우리들의 무력한 노력과 실패가 문제되지 않습니다. 하나님의 구원의 길은 나의 모든 죄와 실패와 수치를 아들(예수님)에게 씌워서 벌을 주고 처리하는 것이기 때문입니다. 그래서 하나님은 나를 값없이 용서해 주십니다. 나는 아무 할 일이 없습니다. 다만 어린아이들처럼 하나님의 구원을 믿고 그것을 의지하면 됩니다. 내가 구원받기 위해서 할 일은 아무 것도 없고 다만 이렇게 자신에게 말하면 됩니다.

"내가 할 수 있는 일로써는 나를 하나님과 바른 관계에 놓이게 하지 못한다. 나는 하나님이 모든 일을 행해 주셨다는 것을 믿는다. 나는 하나님을 의존한다. 나는 하나님을 믿고 나의 생애를 그분께 던진다. 나는 하나님의 선물을 받는다."

자신감에 가득 찬 지혜롭고 슬기 있는 자들은 하나님 나라 밖에 있습니다. 그렇지만 구원의 복음은 어린아이들에게 계시되었습니다. 하나님의 나라 속으로 들어오는 사람들은, 자신들 스스로 하나님을 찾으려는 노력과 거룩하신 하나님 앞에 자력으로 서 보려는 시도가 전혀 무익하다는 사실을 통감한 사람들입니다.

그들은 예수 그리스도가 하나님의 아들이시며, 모든 것이 예수님께 맡겨졌으며, 주님의 십자가 죽음과 부활에 의해 하늘의 문이 우리들에게 열려진 것을 믿는 자들입니다. 이들은 오직 이 하나님의 구원에만 전적으로 의존합니다. 이것이 계시의 내용입니다.

그렇다면 우리들도 당장 주 예수 그리스도와 함께 하나님께 감사를 올려야 하지 않겠습니까? 본인이 그렇게 하는 첫째 이유는 계시가 있다는 사실입니다. 나 자신이, 실로 온 세상이 하나님을 대항했다는 사실을 생각할 때 하나님이 즉석에서 온 세상을 없애 버리시지 않은 것이 놀라운 일입니다. 하나님이 내게 등을 돌려 대시지 않는 것은 너무도 비상한 일입니다. 하나님은 이렇게 말씀하실 수도 있었을 것입니다.

"나는 너를 완전하게 만들었다. 그럼에도 너는 나를 무시하고 모욕하였다. 그러므로 너는 너의 죄악 속에서 멸망하거라."

하나님이 이렇게 말씀하셨더라도 나는 그분을 원망할 수 없었을 것입니다. 나는 하나님께 죄를 지었습니다. 우리들은 모두 하나님께 죄를 지었습니다. 우리들에게는 하나님의 거룩하신 존전에 가지고 갈 탄원이 없습니다. 그래서 본인은 하나님이 나에게 등을 돌려 대시지 않고 오히려 나를 긍휼히 여기시고 구원의 길을 계시해 주신 것을 감사합니다. 나는 어둠과 절망과 내 죄의 소망없는 수렁 속에 방치되지 않은 것에 대해 하나님께 감사합니다.

그리고 본인은 하나님이 어린아이들에게 구원이 가능하도록 해주신 것을 감사합니다. 본인은 구원이 지능이나 이해력이나 나 자신의 어떤 공로에 달려 있지 않은 것을 하나님께 감사합니다. 세상에는 지력과 이해력이 부족한 사람들이 많습니다. 우리들 대부분은 철학서들을 읽거나 난해한 논쟁들을 따라갈 수 있는 여유가 없습니다. 그렇더라도 염려하지 마십시오.

하나님이 만드신 구원의 방법은 갓난아기들을 구원하는 길입니다. 그것은 계시입니다. 그것은 하나님이 보여 주는 것입니다. 당신은 이해를 못할지 모릅니다. 그렇더라도 당신은 한 인격체를 바라볼 수는 있지 않습니까? 이 세상이 지금까지 본 적이 없는 가장 훌륭하신 나사렛 예수를 당신은 바라볼 수 있지 않습니까?

사복음서에서 그분의 초상화를 보십시오. 그분처럼 동정과 사랑에 찬 사람을 본 적이 있습니까? 예수님이 행하신 일들과 그분의 생애를 보십시오. 그분을 보기만 하면 됩니다. 갓난아기 같은 지력이라도 이것은 할 수 있습니다. 당신에게 요구된 일은 그것뿐입니다. 예수님을 보기만 하십시오. 그분을 믿기만 하십시오. 그분이 당신에게 제공하는 그 구원의 선물을 받기만 하십시오.

끝으로, 본인은 이 계시와 구원이 가져다 주는 것 때문에 하나님께 감사합니다.

"아버지 외에는 아들을 아는 자가 없고 아들과 또 아들의 소원대로 계시를 받는 자 외에는 아버지를 아는 자가 없느니라."

이것은 구원이 가져다 주는 것입니다. 그것은 내게 용서의 지식과 하나님과의 화해의 지식을 가져다 줍니다. 네, 이 모든 것 위에 그것은 내게 하나님을 아는 지식을 가져다 줍니다. 당신은 본문을 이렇게 이해한 적이 있습니까? 당신은 예수 그리스도의 복음이 지닌 넓이와 깊이를 깨달은 적이 있습니까?

여기 이 지상 위에 미소 짓고 있는 미약하기 짝이 없는 무력한 한 어린아이가 있습니다. 그럼에도 복음은 그에게 천지의 주재이시며 창조주시며 만물의 보존자이신 하나님을 알게 해줍니다. 이 얼마나 놀라운 지식입니까! 이 조그만 피조물인 내가 영원하시고 무한하시며 절대적이신 하나님을 알 수 있습니다. 그리고 그 하나님을 저 먼 거리에 있는 어떤 막대한 능력으로서가 아니고, 나의 아버지로서 압니다.

헬라어 단어에 관심이 있는 분들은 본문의 어린아이들에 해당하는 원문을 찾아보십시오. 이 말 속에는 자식이 된다는 의미가 함축되어 있습니다. 이것이 곧 우리 주님의 말씀입니다. 즉 우리들이 죄를 지었지만, 그리스도 안에서 하나님의 자녀들이 되고 하늘과 영원 무궁한 복의 상속자들이 된다는 것입니다.

이 얼마나 놀라운 구원의 길입니까! 경건한 마음으로 말씀드리겠습니다. 이 같은 경이로운 구원을 하나님 이외에 누가 생각이나 할 수 있었겠습니까? 완전히 벌거벗고 희망이 아주 끊어진 우리들에게 그처럼 경탄할 방법으로 하나님이 베일을 거두시고 예수 그리스도 안에서 우리들에게 구원을 계시해 주셨습니다.

"예수는 하나님께로서 나와서 우리에게 지혜와 의로움과 거룩함과 구속함이 되셨으니"(고전 1:30).

이것은 완전 무결한 구원입니다. 당신이 해야 할 일이 있다면 그것은 오직 주 예수 그리스도를 바라보고 그분에 대한 이 구원의 기록을 믿는 것입니다. 당신을 주님께 던지십시오. 그분의 선물을 받으십시오. 그리하면 당신은 천지의 주재를 당신의 아버지로 알게 될 것입니다.

---

1) 유감스럽게도 이 주제를 길게 다룬 나머지 부분의 설교 노트가 망실되었습니다.

하나님을 아는 일

•

"아들과 또 아들의 소원대로 계시를 받는 자 외에는 아버지를 아는 자가 없느니라"
마태복음 11:27

25~27절의 세 구절은 신약에서 가장 중요한 진술의 하나임에 틀림없습니다. 이 본문들은 사상의 장엄성에서 보아도 이보다 더 큰 선언이 없고, 또한 신학의 관점에서 본다면 교리적 이해에 이보다 더 중요한 진술이 없다고 해도 과언이 아닙니다. 이 감동적인 세 구절보다 더 큰 사상과 중대한 의의를 지닌 진술은 없다고 말할 수 있습니다.

이 본문들은 사실상 신약의 가르침에 대한 요체이며 일종의 압축된 요약입니다. 이 구절들은 우리들의 기독교 신앙의 모든 대원칙들을 직접 대면하게 합니다. 우리들이 그리스도의 탄생과 그 의미에 대하여, 그리고 하나님의 아들의 성육신과 강림 사상에 대한 참 의미를 붙잡으

려면 본문에 함축된 이 핵심적 진술을 고찰하는 것이 가장 좋다고 봅니다.[1]

우리들은 앞 장에서 많은 사람들이 계시의 아이디어로 출발하지 않았기 때문에 하나님의 나라 밖에 있게 된 것을 살폈습니다. 바꾸어 말하면 우리에게 주는 복음의 첫 마디는 계시입니다. 이 계시는 우리들을 위해서 주어진 것입니다. 우리는 계시를 찾을 필요가 없습니다. 구원은 우리에게 와 있습니다. 이것이 성육신의 메시지가 아닙니까? 이것이 크리스마스와 그리스도의 강림이 말하는 메시지가 아니겠습니까? 하나님께서 어떤 일을 하셨다는 것이 이 계시의 의미입니다.

그래서 우리는 제일 먼저 하나님이 하신 말씀과 하나님이 행하신 것이 무엇인지에 대해 들어야 합니다. 이것이 계시의 전반적인 의미입니다. 우리들이 이 원초적인 아이디어를 제대로 처음부터 파악하지 못하면 그 다음에 따르는 생각들이 모두 곁길로 빠지게 됩니다.

그럼 여기서 기독교 신앙의 목적에 대한 애초의 오해를 다루어 보도록 하겠습니다. 우리들이 추구하는 것이 무엇입니까? 우리들이 관심을 두는 것이 무엇입니까? 기독교 신앙의 초점을 우리는 어디에 두고 있습니까?

본인은 우리들이 출발부터 그릇되기 쉽다는 점을 본절에서 보여 드리고 싶습니다. 우리 주님은 이 독단적인 선언을 하셨습니다. 주님은 아들 외에는 아버지를 아는 자가 없고 또한 아들이 아버지를 계시하기로 선택하는 사람 외에는 아무도 아버지를 알지 못한다고 천명하셨습니다.

본 문제와 관련해서 다음과 같은 질문들을 던져 보겠습니다. 하나님의 아들이 이 세상에 오신 목적은 무엇입니까? 왜 그분이 베들레헴에서 아기로 태어나셨습니까? 성육신의 의미가 무엇입니까? 예수님의 생애, 교훈, 십자가의 죽음, 그리고 그분의 부활이 지닌 목적은 무엇입니까? 왜 이 모든 일을 하나님의 아들이 하셨을까요? 성탄절을 맞아 우리들이 생각하게 되는 것은 역사적인 어떤 사건입니다. 인간의 역사 속에 어떤 일이 발생되었습니다.

본절의 주장은 이 역사적 사건의 주인공이 내세우는 선언입니다. 이분이 무슨 일을 하려고 오셨다는 말입니까? 이분이 우리들에게 하나의 가능성을 제시하는 것이 무엇입니까? 본문은 이러한 질문들을 우리들에게 던지면서 우리의 주의를 환기시키고 있습니다. 그럼 위의 질문들에 답변해 보겠습니다.

우선 하나님의 아들이 이 세상에 오신 궁극적인 목표와 목적은 우리들로 하여금 하나님 아버지를 알게 하기 위해서입니다. 우리들은 얼마나 자주 주 예수 그리스도의 오심을 엉뚱한 방향으로 오해하는지 모릅니다. 보통 사람들에게 예수님이 오신 목적과 그분의 가르침이 지닌 골자가 무엇인지에 대해 물어 보면 대략 다음과 같은 대답을 받을 것입니다.

일반인들은 예수님이 우리에게 오셔서 인생을 사는 방법을 가르쳤다고 생각합니다. 어떤 이들의 말을 들어 보면, 예수님은 평화를 크게 제창한 매우 위대한 평화론자 이외에는 아무 것도 아닙니다. 예수님은 근본적으로 철학가였고 교사였는데, 그분의 견해와 사상들은 대단히 탁월한 것들이었습니다.

이것들을 위해서 예수님이 세상에 오셨으며 그의 뛰어난 생각들을 메시지로써 계속 전했다는 것이 예수님의 사역에 대한 일반인들의 의견입니다.

그러므로 우리 주님은 철학자들 중 한 사람으로 분류됩니다. 사람들은 '플라톤, 소크라테스, 예수' 그리고 다른 인물들을 한 범주에 넣고 곧잘 언급합니다. 그들은 말합니다. "이 세상이 이들의 가르침과 원리들을 듣고 실천에 옮기기만 한다면 만사가 해결될 것입니다. 교회의 임무는 예수님의 가르침을 이 세상에 상기시키고 사람들이 그 교훈대로 살게 함으로써 사회를 개혁하게 하는 것입니다."

다른 이들은 예수님의 말씀을 선한 삶을 위한 도덕적 측면으로 해석하고 그가 오신 목적을 죄를 노출시키기 위한 것으로 간주합니다. 그들의 견해에 의하면, 예수님은 정치적 혹은 사회적 개혁자라기보다 도덕적 개혁자입니다. 그래서 예수님이 오신 목적은 사람들에게 어떻게 살아야 하는지를 가르쳐 주고 자신의 생애를 하나의 모범으로 제시하여 그의 발자취를 따르게 하는 것이었습니다.

또 어떤 이들은 예수님이 세상에 오신 목적은 우리들에게 행복을 주기 위한 것인데, 예를 들면 우리들에게 어떤 위로가 되는 말씀과 체험들을 제공하는 것이라고 생각합니다. 그들의 말에 의하면 예수님은 어떤 신비한 체험들을 가진 종교적 천재로서, 우리들이 그분을 따르기만 하면 우리 자신들도 그분의 체험 속으로 들어갈 수 있습니다. 예수님은 이 세상이 낳은 최대의 종교 교사였습니다.

이런 여러 견해를 가진 사람들에게 그리스도인이 되는 것이 무슨 의미이며 그리스도인 신앙이 어떤 것이냐고 물어 보면 아마 이렇게 대답할 것입니다.

복음의 핵심

"그리스도인이 되는 것의 의미는……교회에 나가는 것이지요. 거기서 하나님께 일종의 경의를 표하고 그분을 대충 하나님이라고 인정해 주는 것입니다. 물론 해야 할 일이 있고 또 하지 말아야 될 일이 있다는 것을 믿는 것이 그리스도인이지요. 그것은 사회적인 활동의 하나인데, 인생에서 꼭 필요한 부분이라고 할 수 있겠지요. 그리스도인이 되는 것은 보통 일반 사회의 어떤 활동들에 비해서 다소 나은 일이라고 생각되지만 그저 그 정도에서 그치는 것이지 그 이상은 별다른 데가 없답니다." 그러나 우리 주님은 본문에서 그러한 것들이 예수님의 탄생 목표가 아니라고 처음부터 명확하게 선을 긋습니다. "그리스도인으로서 우리들이 주장해야 하고 또한 알아야 하며 체험해야 하는 것은 어떤 일들을 하고 안 하는 것들에 대한 일반적인 아이디어나 행위들이 아닙니다. 오직 하나님을 아는 것만이 우리들의 목표이어야 합니다. 그 이외의 것은 모두 그리스도인의 목표 미달입니다.

주 예수 그리스도는 하늘에서 이 땅에 오셨는데 그분이 세상에서 사시다가 십자가에서 돌아가신 것은 우리들에게 하나님을 알게 하기 위해서였습니다. 물론 그리스도인들은 선한 삶을 삽니다. 그들은 일반적인 원칙들과 아이디어를 가지고 있습니다. 그들은 어떤 체험들을 즐깁니다. 그렇지만 그런 것들은 그들의 목표가 아닙니다. 그들의 종국적인 목표는 하나님을 아버지로서 아는 것입니다.

이제 우리는 주님의 두번째 독단적인 원칙을 주목해야 합니다. 즉 하나님을 아는 지식은 주 예수 그리스도를 떠나서는 얻어질 수 없다는 것입니다. 이것은 매우 예외적인 진술인데, 본 문제의 핵심입니다. 이 주장의 대담성을 유의하십시오.

하나님을 아는 일

인간의 형상을 하신 분이, 죄 많은 육체의 모습으로 다른 인간을 향해 말씀하십니다. 그럼에도 그의 말씀은 너무도 단언적이고 절대적입니다. "아들 외에는 아버지를 아는 자가 없고." 다시 말해서 "아들의 소원대로 계시를 받는 자 외에는" 아무도 아버지를 알지 못한다는 것입니다. 그럼에도 우리들은 하나님을 꽤 잘 아는 듯이 오해하고 있습니다. 우리 자신들도 한때는 이런 잘못된 생각에 빠져 있었을 것입니다. 사람들에게 하나님을 아는 것이 첫째 문제라고 하면 대부분이 모욕을 당하는 것처럼 생각합니다. 자기들이 아는 하나님에 대한 지식에 이상이 없다고 보기 때문입니다. 그런데 사실은 이런 생각에서 갖가지 그릇된 오해가 계속됩니다. 하나님을 모르면서 안다고 생각하니까 벌써 출발점이 잘못된 것입니다.

우리들은 아마 주 예수 그리스도의 가르침을 좀 안다고 말할는지 모릅니다. 아마 우리들은 어떤 종교적인 체험들을 즐겼을지 모릅니다. 또한 하나님을 항상 믿었고 신자의 입장에 늘 머물러 있었다고 보는지 모릅니다.

그러나 본인이 지적하려는 것은 바로 이 점에서 우리들이 모두 넘어진다는 말씀입니다. 아주 철저하게 이 점에서 우리들은 실패합니다. 우리 주님의 말씀을 들어 보십시오.

"본래 하나님을 본 사람이 없으되 아버지 품속에 있는 독생하신 하나님이 나타내셨느니라"(요 1:18).

하나님이 독생자를 보내시고 그분을 드러내셨습니다. 하나님이 모세에게 하셨던 말씀도 들어 보십시오.

"내 얼굴을 보지 못하리니 나를 보고 살 자가 없음이니라"(출 33:20).

우리들 생각에는 우리가 하나님에 대해서 다 알고 하나님을 믿는 문제에도 전혀 어려움이 없다고 봅니다. 하지만 이 같은 진술들을 숙고해 보십시오. 당신은 하나님을 전혀 본 적이 없습니다! 그 누구도 하나님을 보고서 살아 남을 수 없습니다. 하나님은 인간들이 측량할 수 없는 분입니다. 그분은 너무도 위대하시고 무한하시기 때문에 인간들의 차원을 초월해 계십니다. 우리 주님이 '요한복음 17:25절'에서 하신 말씀을 묵상해 보십시오.

"의로우신 아버지여 세상이 아버지를 알지 못하여도 나는 아버지를 알았삽고 저희도 아버지께서 나를 보내신 줄 알았삽나이다."

주님은 여기서도 다시 한 번 독단적인 선언을 하십니다. 이 세상은 죄의 결과와 하나님을 알지도 못하고 지금까지 안 적도 없습니다.

사도 바울은 "이 세상이 자기 지혜로 하나님을 알지 못"한다고 말하였습니다(고전 1:21). 바울은 플라톤과 소크라테스를 비롯한 헬라의 모든 이방 철학자들을 뒤돌아보면서 이 같은 선언을 하였습니다. 여기에 하나님의 지혜가 있습니다. 하나님은 이 모든 철학자들이 나타나기 이전에 자기 아들을 이 세상으로 보내시지 않았습니다. 이 세상이 낳은 최대의 사상가들이 그리스도의 탄생 이전에 이미 존재했었지만, 모두 하나님을 아는 일에 실패하였습니다.

다음은 우리 주님 자신의 유명한 선언입니다.

"내가 곧 길이요 진리요 생명이니 나로 말미암지 않고는 아버지께로 올 자가 없느니라"(요 14:6).

우리들은 곧잘 이렇게 말합니다. "나는 하나님을 믿습니다. 그분은 나의 아버지이십니다." 우리들은 하나님이 인류의 아버지이며 인간들은 서로 형제라고 말합니다. 하나님이 이 세상에서 태어나는 모든 사람의 아버지라는 말은 쉽게 고백될 수 있습니다. 그런데 하나님의 아들이 내리는 독단적인 선언을 다시 들어 보십시오.

"나로 말미암지 않고는 아버지께로 올 자가 없느니라." "의로우신 아버지여 세상이 아버지를 알지 못하였습니다. 신약 성경에 의하면, 우리들의 모든 문제의 근원은 이 세상이 하나님을 모르기 때문입니다.

예수님의 이 독단적인 선언을 반대하는 자들에게 한 말씀 드리겠습니다. 하나님을 안다는 것은 무슨 뜻이겠습니까? 하나님에 대한 사항들을 좀 아는 것을 의미하지 않는 것은 분명합니다. 우리들은 그런 것들을 알 수 있는 능력을 소유했기 때문입니다. 이성을 사용하는 사람은 이 세상이 창조주를 가지고 있다는 사실을 추론해 낼 수 있습니다. 인간은 하나님에 대해서 이 정도는 알아낼 수 있습니다. 그러나 이것을 우리 주님이 말씀하시는 것이 아닙니다.

본문에서 '안다'는 말은 매우 밀착된 친밀성을 가리킵니다. 이 어휘는 가장 가깝게 아는 지식을 뜻하는데, 다른 유사한 구절들에서도 매일반입니다. 주 예수 그리스도를 '안' 사람들은 있었습니다. 그들은 나사렛 예수를 알았습니다. 그렇지만 그들은 그 아들을 알지는 못하였습니다.

하나님을 아는 것은 이 세상과 우주 뒤에 어떤 막연한 보편적인 세력이 있다는 것을 뜻하지 않습니다. 내가 하나님을 안다는 것은 그분을 인격체로서 아는 것입니다. 그러나 여기서 그치는 것도 아닙니다. 하나님을 안다는 의미는 내가 그분을 매우 가깝게 안다는 것입니다. 환언하면, 내가 하나님을 나의 아버지로서 아는 것을 말합니다.

사도 바울은 로마서에서 하나님을 아는 자들은 그분을 "아바 아버지"(롬 8:15)라고 부른다고 했습니다. 그래서 그들은 기도를 하려고 무릎을 꿇을 때에 그저 아무 신에게나 고개를 숙이거나 혹시 있을지도 모르는 어떤 막연한 신 앞에 다급한 청원을 올리는 것처럼 하지 않습니다. 그들은 '아바 아버지'라고 부를 수 있는 분에게 기도하기 때문에 확신과 담대함으로 하나님께 나아갑니다. 그들은 그저 하나님에 대한 몇 가지 사항들을 아는 것이 아닙니다. 그들은 하나님의 임재를 압니다. 그들은 그 하나님의 임재 속에 있다는 사실을 압니다. 이것이 하나님을 안다는 의미입니다.

그들은 또한 하나님이 자기들에 대해서 관심이 있다는 것과 하나님이 자기들을 아신다는 사실도 인식합니다. 그들은 자기들 편에서 뿐만 아니라 하나님 편에서도 자기들을 알고 계신다고 느낍니다. 그들에게는 하나님이 가깝게 느껴집니다. 그들은 다음 찬송의 가사처럼 하나님께 솔직히 말할 수 있는 사람들입니다.

당신이 우리 눈에 보이지 않아도
그래도 당신이 여기 계심을
우리는 알고 느낀답니다.

헨리 트웰스

그들은 진정으로 하나님께 '나는 당신이 매시간 필요합니다. 제 곁에 언제나 계시옵소서'라고 간구할 수 있는 자들입니다. 그들은 육신의 눈으로 하나님을 본 적은 없지만 하나님의 실체와 그분의 임재를 압니다. 그들은 하나님이 자기들을 상대하시고 그분 자신의 경이로운 방법으로 자기들의 삶을 꾸며 주시며 직접 말씀해 주신다는 사실을 압니다. 그들은 모든 위기와 역경 속에서 홀로 있지 않고 하나님이 함께 하신다는 것과 영원하신 팔로 자기들을 붙잡고 계신 것을 압니다.

그들은 결코 다시 타락하지 않을 것입니다. 그들은 자기들의 머리카락까지도 다 하나님이 헤아리고 계신 것을 알기에 하나님 없이는 아무 일도 그들에게 일어나지 않는다는 것을 깊이 확신합니다. 이것이 하나님을 아는 것입니다.

이 모든 말씀은 저 자신의 이론이나 상상이 아닙니다. 이것은 신약의 증언입니다. 우리 주님 자신의 가르침을 읽어 보십시오. 초대 교인들이 쓴 서신들을 읽어 보십시오. 그들이 어떻게 하나님을 알고 있었는지를 확인하게 될 것입니다. 그들은 하나님을 어떤 거대한 철학적인 'X'로 믿지 않았습니다. 아닙니다. 그들이 기도한 것을 보면 왕의 존전으로 바로 들어간 듯합니다. 그들은 자기들을 기다리며 자기들이 올리는 기도를 기꺼이 들으시고 그들에게 직접 말씀하시는 분이 계시다는 것을 알았습니다. 이것 역시 하나님을 안다는 의미입니다.

이제 본인의 질문을 다시 던지겠습니다. 당신은 하나님을 아십니까? 우리 주님께서 "아들과 또 아들의 소원대로 계시를 받는 자 외에는 아버지를 아는 자가 없느니라"고 하셨을 때, 이것이 하나의 과시나 단순한 독단적인 선포였습니까? 당신은 스스로 탐색을 해서 하나님을 찾은 적이 있습니까? 보다 더 실제적인 질문을 하겠습니다. 당신은 기도할 때에 담대합니까? 당신의 기도는 하나의 형식이거나 기계적인 문구의 나열입니까, 아니면 진정한 산 기도입니까? 당신은 하나님의 임재를 느낍니까? 그것은 신약이 우리에게 제공하는 것입니다.

주님이 이 세상에 오셔서 우리에게 주시는 하나님의 임재에 대한 체험은 무한한 가치가 있는 너무도 귀하고 귀한 것입니다. 우리 주 예수 그리스도는 우리들에게 하나님에 대한 확실함을 상기시키고 우리를 하나님께 소개하여 우리가 하나님을 알아서 그분을 '아바 아버지'라고 친밀하게 부를 수 있게 하셨습니다.

우리들이 자신들에 대해서 솔직하다면 예수님의 말씀에 동의해야 한다고 봅니다. 자기 자신들의 힘으로만 사는 자들은 하나님을 결코 알 수 없습니다. 그들이 할 수 있는 최선의 방책은 존재하기를 바라는 하나님께, 기도를 해보는 것에 불과합니다. 혹은 그들이 기도를 한다고 해도 그 하나님은 너무도 능력이 많아서 두려워할 수밖에 없거나 또는 부분적으로 그들이 싫어하는 분입니다.

인간은 사고나 이성이나 명상이나 선한 생활이나 기타 어떤 것으로도 이 복된 하나님을 자기의 아버지로 알 수 없습니다.

이 사실은 다음 원리로 연결됩니다. 그리스도는 인간이 스스로 알 수 없는 하나님을 알게 하기 위해서 이 세상에 오셨습니다. 그러면 그리스도가 어떻게 하늘 아버지를 우리들에게 계시하실까요? 다시 사복음서로 돌아가 보아야 합니다. 다시 신약 성경을 조용히 펴 놓고 찬찬히 읽어 보십시오. 우리가 하나님을 아버지로서 알아야 한다는 점을 염두에 두고 잘 읽어 보십시오. 당신은 하나님을 그렇게 알고 있는지 자문해 보십시오.

당신은 하나님을 아버지로서 안 적이 있습니까? 복음서에서 당신은 그리스도가 자신의 흠 없고 죄 없는 생애를 통해서 하나님을 계시한 사실을 발견할 것입니다. 예수님은 끝에 가서 자기를 비난하는 자들을 향해 이렇게 도전하셨습니다. "너희 중에 누가 내게 손가락질 할 수 있 겠느냐? 너희는 내가 하나님과 율법에 관해서 조금이라도 죄를 범한 것이 있다고 책잡을 수 있겠느냐?"

그리스도의 삶은 전혀 우리들과 달랐습니다. 그분의 생애는 유일 무 이하고 완전한 것이었습니다. 예수님은 자신의 삶과 인격으로 하나님 을 계시하셨습니다.

그리스도는 또한 자신의 사역과 기적들을 통해 하나님을 계시하셨습 니다. 예수님은 죽은 자들을 살리고, 병든 자들을 고치며, 눈먼 자들의 시력을 회복시켰습니다. 신약 성경에서 이것들을 빼어 보십시오. 무엇 이 남겠습니까? 이것들은 신약의 필수적인 부분들입니다. 그것들은 육 신의 모양으로 오신 하나님의 활동들입니다.

만일 성육하신 하나님이 여기 계신다면 기적을 기대하는 것은 어려 운 일이 아닙니다. 이것이 곧 예수님의 주장입니다. 예수님의 사역에 서 하나님을 보십시오.

이와 유사하게 예수님은 자신의 가르침으로 하나님을 계시하셨습니 다. 예수님의 공생애가 끝나기 직전에 빌립이라고 부르는 제자 한 사 람이 주님께 청하였습니다.

"아버지를 우리에게 보여 주옵소서 그리하면 족하겠나이다."

예수님의 대답은 "나를 본 자는 아버지를 보았다"는 것이었습니다 (요 14:8,9).

빌립의 말은 이런 뜻이었습니다.

"당신은 우리를 떠나시겠다고 하십니다. 우리들에게 아버지를 계시 해 주시기 전에는 제발 우리를 떠나지 마십시오. 우리들이 원하는 것 은 바로 이 한 가지뿐입니다. 우리들은 하나님을 막연히 믿습니다. 그러나 우리는 하나님을 아버지로서 알고 싶습니다."

주님의 대답은 "나를 본자는 아버지를 보았다"는 것이었습니다. "빌립아, 나를 보아라. 나의 생애와 사역들을 보아라. 나의 인격체를 그대로 보아라. 나를 참되게 본다면 너는 하나님을 본 것이다."

예수님은 자신의 생애와 가르침과 사역에서, 자신의 인격체 전부로써 우리들에게 하나님의 거룩하심과 의로우심을 계시해 주십니다.

예수님은 죄에 대한 하나님의 진노를 보여 줌으로써 아버지를 또한 계시하셨습니다. 진노라고 하니까 어떤 분은 요한복음 3:16절을 금방 인용하며 항의할지 모릅니다. 그럼 이 본문을 잘 들어 보십시오.

"하나님이 세상을 이처럼 사랑하사 독생자를 주셨으니 이는 저를 믿는 자마다 멸망치 않고 영생을 얻게 하려 하심이니라."

예수님을 떠나서는 멸망한다는 말씀이 여기에 들어 있다는 것을 기억해야 합니다. 오직 예수님을 믿는 것이 멸망을 피하는 유일한 길이라는 말씀입니다.

요한복음 3장에서는 예수님을 믿지 않는 자들에게는 "하나님의 진노가 그 위에 머물러 있느니라"는 진술도 나옵니다(요 3:36).

아버지에 대한 우리 주님의 가르침에는 아버지가 절대적으로 거룩하시며, 죄를 미워하시고, 죄를 완전히 파괴하시겠다고 약속하셨다는 말씀도 포함되어 있습니다.

예수님은 "마음이 청결한 자는 복이 있나니 저희가 하나님을 볼 것임이요"(마 5:8)라고 하셨습니다. 오직 마음이 청결한 자만이 하나님 앞에 설 수 있습니다. 그렇지 않은자는 누구도 하나님을 볼 수 없습니다. 마음이 청결하게 되지 않은 사람에게는 하나님을 바라보는 것이 지옥입니다. "거룩함을 좇으라 이것이 없이는 아무도 주를 보지 못하리라"(히 12:14). 예수님은 아버지의 속성을 거룩하신 아버지로 계시하셨습니다.

예수님은 하나님의 사랑과 자비에 대해서도 말씀하셨습니다. 예수님은 이 하나님의 사랑 때문에 이 세상에 오셨다고 말씀하셨습니다. 예수님은 자신의 생애에서 하나님과 똑같은 사랑과 자비를 우리들에게 보이셨습니다. 그래서 예수님은 기적들을 행하셨습니다. 예수님은 단순히 사람들을 고쳐 주기 위해서가 아니고 하나님의 영광과 사랑과 자비를 드러내기 위해서 기적을 행하셨습니다. 그러므로 예수님은 사실상 이렇게 말씀하셨습니다.

"너희가 나의 말을 믿지 못하겠거든 내가 이런 일들을 하는 것을 보고 내 속에 있는 아버지를 보아라."

우리 주님은 다니시면서 병자를 고치시고 선한 일을 하시면서 하나님이 그와 같은 분이라고 말씀하셨습니다. '요한복음 3:16절'을 다시 보십시오. 이 같은 하나님의 모습이 여실히 드러나 있습니다. 예수님은 탕자의 비유를 통해서도 아버지의 사랑을 드러내셨습니다.

"하나님 아버지는 그와 같은 분이다. 탕자가 돌아오기를 기다리시는 분이다. 다른 형제처럼 아버지는 탕자를 제쳐 놓지 않고, 집을 나간 탕자를 기다리고 있다. 아버지는 탕자가 돌아오는 것을 보고 아직도 먼 곳에 있는 그 자식을 만나려고 달려갔다. 이것이 하나님 아버지이시다."

우리 주 예수 그리스도는 이렇게 하나님의 거룩함과 사랑과 자비를 나타내셨습니다.

그런데 가장 중요한 것은 이 모든 것들이 어떻게 조화될 수 있는가 하는 문제입니다. 어떻게 하나님이 거룩하시면서 동시에 자비와 사랑을 베푸실 수 있을까요? 하나님 자신의 의로우심 때문에 내 죄를 공의의 눈으로 보셔야 될 텐데 어떻게 나를 긍휼히 여기시고 동정하시며 자비와 사랑과 용서를 베푸실 수 있을까요? 이것은 주 예수 그리스도 안에서 계시된 가장 귀한 것입니다. 그리스도는 곧 하나님의 거룩함과 사랑을 화목시킨 계시입니다.

예수님의 말씀에 의하면, 하나님은 그리스도를 이 세상에 보내시고 인간들을 위해 어떤 사역을 행하게 하셨습니다. 그런데 이 일들은 인간들이 스스로 시작하거나 마칠 수 없는 사역이었습니다. 예수님은 하나님의 율법을 완전하게 순종해야 했습니다. 주님은 죄의 형벌도 받으셔야 했습니다. 율법이 죄를 정죄하기 때문입니다. 예수님은 이 죄책과 형벌을 받기 위해 오셨습니다. 하나님은 예수님에게 형벌을 내리심으로써 우리들을 용서할 수 있게 된 것입니다.

그래서 내가 주 예수 그리스도를 바라보면 나는 하나님의 거룩함과 사랑이 함께 화해되며 서로 입맞추는 것을 볼 수 있습니다. 의(義)와 화평이 함께 만났습니다. 그러나 오직 그리스도 안에서 만나고 서로 화해하였습니다. 주 예수 그리스도 외에는 하나님께로 가는 길이 없습니다.

내가 그리스도 없이 하나님께로 나아가려고 하면 나는 거룩함만 보거나 아니면 사랑만 봅니다. 그렇지만 거룩함과 사랑이 다 있기 때문에 나는 양편을 다같이 보아야 합니다. 문제는 내가 이 하나님의 거룩함과 사랑을 화해시킬 수 없다는 것입니다.

내가 하나님의 거룩함과 사랑이 동일한 영광과 절대적인 완전함으로 비춰는 것을 볼 수 있는 유일한 장소는 갈보리의 십자가입니다. 십자가에 달리신 주님을 보면 나는, 죄 중에 붙잡혀서 모든 사람들의 정죄를 받았던 한 여인에게 "가서 다시는 죄를 범치 말라"고 말씀하셨던 하나님을 봅니다. 나는 십자가에서, 전혀 죄가 없고 거룩하셨던 분이 세리들과 죄인들 사이에 함께 앉아 계신 주님을 봅니다. 나는 도무지 화합할 수 없는 듯한 하나님의 거룩함과 사랑이 완벽한 조화를 이루는 이 놀라운 역설을 십자가 위에서 봅니다.

"아들과 또 아들의 소원대로 계시를 받는 자 외에는 아버지를 아는 자가 없느니라."

하나님께 감사하십시다. 나는 예수 그리스도 안에서 더 이상 하나님을 두려워하며 떨지 않습니다. 그리스도 안에서…….

공포의 율법과 두려움의 하나님
내게 전혀 무관합니다.
내 구주의 순종과 보혈이
나의 온갖 죄들을 가리웁니다.

어거스터스 톱레이디

그리스도 안에서 나는 하나님의 얼굴을 들여다 봅니다. 오! 그것은 아버지의 얼굴입니다.

1) 본 설교는 1948년 12월 12일에 하였음.

모든 것을…

●

"내 아버지께서 모든 것을 내게 주셨으니 아버지 외에는 아들을 아는 자가 없고"
마태복음 11:27

우리는 앞 장에서 주님이 주저 없이 독단적인 선언을 하신 것과 주님이 아버지를 우리에게 계시해 주시지 않으면 아무도 하나님을 알 수 없다는 사실을 살폈습니다.

"아들과 또 아들의 소원대로 계시를 받는 자 외에는 아버지를 아는 자가 없느니라."

이제 우리들은 27절의 첫 부분을 계속해서 함께 생각해 보겠습니다.[1] 본절에 나오는 분(아들)은 신약 성경의 중심점이며 신약의 역사와 가르침의 핵심이므로 이분이 누구시며 성탄절의 의미가 무엇인지, 즉 우리가 정확하게 무엇을 기념하는지를 고찰해 보아야 합니다.

우리들이 나사렛 예수라고 불리는 사람이 이 세상에 온 것을 크리스마스 때에 기념한다면 그 이유는 무엇입니까? 이것은 현대 사회의 시대 착오적인 관습이 아닙니까? 우리들이 어리석어서 과거로부터 내려오는 하나의 아름다운 이야기 내지는 민간 전승을 그냥 해마다 지키는 것이겠습니까? 어린아이들이 산타 클로오스를 생각하듯이 우리들도 예수님을 그런 식으로 여기고 있지는 않습니까? 나사렛 예수는 하나의 실체입니까, 아니면 허구입니까? 우리들은 이런 질문들을 성탄절 즈음해서 한 번씩 생각해 보아야 할 것입니다.

예수님의 탄생 의미와 목적은 무엇입니까? 이것이 오늘날 우리들이 살고 있는 이 세상과 우리 각자의 인생살이에 무슨 상관이 있습니까?

이 모든 질문들에 대한 해답은 나사렛 예수가 누구시냐는 문제에 달려 있다고 봅니다. 이 문제가 가장 중요한 열쇠입니다. 나사렛 예수의 중요성은 그가 누구냐는 데에 전적으로 좌우됩니다. 나사렛 예수가 누구이신지를 모르면 우리는 그분이 무엇을 위해서 왜 이 세상에 오셨는지를 전혀 알 수 없을 것입니다.

그래서 본인은 간단하고 직설적이며 개인적인 어투로 질문을 던지겠습니다. '나사렛 예수는 당신에게 어떤 분입니까? 당신은 크리스마스를 어떻게 생각하십니까? 당신은 그 의미를 가만히 앉아서 생각해 본 적이 있습니까? 당신은 지금까지 예수님의 탄생에 대해 한 번도 심각하게 숙고해 보지 않고서 그저 매년 크리스마스가 오면 아름답고 멋있는 때라고만 느끼지 않습니까? 만약 당신이 크리스마스의 의미를 깊이 묵상해 보고서 교회에 간다면, 이날을 또 하나의 축제로 여기고 진탕 즐기는 대다수의 인간들과 다르다고 느끼겠습니까? 그렇지 않으면 그저 크리스마스에 관심이 있어 관습적으로 예배당에 나갑니까? 내게 이 나사렛 예수라는 그리스도는 무엇입니까? 그는 누구이며 그분에 대한 진리는 무엇입니까? 만약 그분이 하나님의 아들이라면 이 세상에 오신 까닭은 무엇입니까?

본인은 이러한 질문들보다 더 절박한 문제들은 없다고 봅니다. 본인은 이러한 질문들에 우리들의 세상살이가 가장 중요하게 관련됐다는 사실을 증명하고 싶습니다. 과거에 많은 남녀들이 이러한 질문에 직면해 보고서 그리스도를 아는 참된 지식에 이르렀습니다. 이것은 그리스도인 체험의 열쇠입니다.

예수 그리스도에 대한 사실을 직시하고 그분이 누구인지를 아는 것은 신자의 체험으로 들어가는 관건입니다. 여기서 출발하지 않은 체험들은 우리들에게 영구적인 가치가 없습니다.

본인은 우리 주님께서 직접 이 문제를 아주 평이하고도 확명하게 다루시면서 그분이 이 세상에 오신 의의와 목적을 밝히 드러내셨음을 말씀드리고 싶습니다. 그럼 이 점에 우리들의 주의를 집중시키면서 다음 원리들에 따라 고찰해 보도록 하겠습니다.

우선 예수님이 자신에 대해서 내세우신 엄청난 주장에서부터 출발합시다. 본인은 숙고해 본 후에 이런 표현을 쓰는 것입니다. 예수님의 주장은 놀랍고 어마어마한 주장입니다. "내 아버지께서 모든 것을 내게 주셨으니 아버지 외에는 아들을 아는 자가 없고." 이제 이 말씀의 전반적인 상황을 재구성해 보겠습니다. 어떤 사람이 말씀을 주고 있습니다.

당신은 그분을 봅니다. 그는 한 인간입니다. 그는 자기를 따르는 일단의 무리에게 둘러싸여 있습니다. 이 무리들은 그분의 가르침을 따라다니면서 들었습니다. 그들은 이 사람이 고대 팔레스틴 땅을 왕래할 때에 같이 다녔습니다. 그들은 이분이 행하신 일들을 보았습니다. 그런데 지금 이분이 사람들에게 말씀하시고 계십니다. "모든 것"이라는 말은 제한이 없는 총괄적인 전체를 가리킵니다. 그럼 이렇게 말하는 사람은 도대체 누구입니까?

이분에 대한 것들을 조금 말씀드리겠습니다. 그는 베들레헴이라고 불리는 작은 마을에서 태어났습니다. 그의 출생에는 매우 이상하고 특이한 점이 있습니다.

그의 모친은 미혼녀였습니다. 그녀는 요셉이라는 사람과 정혼한 사이였지만 결혼은 하지 않았습니다. 그녀와 요셉은 "다윗의 집 족속인 고로"(눅 2:4) 세금을 내고 호적을 하기 위해 함께 베들레헴으로 갔습니다. 그런데 그녀의 해산이 가까웠습니다. 이 작은 마을을 향해 가는 많은 사람들 속에 예수의 모친과 요셉도 끼어 있었습니다. 그러나 마리아의 무거운 몸 때문에 그들은 늦게 도착한 듯합니다. 그들은 숙박할 곳을 찾아다녔지만 모두 만원이었습니다. 아무도 그들에게 방을 내어 줄 사람이 없었습니다. 마리아의 상태를 사람들은 보고 알았지만 지금이나 그때에나 사람들의 태도는 마찬가지였습니다. 이미 방을 잡은 자들은 양보할 생각이 없었습니다. "왜 내가 자리를 내어 주어야 하는가? 내 돈을 내고 방을 빌렸는데 왜 내가 나가 주어야 하는가?" 사람마다 자기 자신을 위해서 이기적인 자세를 갖습니다. 이것은 우리들이 너무도 잘 아는 현실입니다.

그런데 다른 사람들보다 더 친절하고 동정심을 가진 여관 주인이 있었습니다. 그러나 그는 마리아와 요셉을 여관 방으로는 넣지 못하고 그의 마굿간을 빌려 주었습니다. 그래서 마리아의 아기는 마굿간에서 태어났고, 아기는 구유에 뉘어졌습니다. 드디어 이 아기가 세상에 태어났습니다. 어떤 목자들은 하늘 천사들의 찬양을 들었고 이 마굿간으로 가서 놀랍고 기이한 장면을 보라는 신령한 지시를 받았습니다. 어떤 지혜로운 사람들도 먼 곳에서 와서 이 아기에게 경배하고 예물을 드렸습니다. 그런데 이 아기는 다른 아기들과 똑같은 갓난아기였습니다.

이제 이 아기가 소년으로 성장하는 모습을 유의해 봅시다. 그에게는 비범하고 매우 특이한 데가 있었습니다. 그는 "하나님과 사람에게 더 사랑스러워" 갔습니다(눅 2:52). 그가 12세가 되었을 때 그의 모친 마리아와 요셉이 예루살렘으로 함께 갔습니다. 그런데 돌아오는 길에서 소년 예수가 같이 귀향하지 않고 있다는 사실이 갑자기 발견되었습니다. 마리아와 요셉은 여행자들의 무리 속에서 아이를 못 찾자 다시 예루살렘의 성전에 가서 그를 찾았습니다. 예수는 율법학자들과 토론을 벌이면서 그들의 질문에 답변하고 있었습니다. 그는 그 모든 듣는 사람들을 크게 놀라게 하고 있었습니다. 마리아가 그에게 꾸중을 하자 그는 이렇게 대답했습니다. "내가 내 아버지 집에 있어야 될 줄을 알지 못하셨나이까"(눅 2:49).

그 후 18년 동안 예수님은 나사렛에서 목수로 일하였습니다. 그런데 30세가 되자 갑자기 공적 사역으로 뛰어드셨습니다. 그가 행한 일들은 온 세상을 깜짝 놀라게 하였습니다. 심지어 율법 박사들도 처음에는 예수님에게 매력을 느끼고 그의 말을 경청하였습니다. 예수님에게는 무엇인가 비상하고 훌륭한 데가 있는데, 이것은 사람들이 이해할 수 없는 어떤 특이한 무엇이었습니다. 무리들은 그가 다른 인간들과 똑같은 사람이라는 것을 알면서도 그에게는 신비한 무엇이 있다고 느꼈습니다.

이러한 예수님이 본문에서 사람들에게 말씀하고 계십니다. "내 아버지께서 모든 것을 내게 주셨으니." 이분은 철저한 가난 속에서 태어났습니다. 마리아와 요셉은 방 하나를 얻기 위해 돈을 조금 더 얹어서 줄 작은 여유도 없었습니다. 그들은 예수님이 태어났을 때 산비둘기 외에는 달리 바칠 헌물도 없었습니다. 예수님은 평범한 일반 목수였으며, 학교를 다녔거나 학문을 연구했거나 무슨 특별한 훈련을 받은 적이 없었습니다. 그는 갈릴리의 평민이었습니다. 그럼에도 그는 "내 아버지께서 모든 것을 내게 주셨다"고 선언하셨습니다!

그의 이 놀라운 주장을 요약해 보겠습니다. 그는 무엇보다도 자신이 하나님의 아들이신데, '나의 아버지'라고 했기 때문에 자신의 독특성을 강조합니다. 그는 '우리들의 아버지'라고 말하지 않았습니다. 그는 자신을 다른 사람들과 전혀 판이한 범주 속에 넣었습니다. 그는 자주 이렇게 말씀하셨습니다.

"내가 내 아버지 곧 너희 아버지, 내 하나님 곧 너희 하나님께로 올라간다 하라"(요 20:17).

그러니까 예수님은 한 인간으로서 다른 인간들을 향해 이 엄청난 선언을 하시고 자신이 다른 사람들과는 전혀 상이한 신분으로 하나님과 관련된 분임을 '나의 아버지'라는 말로 강조했습니다.

요한복음 5장에는 더 상세한 기록이 있는데, 아마 우리들의 본문과 동일한 사건을 서술한 것일지 모릅니다. 그의 말씀을 들은 유대인들은 금방 그 뜻을 알아차리고 예수님을 배척했습니다. 예수님이 하나님을 자기 아버지라고 부르고 자신을 하나님과 동등하다고 주장했기 때문입니다.

우리들이 가진 신약에 대한 문제는 우리가 너무 이 같은 본문들에 익숙해 있기 때문에 그 비상한 특이성을 놓치기 쉽다는 것입니다. 우리들이 지닌 위험은 이 모든 기록들이 문자적인 역사라는 사실을 인식하거나 기억하지 않는 것입니다. 그렇다고 생각되지 않습니까? 예수 그리스도에 대한 이 사실은 역사입니다.

본인이 여기서 언급하는 것은 실제로 일어났던 일입니다. 이 예수라는 사람은 베들레헴에서 태어났고 이 지상에서 살았습니다. 그는 나사렛에서 목수로 일했으며, 사람들에게 자신이 다른 인간들과 본질적으로 다른 의미에서 하나님의 아들이라고 선언했습니다.

예수님의 두번째 주장은 자신이 하나님을 아는 문제에 있어서도 전혀 독특하다는 것입니다. "아버지 외에는 아들을 아는 자가 없고 아들……외에는 아버지를 아는 자가 없느니라." 환언하면 주님의 말씀은 이런 것이었습니다.

"당신들은 나를 보지만 내가 누구인지를 정말 알지 못한다. 나를 참으로 아는 유일하신 분은 하나님이시다. 오직 하나님만이 나를 진정으로 아신다. 그리고 오직 나만이 참으로 하나님을 안다. 당신들은 기도를 하고 하나님께 말도 하지만 하나님을 내가 아는 듯이 알지 못한다."

우리들은 아무 때고 하나님을 본 자가 없었다는 사실을 기억해야 합니다. 그러나 예수님은 자신이 하나님을 보았으며, 유대인들이 이해했듯이, 자신이 하나님 아버지와 동등하다고 주장했습니다. 그는 자신을 하나님과 동격의 자리에 놓았습니다. 그는 이따금씩 베일을 벗고 아버지와 자신 사이의 영원하고 신비스러운 관계를 약간씩 드러내셨습니다.

그는 자신이 하나님과 그처럼 각별한 관계에 있기 때문에 다른 모든 인간들은 아웃사이더들이라고 주장했습니다. 그는 나사렛의 목수였습니다. 그럼에도 그는 이 놀랍고 어마어마한 선언을 했습니다.

그런데 예수님의 주장은 여기서 그치지 않습니다! 그는 자신이 이 세상과도 아주 독특한 관계에 있다고 말합니다. "내 아버지께서 모든 것을 내게 주셨으니." 예수님은 사람들을 보고 이렇게 말씀한 것이었습니다.

"당신들은 이 세상 전부와 이 시간 전부와 이 역사 전부와 하늘과 땅과 지옥과 그 모든 만물이 하나님 아버지로부터 나에게 넘겨진 사실을 아는가?"

이것이 예수님의 주장입니다. 특수한 아들이 되신 것, 하나님과 이 세상과의 독특한 관계를 가지신 것은 예수님만의 유일 무이한 위치이며 신분입니다. 예수님은 이 온 세상이 자신의 장중에 들어 있다고 조용히 말씀하십니다. 이 세상에서 누구도 지금까지 이렇게 엄청난 주장을 이처럼 많이 한 사람은 없었습니다. 이분이 누구입니까? 베들레헴의 이 아기, 나사렛의 이 소년, 이 목수가 자신을 하나님의 아들이라고 주장합니다. 이 분은 도대체 누구입니까?

이 질문을 다시 또 하나의 질문으로 받아 봅시다. 어째서 사람들이 그분을 알아보지 못하였을까요? 예수님의 주변에 있었던 그의 동시대 사람들은 그를 믿지 않았습니다. 그들은 예수님의 주장을 받아들이지 않았습니다. 만약 그를 믿었더라면 그들은 자신들을 즉각 예수님께 복종시켰을 것입니다. 바울이 고린도 교인들에게 썼듯이 이 세상의 관원들은 그분을 몰랐습니다.

"만일 알았더면 영광의 주를 십자가에 못박지 아니하였으리라"(고전 2:8).

그들은 예수님을 몰랐습니다. 그들은 예수님의 주장을 들었지만 이렇게 말했습니다. "그는 사기꾼이야. 죽여야 해. 십자가에 못박아 버려!" 본인은 다음 질문을 하는 것을 이해합니다. "만약 당신의 진술이 참되다면, 정말 이분이 하나님의 아들이라면 왜 온 세계가 그분을 믿고 따르며 복종하지 않습니까?"

우리 주님께서 답변하십니다. "아버지 외에는 아들을 아는 자가 없고." 무슨 뜻입니까? 우리들은 여기서 성육신의 신비에 직면해 있습니다. 이것 때문에 많은 사람들이 걸려서 넘어집니다. 누구도 이 성육신의 신비를 간단한 것으로 여기지 말아야 합니다. 아마 우리들도 당시의 유대인들처럼 무리 속에 끼여서 예수님의 주장을 들었더라면 솔직히 말씀드려서 우리 역시 즉각적이고 본능적으로 그분의 선언이 과장됐다고 느꼈을 것입니다.

만물이 자기 손으로 넘겨졌고 자신이 이 온 우주의 통제자이며 자기 능력 아래 온 세상이 들어가 있다는 예수님의 주장은 도무지 불가능한 말로 들렸을 것입니다. 이 지점에 성육신의 모든 신비와 경이가 관련되어 있습니다. 이 엄청난 주장을 하신 분이 죄 많은 육신의 모양으로 오셨기 때문입니다.

그분은 하늘 구름을 타고서 천군 천사들의 호위를 받는 대왕으로서 오시지 않았습니다. 아닙니다. 그분은 베들레헴에서 태어나시고 정규 교육도 없이 평범한 목수로서 사셨습니다. 이 얼마나 큰 모순입니까! 그의 출생은 종의 모습이었기에 낮은 신분이었습니다. 그는 무엇이 피곤한 것인지를 알았습니다. 그는 굶주렸고 목말랐습니다. 그는 힘없이 체포되었습니다. 그럼에도 그는 만물이 자기 손에 들었다고 말했던 분입니다.

그런데 그는 소수의 군인들마저도 통제할 수 없는 듯이 보였습니다. 그는 십자가에 못박혔고 속절없이 극도의 무력함과 수치와 불명예 속에서 죽었습니다. 그래서 사람들은 그의 주장을 믿기 어려워합니다.

그러나 신약의 전체 메시지는 이것입니다. 예수님이 이 세상에 오셨을 때 그는 자신의 영광을 감추고 자신을 비웠습니다. 그는 자신의 영원 무궁한 영광과 하나님 되심의 현란한 상징과 표지들을 제쳐두고 인간의 모습으로 오셨으며 자신을 더욱 낮추셨습니다. 성육신의 모든 영광은 어떤 점에서 그 신비성에 있습니다.

복음서를 읽어 보면 두 가지 현상이 반복된다는 것을 알 수 있을 것입니다. 예수님은 동시에 자신을 드러내셨고 또한 숨기셨습니다. 그는 자기 영광을 나타내시면서 감추셨습니다. 그는 사람들에게 자신의 사역에 대해 말하지 말라고 당부하시고는 그 사역의 결과를 보고서 예수님이 누구신지를 인식하지 못한다고 무리들을 꾸짖으셨습니다. 이것이 문제의 원인입니다. 주님 자신이 모순이기 때문입니다.

이 갈릴리의 평범한 목수가 하나님을 '나의 아버지'라고 부르고 '아버지가 내게 만물을 주셨으므로 그것들이 내 손에 들어 있다'고 주장하는 것은 터무니 없어 보입니다. 영원하신 신성을 가지신 하나님이 자신을 육신으로 가리우고 인간의 본성 속에 숨어 계신다는 것은 너무도 모순입니다.

그럼에도 예수님은 이 세상에 오셨습니다. 이것이 온 세상이 예수님을 인정하지 못하는 한 가지 이유입니다. 이것이 또한 예수님께서 그런 사람들에게 자기를 모를 수밖에 없다고 하시는 이유의 하나이기도 합니다.

"당신들은 나를 모른다. 당신들은 나를 단순히 나사렛 예수로만 본다. 나의 아버지 외에 나를 아는 자가 없다. 나는 이 나의 아버지와 영원을 함께 보내는 자이다. 나는 이 아버지의 품 속에서 왔다. 당신들은 겉모양만 본다. 당신들은 그 모든 비밀을 알지 못한다. 당신들은 참된 판단을 할 수 없다."

우리들이 예수님을 인식하지 못하는 또 하나의 이유는 우리가 그를 기존 사상과 편견의 눈으로 보기 때문입니다. 우리들은 인간의 위대성이 언제나 외적 치장과 화려성을 동반한다고 말합니다. 그래서 만약 하나님이 지상에 오신다면 그 광경은 더욱 장관일 것이며 어떤 바보도 그분을 알아볼 것이라는 것이 일반적인 논리입니다. 전혀 그렇지 않습니다. 바로 여기서 우리는 비극적인 곁길로 빠집니다.

유감스럽게도 유대인들은 기존 편견을 가지고 있었습니다. 그들은 메시야가 큰 왕으로 오실 것이며 막강한 군사적 능력을 가지고 그들을 원수들의 멍에에서 해방시킨 후 정치적인 최강국으로 만드실 것이라고 생각했습니다. 이러한 메시야관에서 볼 때 갈릴리의 평민인 이 목수는 미친 사람 같았고 너무도 우스꽝스러운 존재였습니다.

오늘날도 마찬가지입니다. 우리들은 그리스도에 대한 그릇된 개념과 그분이 무슨 일을 해야 한다는 데 대한 우리들의 빗나간 기대 때문에 그분이 오신 것을 깨닫거나 믿지를 못합니다. 그래서 이 세상이 예수님을 보고서 항상 던지는 질문이 이것입니다. "이 사람이 누구인가? 전혀 배우지 못한 사람인데 어디서 이런 학식이 나왔을까? 이 사람이 우리가 아는 요셉과 마리아의 아들인 목수가 아닌가?" 사실 우리들보다 무한히 더 큰 인물들도 이와 똑같은 오류에 빠졌습니다.

나중에 누구와도 필적될 수 없는 예수 그리스도의 복음 전파자가 된 바울도 자신의 간증 속에서 이 잘못된 사실을 고백했습니다. 왜 그랬을까요? 바울도 그분을 몰랐기 때문이었습니다. 그는 예수님을 제대로 본 적이 없었습니다. 그는 다만 많은 사람들 속의 한 인간인 나사렛 예수만 보았습니다. "나는 그분을 하나님을 모독하는 자로 생각하고 그의 도(道)를 핍박했습니다."

그런데 사도행전에 의하면 바울은 다메섹으로 가던 길에서 갑자기 그리스도의 신비에 눈이 열렸습니다. 그는 비로소 영화롭게 되신 예수님을 보았습니다. 그는 더이상 일개 인간이 아닌, 육신의 베일이 벗겨진 예수님을 목격하였습니다. 하나님의 신령한 영광이 비춰졌을 때 바울은 장님이 되어 땅바닥에 엎드러졌습니다. 그는 주님을 알게 된 것이었습니다. 하나님은 그에게 아들을 계시하셨습니다. 바울은 그 아들을 향해 "주여 무엇을 하리이까?"라고 외쳤습니다(행 22:10).

또 어떤 이들은 물을 것입니다. "만약 그렇다면 왜 이 감추는 비밀이 있습니까?" 신약 성경은 역시 위에서 준 것과 동일한 방법으로 답변합니다. 본인은 경건한 마음으로 말씀드립니다. 하나님의 아들은 이 세상에 오셨을 때 그런 식으로 탄생하셔야 했고 그러한 삶을 살아야 했습니다. 그 길만이 그분이 우리를 구원할 수 있는 유일한 방책이었기 때문입니다.

예수님은 자신을 우리들과 동일한 인간으로 일치시키지 않고서는 우리를 구원할 수 없었습니다. 그래서 그는 세례 요한에게 부탁하여 세례를 받기까지 했습니다. 그는 우리들의 죄와 타락에 자기 자신을 일치시켰습니다. 만약 그가 신령하신 하나님의 영광으로 오셨다면 결코 이렇게 할 수 없었을 것입니다. 예수님은 자신의 영광을 감추셔야 했습니다. 그는 구주가 되시기 위해서 죄 많은 육신의 모양으로 오셨습니다.

그러므로 예수님이 하시려고 온 그 일들 때문에 수치와 신비와 경이는 예수님의 인격체에 필수적인 요소였습니다. 그기에 우리들은 하나님의 아들이신 나사렛 예수의 놀라운 성육신의 신비를 못마땅하게 여겨서 걸려 넘어지는 일이 없어야 합니다.

끝으로 예수님의 오심이 우리에게 무슨 의미가 있습니까? 주님은 아주 극명하게 엄청난 선언을 하십니다. "내 아버지께서 모든 것을 내게 주셨으니." 무슨 뜻으로 이런 말씀을 하신 것일까요? 간단히 설명하면 이 세상과 그 구원이 하나님으로부터 예수님에게 전적으로 넘겨졌다는 뜻입니다. 주님은 사람들에게 이 같이 말씀하셨습니다.

"나는 이 세상에 왔는데 하나님 곧 내 아버지가 보내셨다. 하나님은 내게 어떤 일을 시키셨다. 나는 이 세상을 구속하여 그것을 다시 하나님께 온전히 돌려드릴 것이다."

이 목적을 위해 그리스도가 오셨습니다. 그리스도는 이 세상의 죄를 지시려고 오셨습니다. 죄의 형벌은 죽음입니다. 하나님은 이것을 그의 옛 율법에다 정해 놓으셨습니다. 이 세상은 하나님께 죄를 지었습니다. 그런데 만약 하나님이 인간의 죄를 벌하신다면 사람마다 사망과 멸망을 당해야 하므로 한 사람도 살아 남지 못할 것입니다.

하나님의 아들은 이 세상을 구속하기 위해 오셨습니다. 그는 이 지상에서 우리들의 죄를 몸소 지시고 우리의 죄책과 그 형벌을 자기 몸으로 십자가에서 받으셨습니다. 이것이 그리스도가 이 세상에 계셨을 때 행하신 일이었습니다. 그는 구원의 길을 만드시고 그 길을 터놓으셨습니다. 그 길은 인간들을 하나님과 화해시키는 구원의 방도였습니다.

그럼 예수님은 지금 무엇을 하실까요? 본인이 신약 성경을 이해하는 대로는 예수님은 지금 하늘에 있는 하나님의 우편 보좌에 앉아서 이 온 세상과 그 운명을 통제하십니다. 역사와 시간이 예수 그리스도의 손에 있습니다.

예수님은 승천하여 하늘 속으로 들어가신 이래 한 백성들을 자신에게로 부르고 계십니다. 주님은 하나님의 나라라고 부르는 하나의 새로운 왕국을 건설하고 계십니다. 예수 그리스도는 멸망의 운명에 놓인 이 죄 많은 세상의 남녀 인간들을 부르시고 그들을 이 새 왕국 속으로 인도하십니다. 이 나라는 새로운 시민들로 형성되는 새 왕국입니다. 이 나라는 현재 자라고 있으며 지어지고 있습니다.

당신은 이 사실을 염두에 두고서 교회사를 읽어 본 적이 있습니다. 당신은 이 하나님의 백성들이 여러 세기에 걸쳐서 하나 둘씩 혹은 수천 명씩 새 왕국으로 들어오고 있었다는 사실을 보지 못합니까? 하나님은 이 막강한 왕국을 형성하고 계십니다. 이 작업은 지금도 계속되고 있습니다. 우리 주께서 말씀하십니다.

"하늘과 땅의 모든 권세를 내게 주셨으니 그러므로 너희는 가서 모든 족속으로 제자를 삼아⋯⋯볼지어다 내가 세상 끝날까지 너희와 항상 함께 있으리라"(마 28:18~20).

그래서 제자들은 주님의 명령을 수행하였고, 본인도 그러는 중입니다. 설교는 사람들을 이 새 왕국으로 불러들이고 있습니다. 복음 전파는 이 왕국이 완성될 때까지 계속될 것입니다. 주님은 다시 이 세상 속으로 돌아오신다고 하셨습니다. 그의 왕국에 소속된 사람들은 모두 주님과 함께 살게 될 것입니다. 죄와 악은 심판과 정죄를 받고 영원한 멸망을 당할 것입니다. 예수님은 이 말씀을 여러 번 반복하셨습니다.

그러므로 역사는 나사렛 예수의 장중에 잡혀 있습니다. 시간과 역사에는 분명한 종착점이 있습니다. 나사렛 예수는 다시 오십니다. 그러나 이번에는 왕으로서 오십니다. 틀림없이 오실 이 왕을 만인의 눈이 볼 것입니다. 그를 십자가에 못박은 자들도 왕으로 오시는 예수님을 보고 자기들이 무슨 짓을 했는지를 깨달을 것입니다. 그들은 바위가 그들 위에 떨어져 어린양의 진노로부터 피하게 해 달라고 산들을 향해 부르짖을 것입니다. 이것이 주님이 하시는 일이며 또한 그렇게 하실 것입니다.

그는 어느 날 이 세상의 모든 일들을 종결시킬 것입니다. 그는 모든 잘못과 죄를 심판하시고 정죄하신 후 멸망으로 떨어뜨릴 것입니다. 그는 모든 악을 하나님의 영광스러운 창조로부터 완전히 제거하신 후 다시 그 왕국을 그의 아버지께 돌려드릴 것입니다. 그리고 이 새 왕국에 소속된 모든 사람들은 주님의 영광스러운 임재 속에서 하늘 아버지와 함께 영원히 살게 될 것입니다.

말씀을 마치기 전에 다시 묻겠습니다. 이 모든 것이 우리에게 어떤 의미를 줍니까? 하나님의 아들이 이 세상에 오셔서 내게 하신 일이 무엇입니까? 예수님이 내게 가져온 변화는 무엇입니까? 이제 우리는 불가피한 결론을 내리지 않을 수 없습니다. 그것은 다음과 같습니다.

하나님께 대한 나의 관계는 전적이고 절대적으로 완전히 예수 그리스도에게 달린 문제입니다. 만약 당신이 하나님을 믿는다고 말하면서 그리스도를 믿지 않는다면 당신의 믿음은 무가치합니다. 본인은 마틴 루터와 함께 다시 말씀드립니다. "나는 예수 그리스도 외에 다른 하나님을 모릅니다." "아들을 공경치 아니하는 자는 그를 보내신 아버지를 공경치 아니하느니라"(요 5:23). 모든 일들이 그리스도께 맡겨졌습니다. 당신은 예수 그리스도가 없이는 하나님을 알 수 없습니다.

"아들과 또 아들의 소원대로 계시를 받는 자 외에는 아버지를 아는 자가 없느니라."

예수님을 떠나서 나는 하나님을 나의 아버지로서 알 수 없습니다. 하나님의 아들이 오시지 않고 십자가에 나를 위해 그분이 죽어 주지 않았다면 나의 죄는 사함받지 못합니다.

그러나 주님이 그렇게 하셨기 때문에 나의 죄는 용서되었습니다. 오직 주 예수님만이 내게 새 생명을 주실 수 있습니다. 주님은 내게 자신의 새 영을 나누어 주시고 나를 하나님의 자녀로 삼으십니다. 이 일을 위해서 예수님이 세상에 오셨고 그 일을 완수하셨습니다.

나의 영원한 운명이 예수님께 대한 나의 관계에 따라 결정된다는 사실을 생각해 보십시오. 이 얼마나 엄숙한 일이겠습니까! 본인은 하나님과 성경의 이름으로 당신에게 확언해 드릴 것이 있습니다.

대심판의 날이 다가오고 있습니다. 우리들은 모두 죽어야 하고 하나님을 만나야 합니다. 이 대심판의 날에 당신은 단 한 가지 질문에 대답해야 합니다. 당신은 선행이나 학식이나 무슨 정당 관계나 기타 사회적 신분 등에 관해서 질문을 받지 않을 것입니다. 이런 것들은 전혀 문제가 되지 않을 것입니다. 당신이 답변해야 할 질문은 이것입니다.

"너는 그리스도를 어떻게 생각하느냐? 너는 내 아들을 어떻게 보느냐? 나는 그를 세상에 보냈고 그는 기꺼이 갔었다. 그는 베들레헴에서 아기로 태어나 구유에 뉘어졌었다. 그는 말씀을 전하였고 기적을 행했으며 십자가에서 죽었고 다시 살아났다. 나는 그에게 너의 구원을 모두 맡겼다. 그는 십자가 위에서 자신의 사역을 마쳤다. 너는 그를 믿었느냐?"

우리들의 영원한 운명을 결정하고 판정하는 것은 나사렛 예수와 우리들의 관계입니다. 하나님 아버지는 이 세상과 그 모든 일들을 그리스도께 다 맡기셨습니다. 따라서 나의 이 작은 생명도 그리스도의 손 안에 맡겨져 있습니다. 하나님께 감사하십시다. 그리스도께서 이 일을 맡기로 수락하셨습니다!

그것은 고난과 수치와 조롱을 의미합니다. 그것은 비틀거리며 골고다로 가는 것을 의미합니다. 그것은 그분의 거룩한 육신 속에 못들이 박히는 것을 의미합니다. 그렇지만 그 모든 수난 후에 주님은 승리를 외칠 수 있었습니다. "다 이루었다!" 그는 구속을 이루셨습니다. 이 사실을 믿는 자들과 그리스도를 믿는 모든 사람들은 영원한 구원을 받습니다.

당신은 그분을 아십니까? 나사렛 예수는 당신에게 하나님의 아들이시며 당신의 영혼의 구주이십니까? 그분이 우주의 주인이십니까? 이 것을 확실히 하십시오! 당신의 영원이 여기에 달려 있습니다.

---

1) 본 설교는 1948년 12월 19일에 하였음.

하나님의 기쁨

•

"옳소이다 이렇게 된 것이 아버지의 뜻이니이다."
마태복음 11:26

우리들은 이제 다른 두 개의 큰
진술들 사이에 끼여 있는 짧은 본절인 26절을 살펴겠습니다. 우리들은
앞에서 당신과 나와 이 온 세상에 있는 남녀 인간들의 구원을 위해서
성육신이 지닌 의미가 무엇인지를 배웠습니다. 어떤 사람들은 그리스
도를 믿고서 그것이 자기들의 인생에서 가장 크고 중요한 일이었음을
깨달았습니다.

최초로 기독교의 신앙을 고백하고 순교한 사람들의 이야기를 회상해
보면 그와 같은 믿음의 순교자들이 줄곧 있어 왔음을 알 수 있습니다.
그리스도를 부인하기보다는 차라리 교수대와 화형대로 기꺼이 나아간
자들이 기독교 역사 속에서 점철되어 왔습니다. 그들은 핍박자들에게

간증하기를 그리스도 안에는 그 어떤 것들보다도 더 큰 무엇이 있기 때문에 그분을 포기하기보다는 이 세상과 자신들의 생명을 모두 버리겠다고 말하였습니다. 그것은 영광스러운 이야기입니다.

반면, 우리들이 살펴본 대로 이 모든 것 속에서 아무것도 보지 못하고 그리스도와 그의 복음을 무가치하게 취급하는 사람들도 있었습니다. 우리들은 사람들이 왜 그런 반응을 보이는지를 함께 생각해 보았습니다.

여기서 문제가 되는 것은 본인의 생각에는 언제나 그렇듯이 '접근'입니다. 우리들은 큰 원칙에서부터 빗나가기 쉽습니다. 우리들은 세부적인 것들을 놓고 시간을 많이 씁니다. 그러나 사람들이 넘어지는 것은 복음 자체의 핵심과 복음 메시지의 주된 전제에서 비롯됩니다.

그럼 다시 이 문제를 다루기로 합시다. 우리 주님은 본문에서 자신이 이루려고 오신 대구원을 바라보시며 그것에 대한 자신의 견해를 피력합니다. 그는 이 큰 구원에 경탄하면서 하나님을 찬양합니다. 그는 공적으로 이 구원이 얼마나 놀라운 것인지를 온 세상 앞에서 선포합니다. 그는 여기서 자신의 간증까지 합니다.

"천지의 주재이신 아버지여……감사하나이다"가 곧 그의 간증입니다. 그는 공적으로 하나님의 완벽하신 구원 계획을 인정합니다. 우리는 이 말씀 속에서 대구원의 중심 목적을 파악하는 데 어떤 도움을 받을 수 있다고 생각합니다.

하나님의 아들이 이 세상 속으로 들어오셨을 때 과연 그 배후에는 어떤 것이 있었을까요? 우리들은 그리스도의 탄생에 관한 여러 가지 사실들을 압니다. 우리는 그것이 모두 하나의 놀라운 계획에 따라 짜여진 일이라는 것도 압니다. 그런데 우리들이 지금 던지는 질문의 핵심은 이 모든 일을 일으킨 것이 무엇이냐는 것입니다. 이 세상과 그 백성들에게 준 하나님의 말할 수 없는 선물의 배후에 과연 무엇이 있는 것일까요? 여기에 우리들의 해답이 깔려 있다고 봅니다.

본서를 읽는 독자들 중에 아직도 복음에 접근하는 우리의 가설들 때문에 거부감을 느끼는 분들이 계실지 모르겠습니다. 혹 그런 분들이 계시다면 우리 주님의 이 엄청난 진술을 함께 생각해 봅시다. 주님이 여기서 자신이 이루려고 하는 구원의 출처와 근원에 대해 우리에게 말씀하고 계시기 때문입니다.

잠시 앞 부분의 상황을 상기해 드리겠습니다. 주님은 사람들을 보시고, 어떤 이들은 믿고 또 다른 이들은 안 믿는다는 것을 아셨습니다. 이 현상에 대한 설명으로 주신 말씀이 25절이었습니다.

"천지의 주재이신 아버지여 이것을 지혜롭고 슬기 있는 자들에게는 숨기시고 어린아이들에게는 나타내심을 감사하나이다."

그런데 이것에 대한 연유를 놓고서 주님은 "옳소이다 이렇게 된 것이 아버지의 뜻이니이다"라고 증언하셨습니다. 본절은 다음과 같이 여러 가지로 번역될 수 있습니다.

"네 아버지, 이것이 당신께서 매우 기뻐하시는 일이었습니다." 이 번역도 괜찮습니다. "아버지, 이렇게 되었을지라도 이것이 당신의 은혜로우신 뜻이었습니다." 이 번역이 더 낫습니다. "아버지, 이렇게 된 것이 당신의 기쁨(혹은 선한 생각)이었습니다." "아버지, 이렇게 된 것이 당신의 은혜로우신 목적이었습니다."

이것이 우리 주님의 모든 해답입니다. 그는 자기 아버지에게 이렇게 자문 자답을 하신 격입니다.

"당신의 영원하신 아들이 왜 이 시간 세계에 들어왔습니까?"

"그것은 당신의 은혜로우신 목적이며 당신의 은혜로우신 뜻이었습니다."

주님은 여기까지 추적해 올라가서 해답을 주십니다. 우리들이 이 세상을 볼 때 이 근원적인 답변을 손에 쥐고 있으면 왜 세상이 그리스도인들과 그리스도인이 아닌 자들로 나누어지는지를 이해할 수 있습니다. 사람들이 복음을 믿는 것은 하나님의 은혜로운 목적이었습니다. 하나님이 그들을 불러내셨습니다. 그것은 하나님의 은혜입니다.

그럼 이 주제를 조금씩 나누어서 말씀드리겠습니다. 우리들이 즐겨 읽는 신약의 놀라운 구원은 하나님이 제공하신 것입니다. 이것이 첫번째 전제입니다. 그리스도인이 되는 것은 인간의 성취가 아닙니다. 구원은 인간이 스스로를 위해서 만들어 내는 것이 아니고, 하나님이 우리들을 위해서 제공해 주는 것입니다. 이것은 신약이 주장하는 매우 기본적이고 근본적인 가르침입니다.

사도 바울은 에베소서 1장에서 이 가르침을 다른 어떤 성경 본문에서보다도 더욱 명료하게 설명하였습니다. 그는 복음이 하나님이 마련해 주시는 것이라는 점을 본문에서 특별히 강조합니다. "자신의 뜻을 따라"라는 표현이 얼마나 자주 반복 되는지를 주목하십시오. 바울에 의하면 그것은 모두 하나님의 은혜로우신 목적입니다. 이것이 발생된 모든 일에 대한 설명입니다.

"이는 그가 모든 지혜와 총명으로 우리에게 넘치게 하사 그 뜻의 비밀을 우리에게 알리셨으니 곧 그 기쁘심을 따라 그리스도 안에서 때가 찬 경륜을 위하여 예정하신 것이니"(엡 1:8,9).

에베소서 1장을 다시 읽어 보면서 바울이 사용한 하나님의 뜻이라는 표현을 주목하고 그가 이것을 유일한 설명의 바탕으로 삼는다는 점을 확인해 보십시오. 사실상 바울은 우리 주님의 탄생 때에 천사들이 말했던 것을 풀어서 진술하였습니다. "지극히 높은 곳에서는 하나님께 영광이요 땅에서는……평화로다"(눅 2:14). 그런데 이 구절에서 간과해서는 안 되는 것이 '사람들을 향한 선한 뜻'(기뻐하심을 입은 사람들-개역)이라는 말입니다. 이것이 성육신의 의미입니다. 목자들은 베들레헴에서 한 아기가 탄생했다는 소식을 받았습니다.

"오늘날 다윗의 동네에 너희를 위하여 구주가 나셨으니 곧 그리스도 주시니라"(눅 2:11).

왜 구주가 오셨습니까? 그것은 인간들을 향한 하나님의 선한 뜻이기 때문입니다. 그리스도의 오심은 하나님의 기쁘신 뜻과 은혜로우신 목적에 의한 것이었습니다.

우리들은 너무도 죄에 물들어 있기 때문에 하나님의 이 은혜로우신 구원의 뜻을 이해하기가 무척 힘듭니다. 우리들은 이마에 땀이 흐르게 일하고 자신의 재주로 벌어 먹고 사는 세상에 있습니다. 우리들의 세상은 결과를 얻기 위해서 우리 손으로 무엇을 해야 하는 곳입니다.

복음에 대한 우리들의 가장 큰 공통된 잘못은 그것을 우리들이 일을 해서 이루어 내야 하는 것으로 생각하는 것입니다. 그래서 사람들은 언제나 자기들의 철학들을 내세우며 자기들의 계획서를 꾸미고 개선안을 제시하기에 바쁩니다. 그렇지만 복음의 출발과 그 메시지는 모두 주어진 것입니다. 그것들은 하나님이 준비하셔서 우리들에게 보내시고 제공해 주시고 전수해 주시는 것입니다.

신약 성경에 의하면, 기독교의 구원은 이 세상이 창조되기 이전에 계획되었습니다. 이것을 에베소서에서 사도 바울이 진술하지 않았습니까? 바울의 다른 서신들에서도 동일한 말씀들을 얼마든지 읽을 수 있습니다. 하나님은 이 세상을 만드시기 이전에 구원과 구속의 방법을 이미 짜 놓으셨습니다. 그러니까 저 영원한 때에 하나의 거대하고 신령한 경륜이 있었는데 성부, 성자, 성신이 모두 참예하셨던 것입니다. 하나님은 처음부터 끝까지를 다 보시는 분입니다.

하나님은 자신이 만드시려는 이 세상과 그 속에 넣어 두시려는 인간과 또 그 인간에게 자유 의지를 주시려는 계획과 그 성취를 다 보셨습니다. 하나님은 인간이 죄를 짓고 타락하실 것을 아셨습니다. 따라서 구속의 계획이 꼭 있어야 했습니다. 한마디로, 시간이 시작되기 이전의 영원 속에서 하나님이 이 모든 구속을 계획하셨습니다.

당신과 나는 이 구원 계획에 전혀 관계할 것이 없는 사람들입니다. 우리들의 구속이 계획되었을 뿐만 아니라 우리가 태어나기 이전에 하나님에 의해서 추진되었습니다. 이 구원은 사실상 우리들이 존재하는 이 세상이 생기기도 전에 이미 완성되었습니다. 본인이 이 보다 더 간단하고 분명하게 말씀드릴 수가 있겠습니까? 구원은 전적으로 하나님에게서 온 것입니다. 우리들은 이 구원의 출처에 대해서 아무 것도 한 일이 없고, 구원을 받는 데에서도 아무런 공로를 세운 것이 없습니다. 모두 하나님이 준비하시고 하나님이 우리에게 거저 주시는 것이 구원입니다.

크리스마스 생일 때에 우리를 가장 기쁘게 하는 것의 하나는 누가 우리에게 선물을 가져다 주어서 우리를 놀라게 하는 것입니다. 우리들은 그 선물에 대해서 전혀 모릅니다. 그래서 그 의외의 선물들이 우리를 놀라게 하며 기쁘게 합니다. 하나님의 구원도 이와 같습니다. 그것은 온통 저 영원 속에서 시간이 있기 이전부터 하나님의 은혜로우신 뜻과 목적 안에 들어 있었습니다. 구원의 원천과 근원은 모두 하나님이십니다.

한걸음 더 나아가서 두번째 요점을 말씀드리겠습니다. 구원은 전적으로 하나님의 은혜의 결과입니다. 19세기 중반 이전에 살았던 진정한 개혁주의 신학자들은 하나님이 창조에서는 크신 능력을, 섭리 속에서는 선하심을, 그리고 구원에서는 은혜를 드러내셨다고 자주 가르쳤습니다. 이 은혜란 얼마나 좋은 말인지요. 아들을 보내신 것은 하나님의 은혜였습니다. 우리의 구원을 계획하신 것도 하나님의 은혜였습니다.

은혜의 정의를 내린다면 '공로 없는 호혜'입니다. 그것은 아무런 자격이 없는 사람에게 무엇을 해 주는 것입니다. 그래서 신약 성경이 구원에 대해서 가르치는 것은 그것이 전적으로 하나님 안에서 나오는 은혜라는 것입니다. 이 사실을 포착하기가 매우 어려운 큰 개념이지만 매우 중요합니다. 우리 주님이 본문에서 주시는 유일한 설명은 "이렇듯 된 것이 아버지의 뜻이니이다"는 것입니다.

하나님의 은혜는 하나님의 거룩하신 존재 자체에서 자생적으로 흘러나오는 거대한 분수와 같습니다. 그것은 다른 어떤 것에도 의존하지 않고 오직 하나님만을 원천으로 삼고 있습니다. 하나님의 은혜는 다른 어떤 외부적 힘이나 동인에 의해서 시작되거나 추진되지 않습니다. 그것은 모든 것으로부터 독립된 하나님 자신의 영광스럽고 은혜로우신 본성의 분출이며 계시입니다.

다시 말씀드리겠습니다. 본인은 구원의 은혜가 오로지 하나님 자신에게서 우러나온 자의적이고 원천적인 표출이라는 것을 강조하고 싶습니다. 그 어떤 것도 하나님을 움직여서 구원을 일으키게 한 것이 아닙니다. 그 무엇도 하나님의 결정을 돕거나 영향을 주지 않았습니다. 모든 것이 하나님 안에 있었습니다.

부정적으로 표현한다면, 구원은 인간에게 주는 하나님의 상급이 아닙니다. 그것은 인간에게 주는 하나님의 응답도 아닙니다. 여기서 우리 인간들의 모든 비유나 예시들이 무너집니다. 본인은 크리스마스 선물을 예로 들었습니다.

그런데 우리들은 이해 관계가 전혀 없는 타인들에게 차별 없이 선물을 하지 않습니다. 그것은 인류에게 불친절한 것도 아니고, 그렇게 하지 않는다고 해서 크리스마스의 즐거움이 깨어지지도 않습니다. 그것은 그저 우리들의 현실입니다. 우리는 이해 관계를 떠날 수 없는 존재들입니다. 우리들은 우리를 사랑하는 자들을 사랑합니다. 우리들은 모든 사람들을 차별 없이 사랑을 하거나 선물을 주지 않습니다. 이것이 하나의 일반 원리입니다.

한편 하나님의 구원을 놓고 보면 전혀 딴판입니다. 하나님은 하늘에서 어떤 인간이 최선을 다하는 것을 내려다보면서 '내가 그에게 구원의 보상을 내려주어야겠다'고 말씀하시지 않습니다. 전혀 그렇지 않습니다.!

"우리가 아직 죄인 되었을 때에 그리스도께서 우리를 위하여 죽으심으로 하나님께서 우리에게 대한 자기의 사랑을 확증하셨느니라"(롬 5:8).

"곧 우리가 원수 되었을 때에 그 아들의 죽으심으로 말미암아 하나님으로 더불어 화목되었은즉"(롬 5:10).

이 차이를 아시겠습니까? 우리는 하나님의 은혜에 대해 아무 한 일이 없는 자들입니다. 그분의 은혜에 아무런 상관이 없는 자들입니다. 기독교 구원의 놀라운 측면은, 우리들의 죄 많은 형편에도 불구하고, 우리들에게 전혀 자격이 없음에도 불구하고 그것이 우리에게 주어졌다는 점입니다.

우리는 여기서 하나님이 그리스도 안에서 행하신 경이를 보게 됩니다. 하나님은 세상을 완전하게 만드셨습니다. 그리고 이 세상 속에 인간을 넣어 두셨습니다. 그는 인간에게 사람이 원할 수 있는 모든 것들을 주셨습니다. 그럼에도 어리석은 인간은 하나님을 배역하고 자신의 이기적인 뜻을 내세웠습니다. 그래서 인간은 스스로 타락하여 자신에게 고통과 파멸을 자초했을 뿐만 아니라 하나님의 창조 세계까지 망쳐 놓았습니다. 이것은 하나님께 대한 크나큰 모독이었습니다.

이 세상을 만들고 인간들을 그처럼 관대하게 대우해 주신 거룩하신 아버지께 그 얼마나 큰 모독이겠습니까! 그러나 인간은 그런 행동을 저질렀습니다. 그들은 하나님을 대항하고 증오하기 시작했습니다. 그들은 하나님의 원수들이 되었고, 하나님으로부터 떨어져 나갔습니다.

이것은 그들이 죄의 결과로 행한 짓이었습니다. 그래서 그들은 하나님의 미움과 노여움밖에 받을 것이 없었습니다. 그들은 모든 것을 받았지만 하나님의 얼굴에 침을 뱉었습니다. 그들은 형벌을 받아 마땅한 자들이었습니다. 그들은 율법을 깨뜨리고, 거룩하며 사랑에 찬 은혜로 우신 아버지를 거슬렀습니다.

그러나 복음의 전반적인 메시지는 이 모든 허물과 잘못에도 불구하고 하나님이 그 큰 구원계획을 세우셨다는 것입니다. 하나님은 인류의 구원을 위해 자신의 독생자까지 이 세상에 보내셨습니다. 이것은 하나님 자신의 은혜로우신 본성 때문이었습니다. 하나님 속에서 다함이 없이 솟아나는 이 은혜의 분수가 있기에 죄 많은 우리 타락한 인간들에게 하나님의 크나큰 구원이 마련되었습니다.

당신과 내가 주 예수 그리스도 안에 있는 기독교의 구원 메시지를 숙고해 보면 "옳소이다 이렇게 된 것이 아버지의 뜻이니이다"라는 주님 자신의 설명에 전적으로 동의하지 않습니까? 이것을 깨달으면 나는 내가 본성으로 세상의 자식이며, 죄에서 태어났고, 하나님을 대항하며, 삶이 거칠고 잔인하다고 생각했음을 자인하게 됩니다. 내가 이것을 인식하면 나는 내가 행동으로 죄를 지었고 옳지 못한 생각들을 했으며 나의 죄에 대해서 벌을 받아 마땅하다는 것을 자인합니다.

그러나 저 크나큰 구원을 바라보면 나는 그것이 하나님의 은혜의 결과이며 내가 그 구원을 받을 자격이 전무하다는 것 이외에 달리 설명할 길이 없습니다.

다시 한 번 하나님이 그분의 은혜로써 우리를 위해 제공하신 것이 무엇인지를 재언하겠습니다. 본인은 이 큰 복음을 아무리 반복하여도 피곤하지 않습니다.

첫째, 하나님은 용서를 마련하셨습니다. 이것은 매우 좋은 일입니다. 비록 우리들이 의도적으로 하나님을 대항하는 죄를 짓고 하나님의 거룩한 분을 증오하는 가장 큰 죄를 범했을지라도 하나님은 그 모든 죄를 용서하시고 말끔히 지우십니다. 우리들은 아무런 자격이 없으면서 용서를 거저 받았습니다.

또한 우리들은 하나님께로 다시 불리어지고 하나님과 화해되었습니다. 하나님은 우리들을 향해 미소를 지으십니다. 바울이 에베소서에서 쓴 것처럼 우리는 하나님의 양자가 되었습니다. 비록 우리들이 반항적이고 탈선적이며 아들 됨을 박차 버렸더라도 하나님은 우리를 새로운 아들들이 되게 하시고 다시 우리를 가족 속으로 넣어 주십니다.

그뿐만 아니라 하나님은 우리들을 자기의 독생자와 동일한 상속자들로 보시고 우리들에게 그의 우편 보좌에 앉는 영원한 복락을 주시겠다고 약속하십니다. 이것이 하나님의 은혜와 선한 뜻이 우리들을 위해서 제공해 주는 것입니다. 이보다 더 큰 복을 어찌 상상이나 할 수 있겠습니까? 우리들의 이 비극적인 세상에 이보다 더 긴급하게 필요한 것이 달리 또 있겠습니까?

우리들은 하나님이 이 은혜를 어떻게 베푸셨는지도 기억해야 합니다. 이것은 말로써 되지 않았습니다. 말만으로는 부족합니다. 죄는 너무도 끔찍한 것이기 때문에 하나님은 자기 아들을 보내어 이 세상에서 고난을 받고 온갖 고통을 견디게 하셨습니다. 이것은 우리들에게 그 아들의 선물을 받게 하기 위해서였습니다. 이 모든 희생의 값을 어떻게 따지겠습니까? 그것은 온통 하나님의 은혜로우신 뜻이었다고밖에는 달리 설명할 길이 없습니다.

우리는 구원이 우리들에게 달렸다는 생각을 영원히 내던져야 합니다. 우리 인간들이 고상한 것을 향해 올라가려고 노력을 하거나 하나님을 찾고 알려고 애쓰기 때문에 구원의 은혜가 내려지는 것이 결코 아닙니다. 오히려 그와 정반대입니다. 하나님으로부터 달아나는 것이 인간입니다. 죄 속에서 도망 치는 인간을 뒤따라오신 분이 하나님입니다. 이 모든 은혜는 하나님의 선한 뜻에 귀착되어야 합니다.

이제 본인의 마지막 요점을 설명할 차례입니다. 당신과 내가 이 큰 구원에 대해서 해야 할 한 가지 일이 있습니다. 이 구원에는 우리의 '옳습니다' 와 '네'를 덧붙여야 합니다. 여기 하나님의 아들이 이 큰 구원을 숙고하고 계십니다. 주님이 던지는 질문을 들으십시오.

"왜 이 모든 구원이 있습니까?" 역시 주님의 대답을 들으십시오.

"옳소이다 이렇게 된 것이 아버지의 뜻이니이다."

이것이 곧 우리가 해야 할 일의 전부입니다. 다만 이렇게 말하십시오. 이 말은 우리가 이 구원의 선물을 받는다는 것을 의미합니다.

조금 더 부언해서 설명하겠습니다. 우리들이 해야 하는 단 한 가지는 그리스도의 선물이 구원의 유일한 길임을 인정하는 것입니다. 그래서 우리가 긴급성을 지니고 구원의 복음을 설교하는 것입니다. 만약 하나님이 이 구원의 길을 마련하지 않으셨다면 우리는 모두 상실되어 찾아질 길이 전혀 없었을 것입니다. 만약 하나님이 이 구원을 제공하시지 않았다면 인간들은 자신들의 상실된 상태에 대해 아무 것도 할 수 없었을 것입니다. 우리는 모두 죄 중에서 태어나서 죄 속에서 죽습니다. 시체는 아무 것도 할 수 없습니다.

타락 이후 인간들은 스스로를 구해 보려고 시도해 왔습니다. 당신은 이 사실을 구약에서 뿐만 아니라 이 세상의 최고의 세속 문학에서도 읽을 수 있습니다. 모든 철학은 구원을 성취해 보려는 시도에 불과합니다. 남녀 인간들은 자기를 구원해 보려고 항상 애썼지만 뜻을 이룰 수 없었습니다.

바울의 말처럼 "이 세상이 자기 지혜로 하나님을 알지 못"합니다(고전 1:21). 이 세상의 가장 위대한 남녀들은 스스로를 구원하는 데 실패하였습니다. 이렇게 자기의 구원을 시도하는 것보다 더 어리석은 일은 없습니다.

만약 당신이 이 사실에 수긍이 가지 않는다면 과거의 위대한 그리스도인들의 생애를 읽어 보십시오. 그들은 자신들을 스스로 구해 보려고 별짓을 다 하였습니다. 어떤 이들은 이 세상의 큰 지위를 버렸고 사회를 떠나 일가 친척이 없는 곳에서 독거 생활을 하며 금식과 기도에 전념하였습니다. 그들은 낙타털옷을 입고 말하였습니다.

"인간은 스스로를 구원해야 한다. 내가 나 자신을 구원하려면 스스로를 완전히 거룩하게 해야 한다. 절대적인 완전이 없으면 하나님의 존전에 설 수 없다. 이런 완전 무결한 거룩은 사업이나 일반 직장에서는 이룰 수 없다."

그래서 그들은 출가하여 수도승이나 은둔자들이 되었고 장막이나 굴 속에서 살면서 스스로를 구원하려고 애썼습니다. 그러나 그들은 끝에 가서 자기의 구원이 전혀 불가능한 일임을 깨달았습니다. 우리들은 아무리 힘써도 스스로를 구원하지 못합니다. 자력 본위의 구원은 항상 실패할 뿐입니다. 그래서 하나님이 이 구원의 길을 마련해 주지 않았더라면 다른 방책이 전혀 없었을 것입니다. 따라서 나는 복음 메시지를 들을 때에 이렇게 고백하게 됩니다.

"네, 주님 감사합니다. 그것이 유일한 구원의 길입니다."

한편, 나는 이 구원의 길을 그대로 받아들여야 합니다. 이 점에 대해서 우리는 분명해야 하겠습니다. 그리스도 안에서 제공되는 이 하나님의 구원 이외에 다른 길이 없다고 나는 그것을 그대로 수락해야 하지 않겠습니까? 이 구원을 비판하고 의문시하는 것은 죄의 본성이라고 봅니다. 당신은 이 구원을 의심하고 따지는 것보다 더 큰 어리석음이 있다고 생각하십니까? 놀랍게도 그런 우매한 짓을 하는 사람들이 많습니다. 그들의 영적 상태는 절대 빈곤입니다. 그들의 눈 앞에 이 경이롭고 풍요한 복음이 제공되어 있습니다.

그럼에도 그들은 복음을 받고 하나님께 감사하지 않습니다. 그들은 영적 거지들이면서도 매우 우월한 위치에 있는 듯이 생각하고 이 영광스러운 복음을 검토하고 심사하기 시작합니다. 그들은 이 복음을 이해하지 못합니다. 그렇지 않다면 다음과 같은 식으로 말하지 않을 것입니다.

"우리들 모두 회개의 무릎을 꿇으라는 말은 아니겠지요? 설마 우리들이 아무 것도 할 수 없는 존재들이라는 말은 아닐 테지요? 우리들이 갓난아기가 되어야 한다는 말씀은 아니겠지요? 만약 그렇다면 그런 종류의 복음은 술주정꾼이나 바닥 인생들에게나 적합하지 우리처럼 존경받을 만한 삶을 사는 점잖은 사람들에게는 어울리지 않습니다."

그래서 사람들은 복음을 비판하고 심사합니다. 그러나 우리들은 자신들을 스스로 구원하지 못합니다. 그런 생각일랑 내버리십시오. 우리들은 이 세상에서 가장 훌륭한 인간들이 될 수 있을지라도 하나님과 그분의 거룩한 율법의 눈에서 보면 정죄받은 자들입니다. 우리들이 자기 의(義)를 잔뜩 쌓았을지라도 하나님에게서는 아무런 인정을 받지 못합니다. 주께서는 우리 인간들이 다른 사람들로부터 최대의 존경과 칭송을 받을지라도 하나님의 눈에서는 괴악하기 짝이 없다고 하십니다. 거지가 심사를 하고 비판하는 것이 어리석은 일이 아니겠습니까?

거지들은 가리거나 선택하는 자들이 아닙니다. 그런데 하나님 앞에서 우리들은 전적으로 빈한한 거지들입니다.

절대 빈곤의 영적 거지가 하나님의 구원의 선물을 놓고 심사를 하는 것은 몽매하고 죄악될 뿐 아니라 배은 망덕한 일입니다. 인간들은 교만하여 하나님의 선물을 보고서 이를 심사하고 보완시키려고 듭니다. 인간들은 하나님의 선물을 놓고 넘어집니다. 그들은 "내 편에서 맡을 일이 있다"고 말합니다. 아닙니다!

복음의 첫 진술은, 당신은 아무 것도 할 수 없다는 것입니다. 당신에게 아무 일도 맡겨지지 않은 것을 하나님께 감사하십시오. 왜 이것이 지혜롭고 슬기 있는 자들에게는 감추어졌을까요? 왜 하나님은 이 복음을 어린아이들에게만 계시하셨을까요? 본인이 아는 것은 그것이 하나님의 은혜로우신 목적이며 기쁘신 뜻이었기 때문입니다. 왜 내가 이 복음의 복을 받아 누리게 되었을까요? 그것은 내게 주신 하나님의 은혜 때문입니다.

만약 당신이 그리스도인이라면 자신의 경험을 살펴보십시오. 왜 당신은 교인이 됐습니까? 당신이 어떤 특별한 공적을 세웠기 때문입니까? 당신이 교인이 된 것이 당신의 어떤 행위나 공로에 의한 소득이라고 정직하게 말할 수 있겠습니까? 그럴 수 없습니다. 우리 모두가 마땅히 고백해야 하는 것은 그것이 오직 하나님의 은혜에 의한 것이라는 사실입니다. 만약 하나님의 은혜가 아니었다면 우리들은 이 세상에 범람하는 온갖 더러움과 불경 속에서 우리의 나날을 보내게 되었을 것입니다.

이 모든 것이 다 하나님으로부터 오는 은혜라면 그것을 당신이 그대로 받아들여야 한다고 생각하지 않습니까? 처음부터 이해하려고 하지 마십시오. 당신은 계속 나아갈 때에 이해하게 될 것입니다. 사실상 당신은 점점 더 이해하고 더욱더 놀라게 될 것입니다. 당신의 철저한 무력성과 궁핍성을 인정하십시오. 구걸을 해야 하는 당신의 영적 빈곤을 인정하십시오. 구원의 복음을 심사하고 따지려는 시도를 멈추고 그것을 그대로 받으십시오.

다시 강조해서 거듭 말씀드립니다. 우리들은 하나님 자신의 아들 편에 서서 그분과 함께 하나님을 찬양하고 감사해야 합니다. 그리스도께서 그렇게 하셨습니다. 인간 예수님은 자신이 참여했던 영원한 구원의 경륜을 뒤돌아 보시면서 그 경이로움을 지상에서 찬양하셨습니다. "옳소이다 이렇게 된 것이 아버지의 뜻이니이다."

하나님께서 우리들에게 요청하고 요구하시는 것은 이 놀라운 구원을 바라보고 하나님을 찬양하라는 것입니다. 하나님은 자신의 독생자를 아끼지 아니하시고 이 세상으로 보내셨습니다. 그리고 그 아들을 십자가 위에서 죽게까지 하시고 용서의 길을 여셨습니다. 하나님이 우리들에게 깨달으라고 하시는 것은 하나님과의 화해의 길이 열렸으며 용서가 제공되었다는 사실입니다. 그것은 새 생명이며 새 출발입니다. 그것은 전혀 새로운 전망이며, 죽음과 무덤을 초월하는 형언할 수 없이 영광스러운 것입니다. 이 놀라운 구원은 우리들에게 거저 주는 선물입니다.

하나님이 우리들에게 요구하시는 것은, 만약 필요하다면 온 세상에게라도 우리들이 구원의 복음을 보고서 그것을 받아들였다고 말할 수 있어야 한다는 것입니다. 우리들은 남녀 인간들에게 담대히 말할 수 있어야 합니다.

"옳소이다. 이렇게 된 것이 아버지의 뜻이니이다. 이것은 당신이 뜻하신 은혜로우신 목적에 따라 된 일입니다. 이것은 하나님의 사랑과 자비와 동정이 깔린 하나님의 영원하신 뜻과 지혜에 의해 된 일입니다. 이 놀라운 구원은 첫번째 크리스마스의 결과입니다. 예수께서 이 세상에 오셨으므로 구원의 모든 은혜와 복이 뒤따르게 되었습니다."

당신은 하나님께 "네, 그렇습니다"라고 말한 적이 있습니까? 당신이 이 놀라운 구원을 되새겨 보며 하나님을 향해 이렇게 외친 적이 있습니까?

"하나님 아버지, 당신의 구원이 완전하다는 것을 알겠습니다. 저는 이보다 더 나은 것을 상상할 수 없습니다. 저는 당신의 복음을 그대로 받아들입니다."

참된 안식

•

"수고하고 무거운 짐진 자들아 다 내게로 오라 내가 너희를 쉬게 하리라
나는 마음이 온유하고 겸손하니 나의 멍에를 메고 내게 배우라
그러면 너희 마음이 쉼을 얻으리니 이는 내 멍에는 쉽고
내 짐은 가벼움이라 하시니라."
마태복음 11:28~30

이제 우리는 28절의 말씀을 함께
생각하겠습니다. "수고하고 무거운 짐진 자들아 다 내게로 오라 내가
너희를 쉬게 하리라." 그런데 우리는 28절만 별도로 떼어서 볼 것이
아니고 다음 두 구절도 같이 포함시켜서 보아야 합니다. 이것들은 하
나의 단위로써 온전한 진술이 되기 때문입니다. 그래서 28절만 독립해
서 별도로 취급하는 것은 복음 자체를 그릇되게 인식하는 격이 됩니
다.

한편 우리들이 고찰하려는 이 크나큰 기독교의 구원은 다양한 측면

들을 가진 하나의 생명체이므로 때때로 한 부분씩 관찰할 필요가 있습니다. 그러나 우리들은 각 부분들이 전체와 갖는 관계를 항상 기억해야 되는데, 이것 때문에 본문의 세 절을 놓고 설교하는 일이 무척 어렵습니다.

여기에는 여러 가지 난점이 있습니다. 아마 가장 큰 난점으로 생각할 수 있는 것은 본문에 나온 사상과 언어의 장대성입니다. 본인은 이 구절들에 대해 설교하는 것이 그릇된 일이라고까지 말해도 과언이 아니라고 느낄 때가 많습니다. 본인은 이 본문이 지닌 사상과 전체적인 개념의 장려함과 영광스러움을 깨뜨리는 언행을 삼가야 한다고 느낍니다.

그렇다고 해서 본인이 이제 처음으로 이 세 구절을 가지고 설교를 하려고 시도한다는 말은 아닙니다. 본인은 지금까지 많이 힘써 보았지만 전혀 만족하지 못하였습니다. 이번에도 역시 그럴 것으로 확신합니다. 저는 한 걸음 더 나아가서 이렇게 말씀드릴 수 있습니다. 본인이 이 비범한 구절들에 대한 설교나 글들에서 느끼는 것은 본문 자체의 장엄성과 영광스러움 때문에 항상 만족스럽지 못하다는 것입니다. 그럼에도 그것들은 우리로 하여금 본문을 더욱 생각하고 숙고하게 해 줍니다.

또 하나의 난점은 본문의 진술이 지닌 완결성입니다. 이 짧은 본문 속에 엄청난 분량의 메시지가 담겨 있습니다. 사실상 기독교 교리의 총체가 이 짧은 본문 속에 압축되어 있기 때문에 이것을 분석하기는 대단히 어렵습니다.

본문을 우리가 그냥 읽기만 하여도 그 자체로써 충분하겠지만 그것으로 끝날 수 없는 것이 우리들의 입장이므로 부득불 본문 말씀을 관

찰해 보아야 합니다. 그래서 하나님의 은혜와 성령의 조명으로 이 은
혜로운 말씀의 내적 의미와 그 영광이 우리들의 정신과 마음에 떠올라
서, 전에 없던 큰 감동을 받게 되기를 바랍니다.

　사복음서 중에서 우리 주님이 이 시점에서 주신 이 본문처럼 더 은혜
롭고 더 경이로운 말씀은 없습니다. 본문은 그 문맥 속에서 보면 더욱
더 은혜롭고 영광스럽습니다.

　그러면 그 문맥을 여러분께 상기시켜 드리겠습니다. 우리들은 지금
까지 마태복음 11장을 살펴왔습니다. 맨 처음 요한은 우리 주님께 사
람들을 보내어 물었습니다. "오실 그이가 당신이오니이까 우리가 다른
이를 기다리오리이까?" 우리 주님은 사람들이 주님에 대해 이런 저런
이유로 언짢아하며 부정적인 자세를 취할 것을 아셨습니다. 우리들은
주님이 이 문제를 어떻게 다루셨고 그런 사람들에게 어떻게 말씀하셨
는지를 살폈습니다.

　그 다음 주님의 엄한 말씀도 생각해 보았습니다. "화가 있을진저 고
라신아." 주님은 이 도시들에서 사시면서 사역하셨지만 사람들은 자기
들의 기회를 놓쳤습니다. 주님은 끝에 가서 그들에게 재앙을 선언하셨
습니다.

　주님은 이 선언을 하신 후에, 이를테면 이 세상으로부터 등을 돌리고
하나님을 바라보시면서 25~27절의 숭엄한 말씀을 진술하셨습니다.
우리들이 살펴본 대로 그것은 깊은 교리였습니다. 어떤 이들에게는 하
나님을 아는 지식이 주어졌고 또 어떤 이들에게는 그것이 가리워졌습
니다.

　이제 주님은 모든 장애물들과 난관들을 다 다루시고, 하나님께 그것

들에 대해 말씀하신 후 다시 백성들에게 시선을 돌리시고 말씀하십니다. "수고하고 무거운 짐진 자들아 다 내게로 오라 내가 너희를 쉬게 하리라." 우리들에게 이런 말씀이 있는 것을 하나님께 감사하십시다! 우리들이 지금 현재 어려움에 처해 있더라도 이런 말씀으로 돌아갈 수 있다는 사실에 대해 하나님께 감사하십시다. 우리들의 현실이 어둡고 거칠어도 주님께서 여전히 동일한 은혜의 말씀을 우리에게 들려 주신다는 사실에 대해 하나님께 감사하십시다.

우리들이 살고 있는 이 세상은 병들고 지친 곳입니다. 대부분의 우리들은 늙어 가고 있다고 느낍니다. 본인은 G.K. 체스터톤(Chesterton)이 한 친구에게 보냈던 글귀를 기억합니다. "당신과 내가 젊었을 때 이 세상은 아주 늙었었다네." 이 말은 그가 이 세상과 인생살이의 해묵은 피로에 대해 무엇을 알았다는 사실을 시사해 줍니다.

우리 주위를 돌아보아도 우리는 우리를 위로하거나 격려해 주거나 희망을 주는 것들을 찾지 못합니다. 어떤 이들은 이 세상이 일종의 망령 상태에 빠져 쇠퇴하고 있다고 느낍니다. 사람들은 이제 성경의 종말에 대한 메시지를 믿으려는 경향이 있습니다. 그들은 시간과 역사의 종국이 다가오는 것이 아닌지 물어 봅니다. 우리 인간들은 할 만큼 다 해본 셈입니다. 그래서 더 이상 힘을 쓸 수 없는 지경에 이르렀습니다.

그러나 하나님께 감사하십시다. 이 같은 세상에서도 우리 주님의 말씀이 아직도 들려 옵니다. 주님의 본문 말씀은 우리 자신들을 포함시킨 초청입니다. 주님의 말씀은 우리들이 처한 현재의 상태와 우리들의 느낌을 그대로 정확하게 보시고 주시는 메시지입니다. 하나님께 감사하십시다. 이것은 또 하나의 단순한 명령이나 엄격한 계율이 아닙니다. 그런 것은 이 세상이 우리들에게 지금 하고 있습니다.

세상은 회초리를 사용합니다. 우리들은 모두 지쳐 있는데 더 힘을 쓰라고 세상은 요구합니다. 우리들은 항상 더 많은 것을 시도해 보라는 요청을 받습니다. 그러나 주님의 말씀은 우리들에게 불가능한 노력을 더 해보라는 어떤 무리한 요구가 아니고, 하나의 선물을 우리에게 제공해 주는 것입니다.

그럼 서너 가지의 전제를 하나의 틀로 삼고 이 큰 메시지를 요약해 보도록 하겠습니다. 이 전제들은 사실상 너무도 분명해서 자증적(自症的)이라고 봅니다. 그러나 불행하게도 오늘날의 세상 문제들은 대개가 분명한 것들을 제대로 보지 않는 데서 기인되고 있습니다. 우리들이 잊고 사는 것은 자명한 것들입니다.

우리들은 매우 세련되고 영리합니다. 이것이 우리 현대인들의 커다란 특징의 하나입니다. 우리들은 원자를 분리시킬 수 있는 정교한 기술을 지녔지만 첫째 원칙들을 무시하면서 삽니다. 그러므로 우리들에게 우선적으로 필요한 것은 자명하고 분명한 것을 다시 보는 일입니다.

조금 다른 각도에서 말씀드리겠습니다. 이 세상과 인류의 가장 큰 필요는 휴식입니다. 우리들은 피곤합니다. 피곤한 사람들이 언제나 그렇듯이 우리들은 편안하지 못합니다. 이것은 매우 흥미로운 심리적인 측면입니다. 피곤에 불안정이 수반되는 것은 이 세상의 경우에도 마찬가지입니다. 우리 세상이 평온하지 못하고 안식이 결핍된 것은 너무도 명백한 사실입니다.

현대인들의 입에서는 늘 '바쁘다'는 말이 나옵니다. 100년 전이나

50년 전과 비교해 볼 때 우리들의 생활이 크게 바빠진 것은 의심할 여지가 없습니다. 우리들은 모두 바쁩니다. 우리들은 시간이 없다고 말합니다. 시간을 절약시키는 많은 장비들이 현대인들의 손에 잡혀 있지만 시간은 아직도 짧고 부족합니다. 우리들은 삶의 모든 영역에서 안정과 균형과 평정의 결핍을 목격합니다.

신문들이 우리들에게 들려주는 것은 평강이나 안정의 고요한 목소리가 아니고 불화와 다툼과 혼란의 아우성입니다. 국제적 분쟁과 국제적 경제 질서의 불안정은 해소의 가능성을 갈수록 배제시키고 있습니다. 모든 것이 불안정합니다. 우리들은 화산 위에 앉아 있거나 넓은 대양에서 파도에 흔들리는 배를 타고 있는 듯합니다.

그런데 이 불안정은 국내외의 정치나 경제적 상태에만 국한되지 않았습니다. 국내의 여러 그룹 사이에서도 안정의 결핍은 두드러집니다. 사람들은 차분하게 살 능력이 없는 듯합니다. 사람들은 행복해 보이지 않습니다. 어디엔가 무엇이 잘못된 것입니다. 정치적으로, 산업적으로, 사회적으로, 가정적으로 불화와 오해가 산적되고 있습니다.

인간의 삶의 현장에서는 문제들이 항상 일어납니다. 청소년들도 어른들도 모두 평온하지 못합니다. 사람들은 거칠고 신경질적이며 가만히 있지를 못하고 불행해 보입니다.

오늘날의 삶은 한 가지 특정한 관점에서 볼 때에만 이해될 수 있습니다. 그 관점은 광적인 향응주의입니다. 현대인들처럼 환락에 광분한 세대가 없었습니다. 음주 판매량과 도박과 기타 접대용으로 쓰여지는 막대한 금액을 생각해 보십시오.

과거 어느 때에도 지금과 같이 사람들이 향락에 빠진 적이 없었습니다. 그래서 본인은 이 광적 향락주의의 희생자들을 절대로 정죄하지 않으려고 노력합니다. 그렇게 하는 것은 신체적인 질병에 걸린 자를 단죄하는 것과 거의 같기 때문입니다. 그들은 동정의 대상이어야 합니다.

특히 교인들과 교회는 그들을 불쌍히 여겨야 합니다. 남녀 인간들은 돈을 주고 향락을 사고 팝니다. 그들은 많은 시간과 정력을 환락을 위해서 사용합니다. 그 이유는 단 한 가지뿐입니다. 그들은 그런 향응이 없으면 인생을 직시하고 살아갈 수 없기 때문입니다. 그들은 불행합니다. 그들은 좋아하지 않는 무엇에 늘 직면합니다. 그래서 도피합니다.

인생의 모든 불행들은 이 같은 불안정에서 기인되고 있습니다. 날로 급증하는 별거와 이혼들도 결국 이 불안정의 원인으로 소급될 수 있습니다. 이혼 부부들은 헤어지기만 하면 원하는 것을 취득할 수 있다고 생각하지만 종국에는 안식이 없다는 것을 지각하고 또 다른 실험을 시도합니다.

본인은 엊그제 한 지역 신문을 읽었는데, 거기에 이 실험 인생의 한 표본적인 기사가 실려 있었습니다. 한 여인과 한 어린아이가 강에서 시체로 발견되었습니다. 사연인즉, 그 여인은 인생살이가 지겨워서 자살한 것이었습니다. 그녀는 기혼 여성이었는데, 남편과 떨어져서 다른 기혼 남성과 동거중이었습니다. 그녀는 결혼 서약을 깨뜨리고 '딴 남자와 살면 행복을 찾을 수 있다'고 생각했었습니다. 그렇지만 그녀는 행복을 찾지 못하였습니다.

이런 실험 인생의 실패 사례는 얼마든지 있습니다. 현대 사회의 가장 큰 특징의 하나는 이 같은 비극적이고 한심스러운 불안정과 안식의 부재입니다. 사람들은 안식과 화평을 원합니다. 사람들은 평온하고 조용하게 살고 싶어합니다. 그렇지만 현대 사회는 안정이 결여된 사회입니다.

이 불안정은 특정한 부분에서 더욱 두드러집니다. 우선 양심의 불안정입니다. 그래서 많은 사람들이 자기 자신들로부터 도피하려고 애씁니다. 우리 자신들을 놓고 이야기를 하거나 검토를 해 보면 불행해집니다. 우리의 양심이 우리들을 정죄합니다. 우리들의 양심은 불편합니다. 불편한 양심은 우리를 쉬지 못하게 합니다. 그래서 우리들은 양심으로부터 이탈하려고 합니다.

우리들의 정신과 사고에도 불안정이 역력합니다. 우리들에게는 너무도 크고 많은 문제들이 있습니다. 역사와 시간과 이 세상과 장래의 문제가 너무도 과중합니다. 그래서 현대 사회에서 지적 불안정이 현저한 것은 조금도 놀랍지 않습니다. 우리들이 빅토리아 시대의 중반기에 살았더라면 그런 문제를 몰랐을 것입니다. 그 당시 사람들은 안정 시대로 들어간다고 느꼈습니다. 그들은 인간이 매우 성숙되었다고 생각했습니다.

그러나 당시의 철학들은 금세기의 2차에 걸친 세계 대전과 현재 일어나고 있는 문제들에 비추어 볼 때 퍽 어리석게 보입니다. 우리들에게는 근본적이고 전반적인 문제가 다시 되돌아와 있습니다. 그래서 지적 세계에는 안정이 없습니다.

우리들의 마음과 갈망의 영역에도 불안정이 짙게 드리워 있습니다. 우리들은 찾을 수 없는 무엇을 갖고 싶어합니다. 우리 속에는 만족을 찾는 아우성이 있습니다. 그러나 이 세상은 우리들이 갈망하는 것을 주지 않습니다. 이 세상에서 가장 필요한 것은 안식입니다.

이제 본인의 두번째 전제를 말씀드리겠습니다. 안식은 하나님의 지식 속에서만 찾을 수 있습니다. 우리 주님은 자신의 초대를 베푸시기 전에 이 점에 대해 말씀하셨습니다. 이 앞 절을 다시 상기시켜 드리겠습니다.

"천지의 주재이신 아버지여 이것을 지혜롭고 슬기 있는 자들에게는 숨기시고 어린 아이들에게는 나타내심을 감사하나이다 옳소이다. 이렇게 된 것이 아버지의 뜻이니이다 내 아버지께서 모든 것을 내게 주셨으니 아버지 외에는 아들을 아는 자가 없고 아들과 또 아들의 소원대로 계시를 받는 자 외에는 아버지를 아는 자가 없느니라."

주님은 이 말씀을 하신 후에 다음의 초대의 말씀을 주셨습니다.

"수고하고 무거운 짐 진 자들아 다 내게로 오라 내가 너희를 쉬게 하리라."

그러니까 우리 주님의 뜻은 이것입니다. "내가 홀로 가지고 있는 아버지를 아는 이 지식이 곧 안식의 비결이다." 이것이 본 절과 앞 절 사이의 관련성입니다.

그럼 환언해서 다시 말씀드립니다. 인간이 누리는 모든 종류의 다른 안식이나 아직 성취하지 못한 그 어떤 안식도 거짓된 안식입니다. 본인은 참된 안식이 아닌데도 마치 안식하는 것처럼 평안하게 느낄 수 있다는 사실을 인정합니다. 설교자는 그런 거짓된 안식 속에서 사람들이 머물 수 있다는 점을 지적해 주어야 합니다.

어떤 이들은 이렇게 말합니다. "나는 그리스도의 초대에 관심이 없습니다. 나는 안식하고 있기 때문입니다." 그러나 그런 안식 상태에 많은 사람들이 들어 있다고 주장할 수 있는 것은 단 한 가지 이유에서입니다. 그들이 인생의 문제들을 직면하지 않기 때문입니다. 그런 결과에서 오는 안식은 얼마든지 가능합니다.

아이들은 잘못을 저지르고 꾸중을 들으면 이를 싫어하기때문에 즐겁지 않습니다. 그래서 아이들은 부모들에게 등을 돌려 대고 자기 자신들의 세계로 들어가 버립니다. 그들은 장난감들을 가지고 자기들만의 멋진 세계에서 즐겁게 놀면서 아주 행복해 합니다.

어른들도 그런 식으로 사는 자들이 많습니다. 그들은 사실들을 직면하지 않습니다. 그들은 인생을 직시하기를 거부합니다. 그들은 고의적으로 삶의 문제들을 생각하지 않고 그 위에 옷을 덮어 놓습니다. 어떤 이들은 온갖 수단으로 안식을 얻어 보려고 노력합니다. 어떤 사람들은 약물 중독에 빠지기도 합니다. 약으로 거짓된 안식을 누릴 수 있는 방법은 여러 가지입니다. 마약 중독자들은 약을 먹거나 주사를 맞으면 한동안은 온 세상이 마냥 즐겁고 아무 문제가 없는 듯이 느낍니다.

그러나 그것이 참된 안식이겠습니까? 아닙니다. 그것은 한 종류의 인위적인 안식일 뿐입니다. 우리 인간의 정신은 그런 안식을 누릴 수 있는 여지를 가지고 있습니다. 사실상 이 세상에는 여러 형태의 약들이 많습니다. 환락도 일종의 약입니다.

오늘날 복음과 그 메시지에 관심이 없다고 말하는 자들이 부지기수입니다. 약으로 자신들을 중독시키고 거짓된 가짜 안식을 누리는 자들이 허다하기 때문입니다.

어떤 이들은 기호나 환상의 세계를 만들면서 거짓된 안식을 찾습니다. 우리들은 이상한 존재들이어서 심리적인 속임수를 자신과 타인들에게 사용합니다. 어떤 사람들은 마치 연극을 하듯이 인생을 살면서 자신들의 배역을 바라보는 재미로 안식을 누립니다. 이런 의도적인 조작된 삶도 문제들을 회피하는 것에 불과합니다.

본인은 이런 사례들을 거짓된 안식의 예시들로 열거하였습니다. 이 같은 안식은 큰 위기가 오거나 인생의 심각한 질문들에 봉착하면 거짓이라는 사실이 너무도 빠르고 확실하게 드러났습니다. 당신이 어떤 중병에 걸리거나 큰 슬픔을 당하거나 가까운 자와 사별하거나 혹은 당신자신이 죽음의 병상에 눕게 되면 당신은 더 이상 피하지 못합니다.

당신은 현실을 직면해야 합니다. 당신은 자신을 계속 약으로 중독시키면서 살 수 없습니다. 당신의 돈이 떨어지거나, 당신이 이룬 어떤 일이 무너지거나, 불가피한 인생의 사건들이 터지면 위에서 지적했던 그 모든 것들이 아무 도움을 주지 못합니다. 그때에 자살이 시도됩니다. 사람들은 어떤 현실을 직면해야 한다는 것을 압니다. 그러나 그들은 그렇게 할 수 없습니다. 그것은 자기들이 실패했다는 뜻입니다. 우리들은 오랫동안 우리 자신들을 속일 수 있습니다. 그러나 종내 우리는 인생 문제를 직면해야 합니다.

그렇기 때문에 본인은 복음을 직면하지 않는 사람들이 비극적인 처지에 있을 뿐만 아니라 그들이 바보들이라고 생각합니다. 우리는 끝이 부득불 오고야 만다는 것을 압니다. 그때가 오면 그 어떤 것들도 우리들에게 소용이 없을 것입니다. 다른 모든 것들은 거짓된 안식입니다. 그것들은 조만간 우리들에게 실망을 안겨 줄 것입니다.

그런데 복음은 안식이 하나님을 아는데 있다고 선언합니다. 그 까닭은 하나님께서 우리를 그분을 떠나서는 결코 안식할 수 없는 존재로 만드셨기 때문입니다. 어거스틴(Augustine)의 말은 너무도 적절합니다.

"당신은 우리를 당신 자신을 위해서 만드셨습니다. 그래서 우리들의 영혼은 당신 안에서 안식을 찾을 때까지 쉬지 못합니다."

당신이 높고 낮은 곳들을 다 훑어보고 세상을 다 돌아 보면서 안식과 평강을 찾아보더라도 결코 찾지 못할 것입니다. 하나님이 우리들을 그렇게 만드셨기 때문입니다. 우리들의 영혼이 하나님 안에서 만족할 때까지는 아무 것도 우리들에게 안식을 주지 못합니다.

이 세상을 보십시오. 하나님을 떠나서는 안식이 없다는 주제를 웅변으로 열변하는 설교가 아닙니까! 현대 사회의 온갖 부귀, 문화, 교육, 기타 눈부신 기술이 있음에도 우리 둘레에는 안식이 없고 불안정과 갈등투성이입니다. "내 하나님의 말씀에 악인에게는 평강이 없다 하셨느니라." 하나님을 아는 지식을 떠나서는 안식이란 존재하지 않습니다.

이제 세번째 전제로 넘어갑니다. 우리 주님만이 하나님을 아는 지식을 주실 수 있습니다. "수고하고 무거운 짐진 자들아 다 내게로 오라 내가 너희를 쉬게 하리라 나는 마음이 온유하고 겸손하니 나의 멍에를 메고 내게 배우라." 여기서 예수님이 자신을 계속 언급한 점을 주목하십시오.

주님은 사실상 자신을 세상 모든 것들과 대조시키고 있습니다. 주님의 주장은 "아들과 또 아들의 소원대로 계시를 받는 자 외에는 아버지를 아는 자가 없느니라"는 것입니다. 다시 말해서, 주님만이 우리들에게 하나님을 아는 지식을 주실 수 있고, 다른 사람은 그 누구도 또는 그 어떤 것도 우리들에게 하나님을 알게 할 수 없다는 말씀입니다.

본문의 표현에 유의하십시오. "수고하고 무거운 짐진 자들아 다 내게로 오라." 이 표현은 노동자에 대한 이미지를 연상시킵니다. 무거운 짐을 지고서 일하는 사람에게는 안식이 없습니다. 그들은 자기들에게 가장 절급한 것이 하나님을 아는 일이라는 사실을 깨닫게 됩니다. 그래서 그들은 하나님을 찾으려고 애씁니다. 그들은 이런 저런 시도를 해 봅니다.

이 '수고하는' 자들에 대한 전형적인 한 실례는 회심 이전의 마틴 루터입니다. 이 수도승을 보십시오. 그는 이 세상을 떠나 종교적인 삶을 살았습니다. 그는 가족과 친구들을 떠나 자신의 좁은 밀실에서 금식하고 땀 흘리며 염주를 세면서 기도에 전념하였습니다. 그는 하나님을 찾기 위해서 이 모든 노력을 경주하였습니다. 그는 하나님의 존전에 설 수 있을 만큼 선한 사람이 되려고 안간힘을 썼습니다. 하나님을 스스로의 공로와 노력으로 찾아보려는 일만큼 더 큰 노력이 없습니다. 그들은 이 끝없는 노고 속에서 지치고 피곤해집니다. 그들이 성경을 읽으면 읽을수록, 선한 삶을 살면서 하나님을 찾아보려고 하면 할수록 그들은 자신의 죄 많음과 하나님의 절대적인 거룩함을 더욱 깊이 절감할 뿐입니다.

그래서 그리스도 안에서 하나님께로 나아오는 자들은 피곤하고 지친 사람들입니다. 주님은 이렇게 하나님을 아는 지식을 위해 탐색하는 인간들의 노고를 본문에서 지적하셨습니다.

주님은 또한 본문에서 무거운 짐을 진 자들에 대해서도 언급하셨습니다. 무슨 뜻일까요? 가령 당신이 하나님을 찾아보려고 시도한다고 생각해 보십시오. 당신은 하나님을 찾지 못해서 다른 사람들에게 도움을 청합니다. 당신은 인생의 불안정을 느끼고 하나님을 아는 지식 이

외에는 당신을 만족시킬 것이 아무 것도 없다는 것을 인식하기에 이릅니다.

그런데 당신이 이 하나님의 지식을 얻기 위해 조언을 구하면 사람들은 이렇게 말합니다. "당신은 철학서를 먼저 읽어야 합니다. 하나님은 궁극적이며 절대적입니다. 당신은 존재 자체에 관한 전체적인 문제부터 고찰해야 합니다." 사람들은 이렇게 당신에게 철학의 짐을 지워 줍니다. 당신은 갖가지 철학들을 이해하려고 힘씁니다. 사람들은 당신의 교육 정도에 상관없이 난해한 철학적 개념들을 소개하면서 "당신은 그런 신비한 것들을 알아야 합니다."라고 말합니다.

이제 당신은 다른 사람의 조언을 받습니다.

"당신은 철학서들을 내던지십시오. 당신은 신비 사상에서 시작해야 합니다. 어떤 의미에서 하나님을 찾는 비결은 생각을 하지 않는 것입니다. 생각을 아예 중단하십시오. 당신은 스스로를 비우고 영혼의 어두운 밤을 통과해야합니다. 당신은 자신을 잊고 느슨해진 상태에서 완전히 피동적이 되어야 합니다."

이렇게 해 보신 적이 있습니까? 사람들을 보고 맥을 풀고서 자신들을 잊어보라고 말하는 것은 남들에게 하나의 짐을 얹어 주는 일입니다. 그 일이 너무도 힘들기 때문입니다.

도덕적인 짐도 당신의 등 위에 얹혀 집니다. "하나님은 선하십니다. 그분은 거룩하십니다. 당신이 하나님을 알고 싶다면 당신은 새 삶을 살기 시작해야 합니다." 그래서 당신은 결심을 하고 새롭게 살려고 노력합니다. 성경을 읽고 십계명과 산상보훈을 묵상하며 새로운 각오 밑에 제대로 살아 보려고 힘씁니다. 당신은 그렇게 하지 않으면 하나님을 알 수 없다고 믿습니다.

우리들이 하나님을 알고 싶다고 말할 때 사람들이 우리에게 건네 주는 조언이 이런 것들이 아닙니까? 우리들은 이미 수고하면서 사는 자들입니다. 그런데 더 많은 짐들을 사람들은 우리들에게 더 지워 줍니다. 그래서 그리스도께서 말씀하십니다.

"수고하고 무거운 짐진 자들아 다 내게로 오라."

주님이 언급하신 사람들은 위에서 본인이 서술한 짐들을 져 본 경험이 있는 자들입니다. 그들은 614가지의 율법들을 가진 바리새인들의 가르침을 익숙하게 알았습니다. 주님은 이러한 종교 지도자들을 향해서 "지기 어려운 짐을 사람에게 지운다"고 말씀하셨습니다.

사도 베드로도 초대 교회의 예루살렘 공의회에서 이 멍에는 너무 가중하여 누구도 질 수 없다고 지적했습니다(행 15:10). 세상은 우리가 하나님을 알고 영혼의 안식을 받고 싶다고 말하면 우리에게 이처럼 무거운 짐을 지워 줍니다. 오직 그리스도만이 우리들로 하여금 하나님을 알게 해 주고 진정한 안식을 제공해 주십니다.

어떤 방법으로 그렇게 해 주실까요? 복음 메시지로 해 주십니다. 그리스도는 본인이 위에서 당신에게 던졌던 모든 질문들에 대답해 주심으로써 안식을 공여해 주십니다. 나는 내적 안식을 원합니다. 나는 내 밖에 있는 이 세상에서의 안식도 원합니다. 오직 그리스도만이 내게 안식을 주십니다. 나는 양심의 안식도 원합니다.

나는 지난 여러 달들을 되돌아봅니다. 모든 것이 내게 소원했던 것과 일치되었습니까? 나의 삶을 훑어볼 때 나는 행복합니까? 내가 수치스럽게 느끼는 일이 전혀 없습니까? 결코 그렇지 않을 것입니다. 우리들의 양심은 우리를 정죄하고 고발합니다. 내가 그런 부끄러운 과거를 어떻게 처리할 수 있겠습니까? 어떻게 과거의 오점과 죄책과 죄들을 지워 버릴 수 있습니까? 철학이 나를 도와줄 수 있겠습니까? 도덕적인 노력이나 신비주의가 나를 도울 수 있을까요? 그 어떤 것들도 나의 문제들을 다루지 못합니다. 나의 모든 문제들을 해결하실 수 있는 분은 단 한 분뿐입니다.

그분은 우리들에게 가장 은혜로운 초대를 해 주시는 주 예수 그리스도이십니다. 주님은 십자가 위에서 자신의 몸으로 나의 모든 죄들을 감당하셨습니다. 내 모든 죄들을 그리스도 안에서 하나님께서 처리하셨습니다. 그래서 내가 갈보리의 십자가를 바라볼 때에 내 양심이 안식합니다. 나는 내 죄의 빚이 십자가에서 갚아진 것을 압니다. 나의 죄값은 지불되었고, 내 죄는 씻기어졌습니다. 내가 십자가를 바라볼 때에 나는 하나님이 내 죄를 용서해 주셨다는 사실을 깨닫습니다.

하나님은 나의 정신에도 안식을 주십니다. 나는 하나님을 알고 싶습니다. 주님은 내게 이렇게 말씀하십니다.

"나를 본 자는 아버지를 보았다. 나를 보아라. 그러면 너는 하늘 아버지를 보고 있는 것이다. 하나님을 알고 싶으면 나를 보아라."

나는 복음 속에서 내 정신의 만족을 얻습니다. 이 만족은 다른 곳에서 도무지 얻을 수 없습니다. 나는 오직 복음 속에서 궁극적인 실체와 절대적인 진리를 직접 만나게 됩니다. 복음이 감당할 수 없는 내 인생의 문제는 없습니다. 나는 지적인 만족을 복음 속에서 발견합니다. 복음은 나의 모든 질문들에 답변해 줍니다.

하나님께 감사하십시다. 복음은 내 마음과 소원들도 만족시켜 줍니다. 내 마음의 진정한 소원들을 주님은 넘치게 충족시켜 줍니다. 내 마음의 온갖 동요와 불안정이 주님께서 불어넣으시는 평강의 호흡으로 모두 잠재워집니다.

주님은 내 주변의 환경과 세상에서도 내게 안식과 평강을 제공해 주십니다. 현 세계의 소요한 분란 속에서 주님이 주시는 이 환경의 안식은 매우 귀한 것입니다. 내 속에 비록 안식이 있더라도 내 주변이 혼란하여 나를 흔들 수 있습니다. 이 소란한 세상에서 어떻게 안식할 수 있겠습니까? 여기서도 그리스도만이 나의 문제를 해결해 주십니다. 복음이 이런 문제들을 대처하기 위해 나를 준비시키기 때문입니다. 복음은 이 세상이 이런 모습으로 진행될 것을 미리 예언하였습니다.

20세기에 와서 우리들에게 이상적이고 완전한 세상을 약속한 자들은 철학자들과 정치가들이었습니다. 그러나 그리스도는 이와 정반대를 약속하셨습니다. 인간들이 하나님을 대항하고 죄를 짓는 한, 이 세상은 항상 요란스럽고 불안정할 것입니다. 내가 현 세상을 정확히 이해할 수 있는 것도 복음 안에서 가능합니다. 전쟁과 천재지변이 일어나고 온 세상의 기초가 흔들리더라도 나는 전능하신 주 하나님이 만물을 다스리신다는 새로운 인생관을 가지고 담대하게 살 수 있습니다.

나는 이 그리스도가 한때 그 은혜로운 초청의 말씀을 하셨고, 이 세상에 오셔서 십자가에 매달려 죽으셨으며, 다시 부활하여 승천하신 것을 압니다. 나는 이 그리스도가 자기 원수들을 자신의 발등상이 되게 하실 때까지 하늘 아버지의 우편 보좌에 앉아 기다리신다는 것을 압니다. 나는 그리스도께서 다시 재림하셔서 죄와 악의 세상을 모두 뿌리 뽑고 멸망시킬 것을 압니다.

그때에 '의의 거하는 바'(벧후 3:13) 새 하늘과 새 땅이 드러날 것입니다. 그리스도를 영접한 자들은 모두 새 하늘과 새 땅에서 주와 함께 머물며 영원토록 다스리면서 그리스도의 영광을 나누게 될 것입니다.

그래서 나는 나의 열악한 환경에도 불구하고 안식을 받아 누립니다. 복음은 나로 하여금 사도 바울의 진술에 전적으로 동감하게 합니다.

"내가 확신하노니 사망이나 생명이나 천사들이나 권세자들이나 현재 일이나 장래 일이나 능력이나 높음이나 깊음이나 다른 아무 피조물이라도 우리를 우리 주 그리스도 예수 안에 있는 하나님의 사랑에서 끊을 수 없으리라"(롬 8:38~39).

이것은 환경과 상관없는 온전한 안식입니다. 이 안식은 폭풍 속에서도 평정을 누리게 합니다.

이 어두운 죄의 세상에서
온전한 평안이 어디 있나요?
예수님의 피가 내 속에서 평안,
평안이라고 속삭이지요

E.H. 비커스테스

이것이 주님의 초대입니다. 주님은 아직도 동일한 초대의 말씀을 우리들에게 하고 계십니다. "내게로 오라." 주님을 보십시오! 주님과 같은 분을 본 적이 있습니까? 그분을 하나님의 독생자로 보지 않고서 그분을 설명할 수 있겠습니까? 그분의 기적들을 보십시오. 3년 간의 분망했던 공적 사역에서 주님이 행하신 일들을 보십시오. 그분을 바라보십시오! 그분께서 당신을 부르십니다. 그분은 당신에게 안식을 주실 수 있습니다. 이 세상에서 오직 주님만이 완전한 안식을 알고 누린 분이시기 때문입니다.

예수님의 출생부터 죽으심까지를 생각해 보십시오. 예수님은 그 많은 고난을 견뎌야 했음에도 항상 평강을 누리셨습니다. 심지어 예수님은 겟세마네 동산에서도 평강하셨습니다. 주님은 십자가 위에서까지 "아버지여 내 영혼을 아버지 손에 부탁하나이다"(눅 23:46)라고 말씀하셨습니다.

주님은 안식을 아셨습니다. 주께로 오라고 그리스도께서 당신을 부르십니다. 주님은 이 안식을 육신으로 계셨을 때에 많은 사람들에게 주셨는데, 그 이후로 계속해서 안식을 나누어 주십니다. 다소의 사울은 쉴 수 없는 사람이었습니다. 그는 위협과 증오로 불타던 자였습니다. 그런데 주께서 그를 만나시고 그에게 안식을 주셨습니다.

우리 주님은 모든 사람에게 안식의 초대를 하십니다. "수고하고 무거운 짐진 자들아 다 내게로 오라." 당신은 수고하십니까? 당신은 무거운 짐을 지고 있습니까? 그렇다면 오십시오! 당신이 어디에 있든지, 당신이 무엇을 하든지, 당신이 누구이든지 안식으로의 초대는 당신을 위한 것입니다. 하나님께 감사하십시다. 주님은 온유하고 겸손하십니다.

현대 철학자들은 그렇지 않습니다. 나는 그들의 말을 듣고 그들의 논리와 영리함과 재주를 봅니다. 그렇지만 나는 그들을 따를 수 없습니다. 그러나 그리스도는 이렇게 말씀하십니다. "나는 마음이 온유하고 겸손하니 나의 멍에를 메고 내게 배우라 그러면 너희 마음이 쉼을 얻으리니."

오, 이 얼마나 복된 초청입니까! 수고하고 무거운 짐진 모든 자들에게 이 얼마나 복된 말씀입니까! 불행한 인생을 사는 자들에게, 안정이 없는 자들에게, 만족을 찾지 못한 자들에게 이 얼마나 복된 초청입니까! 주님께로 가십시오. 주님께 당신 자신과 당신의 상태를 알리십시오. 당신을 주님께 넘겨 드리십시오. 주님의 말씀을 들으십시오. 그러면 주께서 당신에게 안식을 주실 것입니다.

그리스도의 멍에

•

"수고하고 무거운 짐진 자들아 다 내게로 오라 내가 너희를 쉬게 하리라
나는 마음이 온유하고 겸손하니 나의 멍에를 메고 내게 배우라
그러면 너희 마음이 쉼을 얻으리니 이는 내 멍에는 쉽고
내 짐은 가벼움이라 하시니라."
마태복음 11:28~30

우리는 앞 장에서 그리스도만이 우리들에게 참된 안식을 주실 수 있다는 것과 이 사실이 긴 교회사에서 자주 확증되었음을 살폈습니다. 교회가 배출한 가장 훌륭한 성도들의 전기를 읽어 보아도 이 사실이 그들의 공통된 체험임을 확인할 수 있습니다.

그들은 하나님을 찾고 있던 자들이었습니다. 그들은 내적 만족을 얻지 못했습니다. 그들은 행복하지 않았으며 마음의 안식이 없었습니다. 그들은 모두 궁극적으로 자기들에게 꼭 필요한 것이 하나님 자신임을

깨달았습니다. 그래서 그들은 하나님을 찾아 나섰습니다. 과거의 많은 훌륭했던 성도들은 하나님을 찾던 과정에서 거쳐야 했던 숱한 고통들을 그들의 전기 속에서 고백합니다.

어거스틴의 생애를 읽어 보십시오. 그가 얼마나 수고하며 무거운 짐을 지고 다녔는지를 알 수 있을 것입니다. 마틴 루터와 존 칼빈의 생애들도 읽으십시오. 존 웨슬리와 그의 형제 찰스의 인생에 대해서도 읽어 보십시오. 어떤 성도들의 전기를 읽어도 마찬가지입니다. 그들은 모두 안식과 평안을 찾으려고 애썼습니다. 그들은 하나님을 찾으려고 무척 노력하였습니다. 그런데 그들에게 도움을 준다던 자들은 오히려 그들의 피곤한 어깨에 더 가중한 짐을 얹어 주었습니다.

그러던 중에 그들은 갑자기 혹은 서서히 예수 그리스도 안에서 참된 안식을 찾았다고 말합니다. 그들은 지금까지 시도해 오면서 아무런 소득이 없었던 것을 이제는 그리스도 안에서 일체의 안식과 평강으로 찾게 되었습니다. 그들이 열심히 추구했던 그 모든 열매 없는 노력과 수고는 어떤 점에서 불필요했었습니다. 그들은 갑자기 혹은 서서히 자기들이 찾고 있던 것이 그냥 받아서 누리면 되는 하나의 선물인 것을 깨달았습니다. 그들은 그 선물을 받음으로써 영혼의 안식을 찾았습니다.

이것이 오늘날 우리들 앞에 놓인 복음의 성격입니다. 우리들의 문제가 어떤 것이든지 우리에게 필요한 모든 것이 복음 속에 들어 있습니다. 복음은 선물입니다. 이 은혜로운 선물이 누구에게나 제공되어 있습니다. 이 선물은 그냥 받으면 되는 것입니다. 이 놀라운 가능성이 우리들 앞에 있는데, 왜 계속 땀을 흘리면서 찾지도 못할 안식과 평강을 위해 수고해야 합니까? 무엇이 문제입니까?

본인이 여기서 다루고 싶은 대상은 지금까지의 말씀을 다 듣고서 제게 다음과 같이 질문하는 사람입니다. "네, 좋은 말씀입니다. 그런데 나는 '그리스도께로 나아간다'는 말의 정확한 의미를 알고 싶습니다. 당신은 이것이 세상에서 들을 수 있는 가장 은혜로운 초청이라고 강조하면서 무척 간단한 것으로 말합니다. 내가 별도로 해야 할 일이 없이 그냥 그리스도께로 가면 되고 또 그렇게 할 때 나의 피곤한 영혼이 쉼을 얻는다고 당신은 주장합니다."

그런데 이 사람에게는 한 가지 절실한 문제가 있습니다. 그는 계속해서 질문합니다.

"나는 정말 그 무엇보다도 내 영혼의 안식을 원합니다. 그런데 나는 예수께로 가라는 말의 의미를 모릅니다. 나는 이 말을 여러 번 들어 왔지만 실제로 어떻게 하는 것인지 분명하지 않습니다. 내가 무엇을 어떻게 해야 됩니까? 나는 평안을 원합니다. 어떻게 이것을 얻을 수 있습니까?"

우리 주님 자신이 이 질문을 초청의 말씀 속에서 이미 대답하셨습니다. 우리는 앞 장에서 28절의 본문에 치중했었는데 본장에서는 29절을 강조하려고 합니다. 거듭 말씀드리지만 성경의 진술은 항상 전체를 보아야 합니다. 이런 뜻에서 구절들을 가르면 안됩니다.

그렇지만 강조의 목적을 위해서는 상이한 구절들을 분리시켜 다루는 것이 타당하며 또한 중요합니다. 내가 어떻게 그리스도께로 갈까요? 주님 자신의 대답을 들으십시오. "나는 마음이 온유하고 겸손하니 나의 멍에를 메고 내게 배우라 그러면 너희 마음이 쉼을 얻으리니."

이제 이 말씀을 분석해 보겠습니다. 그리스도께로 간다는 첫째 의미는 그리스도의 멍에를 우리가 메는 것입니다. 이렇게 말하면 또 어떤 이들은 도대체 이 말도 무슨 의미냐고 질문할 것입니다. 여기서 본인은 매우 간단하고 실제적인 설명을 드리도록 노력하겠습니다. 본인은 복음에 대한 거창한 진술을 했었는데, 이제 그리스도께로 가는 방법에 대해 역점을 두고 본 질문을 다루도록 하겠습니다.

본인은 사람들이 그리스도께로 가는 방법을 몰라서 안식과 평안을 찾지 못하는 경우가 자주 있다는 사실을 인정합니다. 본인과 같은 사역자들에게는 강단에서 자기들에게는 익숙할지 몰라도 청중들에게는 정확하게 뜻이 전달되지 않는 문구들을 사용하는 위험이 있습니다. 그러면 그리스도께서 우리들에게 그분의 멍에를 메라고 초청하신 말씀의 의미는 과연 무엇일까요?

예수님의 초청은, 다르게 표현하면, 우리들이 그분을 우리의 스승으로 섬기면서 가깝게 지내야 한다는 말씀입니다. 멍에는 평상 용어입니다. 이 개념은 예수님의 청중들에게는 더욱 익숙한 말이었습니다.

두 마리의 황소가 함께 멍에를 지고서 쟁기를 끄는 모습을 상상해 보십시오. 그 속에 멍에를 멘다는 표현의 대체적인 의미가 다 들어 있는 셈입니다. 이 개념은 배우고 가르치는 일의 예시로 자주 사용되었습니다.

당신이 만일 어떤 특정 스승의 지도를 받는다면 당신은 그 스승의 멍에를 지고 있거나 혹은 그분의 멍에 아래 놓여 있다고 말할 수 있습니다. 이것은 매우 좋은 표현입니다. 그러니까 우리들이 주님의 평안을 알고 싶으면 우선 주님의 말씀을 의도적으로 듣고 그분의 가르침을 배우기로 결정해야 된다는 것입니다.

우리들은 이 세상에서 살면서 안식과 평안을 희구합니다. 우리는 인생살이가 대단히 심각한 일임을 압니다. 우리는 만족하게 살지 못합니다. 그러나 우리는 자신들을 약물로 중독시키면서 살 수 없다는 것을 압니다. 우리들은 하나님을 아는 일이 정말 큰 문제라는 사실을 깨닫습니다. 그래서 우리는 그분을 알고 찾고 싶어합니다.

하지만 인생의 만족과 평안을 찾아 준다고 선전하는 가르침들은 너무도 갖가지입니다. 아마 현대 사회에서처럼 이 근본적인 인생 문제에 대한 답변이 다양한 때가 없었을 것입니다.

이 같은 현상은 물론 우리 주님이 지상에서 육신으로 계셨을 적에도 있었습니다. 팔레스틴의 사람들을 생각해 보십시오. 그들에게 인생의 도(道)를 가르친 교사들은 많았습니다. 예컨대 바리새인, 서기관, 사두개인들이 있었으며, 헬라철학도 침투하기 시작했습니다. 당시의 고대 세계에는 순회 철학자들도 있었는데, 그들은 제각기 인생 문제의 해결사들이라고 주장했습니다.

사도행전 17장에는 각양 신들을 섬기는 신전들이 즐비한 전형적인 헬라 도시가 나옵니다. 그 이방 신전들에는 언제나 교사들이 있었습니다. 이러한 도시들의 생활상은 오늘날과 매우 흡사합니다. 스피커스 코너(Speak's corner-런던 하이드 파크 공원에 있는 연사들의 강연 장소:역자 주)에서는 여러 종류의 사람들이 나와서 갖가지 의견과 해결책들을 역설합니다. 이 세상은 사람들이 자기들 나름의 각종 견해와 사상들을 주장하는 하나의 거대한 하이드 파크(Hyde Park)입니다.

그러나 우리 주님이 우리들에게 주시는 해결 방안은 간단 명료한 것입니다. 당신은 진정으로 안식과 평안을 알고 싶습니까? 그렇다면 다른 모든 가르침들과 모든 교사들을 포기하고 주님의 말씀에 귀를 기울이겠다고 작정하십시오. 이것이 간단한 주님의 제안입니다. 이 간명한 주님의 말씀을 받고 안식과 평강을 누린 자들의 증언은 이미 언급했었던 교회사의 중요한 인물들에게서 다시 확인될 수 있습니다.

존 웨슬리를 생각해 보십시오. 그는 많이 배운 사람이었습니다. 그는 사실상 학자였습니다. 그는 옥스포드 대학에서 수학했으며, 동대학 학회 회원이었습니다. 그는 많은 책들을 즐겨 읽었는데, 그것은 그가 받은 직분의 일부였습니다. 그러나 그는 나중에 말하기를 자신이 '한 책(성경)의 사람'이었다고 했습니다.

우리들도 모두 어떤 점에서 존 웨슬리의 이 고백에 이르러야 합니다. 나는 이 한 권의 책 곧 성경책, 이 하나의 계시에 골똘해야 합니다. 멍에란 많은 사람들에게 동시에 지워질 수 없기 때문입니다. 멍에는 어떤 의미에서 두 사람, 즉 스승과 당신 자신만 지는 것입니다. 그래서 당신이 그리스도의 멍에를 지려면 다른 견해들을 내세우는 다른 교사들을 내던져야 합니다. 예수님의 말씀은 이런 내용입니다.

"너희들은 다른 교사들의 말을 들어 왔다. 그러나 그 바리새인, 서기관, 율법사들이 너희에게 준 것이 무엇인가? 그들이 너희에게 안식과 평안을 주었는가? 너희들이 소원한 만족을 찾았는가? 그들이 준 것이 무엇인가? 이미 무겁고 피곤한 너희들의 어깨 위에 더 많은 짐을 지워주고 너희들을 땅바닥으로 주저앉게 한 것밖에 무엇이 있는가? 그들의 멍에를 내던지고 나의 멍에를 메어라. '나의 멍에를 메고 내게 배우라.'"

한 걸음 더 나아가서, 멍에가 지닌 또 다른 측면의 의미를 말씀드리겠습니다. 그것은 처음부터 우리가 예수 그리스도라는 인격체를 인정해야 한다는 뜻입니다.

"나는 다른 여러 가지 해결책들을 시도해 보았지만 모두 실패하였다. 이제 나는 하나님의 아들이라고 주장하는 이 사람을 본다. 나는 그분께로 가서 그분의 말씀을 들어야겠다."

이것이 예수님의 멍에를 지는 것입니다. 이 뜻을 더 실제적으로 말씀드리겠습니다. 주님 자신의 용어를 빌린다면 그것은 당신이 어린아이가 되기를 작정하는 것을 의미합니다. 주님이 얼마나 자주 어린아이가 되라고 말씀하셨습니까!

"누구든지 하나님의 나라를 어린아이와 같이 받들지 않는 자는 결단코 들어가지 못하리라"(눅 18:17).

예수님은 니고데모라는 지도자에게도 말씀하셨습니다. "니고데모야 너는 이제 당장 멈추어야 한다. 너는 그릇된 길로 출발하고 있다. 너는 하나의 심사관이 되고 있다. 너는 어린아이가 되어야 한다. 너는 와서 듣고 배워야 할 사람이다. 너는 나의 멍에를 메어라." 우리들 대부분은 성경과 예수 그리스도를 심사관의 입장에서 대합니다. 이것이 대다수 사람들의 문제입니다.

우리들은 심판자들입니다. 우리는 주님께로 가서 그분의 발 아래 앉아 그분의 얼굴을 바라보며 말씀을 듣지 않습니다. 우리들은 자신들의 온갖 이론들과 아이디어들을 가지고 나옵니다. 우리는 이렇게 말합니다. "우리는 이것을 잘 납득할 수 없다. 우리는 이것을 어떻게 해서든지 우리들의 논리로 조사해서 설명해 보아야 한다." 그러니까 그리스도는 우리들의 심사를 받아야 하는 일종의 학생과 같은 셈입니다. 우리들이 당국자들이고, 그리스도는 수험생입니다.

그러나 이것은 그리스도의 멍에를 우리가 메는 것이 아닙니다. 더 말씀을 진행시키기 전에 이 사실을 엄숙하게 지적하고 넘어가야 하겠습니다. 당신이 자기 발로 자신만만하게 서서 하나님의 아들과 그분의 복음을 비판하는 한, 당신은 안식을 절대로 알지 못할 것입니다.

오직 수고하고 무거운 짐진 자들이 무릎을 꿇고 "아들이신 하나님, 제게 말씀해 주십시오!"라고 외칠 때에만 그들에게 안식이 주어집니다. 당신은 탄원하는 자로서 와야 합니다. 당신은 다른 모든 교사들과 당신 자신의 지혜와 사상들을 다 버리고 예수께로 와야 합니다. 당신은 이 세상의 모든 가르침이 당신에게 아무런 안식을 주지 못했다는 사실을 인정하고 고백해야 합니다.

당신은 주님께 와서 이렇게 말해야 합니다. "제게 말씀 하십시오. 제가 들으려고 왔습니다. 저는 어린아이로서 왔습니다." 기독교인들의 전기를 읽어 보십시오. 그들이 항상 이렇게 주님께로 나왔다는 사실을 당신은 알게 될 것입니다. 그들은 마침내 주님을 만나러 나왔습니다. 그들은 그 모든 것들에 질력이 났습니다. 그래서 그들은 주님께 어린아이가 되어 나아갔습니다. 이것이 주님의 멍에를 메는 것입니다.

우리들이 그리스도를 어떻게 접근해야 하느냐는 문제는 대단히 중요합니다. 주님께로 나아가는 방법은 단 한 가지뿐입니다. 그 길로 나아가지 않는 자들은 그 복을 전혀 알지 못하게 될 것입니다.

그리스도의 멍에를 지는 것이 위에서 진술한 의미라면, 그 다음 단계는 논리적으로 보아 그리스도를 '배우는' 것입니다. 그리스도의 멍에를 졌으면 그분의 말씀을 듣기 위해 기다려야 합니다. 다시 말해서 주님의 말씀을 그대로 믿고 받아들이는 것입니다. 그러면 주님이 우리들에게 하시는 말씀이 무엇이겠습니까? 이 복된 복음의 특징적 진술들을 다시 한 번 요약해 드리겠습니다. 예수님이 그의 청중들에게 하신 말씀의 내용은 이런 것이었습니다.

"바리새인들은 너희들에게 무엇을 해야 하는지를 말해 주었다. 그들은 너희에게 컵과 대접의 겉을 닦으라고 가르쳤다. 그들은 640개의 수칙 사항들을 가지고 있다. 그들은 박하와 회향과 근채의 십일조를 드리면서 짐 위에 짐을 더 얹어 놓는다……. 그러나 이제 너희들은 내 말을 듣고 나를 배워야 한다."

주님의 가르침은 이 세상의 모든 가르침들과 전혀 판이한 대조를 이룹니다. 주님은 하나님의 거룩함을 우리들에게 가르치셨고 언제나 이 점을 강조하셨습니다. 그러나 다른 선생들에게 가 보십시오. 그들은 하나님이 사랑이라고만 했지 하나님의 거룩함을 강조하지 않습니다. 그들은 청교도적인 설교를 싫어합니다.

그렇지만 제자들이 주님께 와서 "요한이 자기 제자들에게 기도를 가르친 것과 같이 우리에게도 가르쳐 주옵소서"라고 청했을 때 주님은 어떻게 대답하셨습니까? "너희는 기도할 때에 이렇게 하라 아버지여 이름이 거룩히 여김을 받으시오며"(눅 11:1,2). 주님의 이 가르침은 우리가 하나님에 대한 올바른 인식을 가지고 출발해야 한다는 것입니다. 우리는 이 측면에서 잘못 가는 경향이 다분하지 않습니까? 우리들의 원초적인 오류는 흔히 불투명한 신관인 경우가 허다합니다.

우리 자신들에 대해서 솔직하게 말해 보십시오. 대부분의 우리들은 예수 그리스도의 말씀을 듣기 전에 하나님을 비판하는 위치에 있다고 생각되지 않습니까? "왜 하나님이 그렇게 하셔야 하는가? 왜 이런 일이 일어나는가? 왜 저 일은 저렇게 하시는가?" 우리들은 하나님의 일까지 심사하는 판정관들입니다. 주님은 처음부터 우리들에게 말씀하십니다.

"너의 선 곳은 거룩한 땅이니 네 발에서 신을 벗으라"(출 3:5).

당신은 하나님을 어떻게 보십니까? 당신은 하나님을 상상할 수 있을 것 같습니까? 하나님은 절대적으로 철저하게 거룩하신 분입니다. 따라서 우리는 하나님을 상상할 수조차도 없는 존재들입니다. 하나님은 영원히 거룩하시며 절대적인 완전 속에서 영존하시는 분입니다.

이것이 우리 주님께서 하나님에 대해 가르치신 것입니다. 우리들도 여기서 시작해야 합니다. 안식과 평강을 위해 하나님을 아는 것이 가장 긴요하다면 하나님의 속성과 성품을 아는 일로부터 시작되어야 합니다.

그래서 주님은 항상 하나님에 대해서 가르치셨습니다. 하나님께 대한 주님 자신의 자세를 보십시오. 주님이 어떻게 기도하셨습니까? 주님은 자신이 스스로 한 일이 아무 것도 없었다고 고백하셨습니다. 주님이 행하신 일은 아버지께서 하라고 명하신 것이었고 주님이 가르치신 말씀도 아버지께서 주님께 주신 것이었습니다. 주님이 자신을 아버지에게 종속시킨 것과 아버지를 존경한 점을 주목하십시오.

주님은 "내게서 배우라"고 하셨습니다. 우리는 주님의 말씀을 경청할 때에만 하나님의 거룩함과 사랑과 모든 여러 속성들에 관한 이해가 생기게 됩니다.

그러면 주님이 우리들에 대해서 주신 가르침은 무엇일까요? 주님은 우리들의 죄 많음에 대해 말씀하셨습니다. 다른 교사들은 입으로 들어가는 것이 인간을 더럽힌다고 가르칩니다. 그래서 규칙과 규정들이 우리들을 둘러싸고 있습니다. 그러나 주님은 어떻게 가르치셨습니까?

"입에 들어가는 것이 사람을 더럽게 하는 것이 아니라 입에서 나오는 그것이 사람을 더럽게 하는 것이니라……입에서 나오는 것들은 마음에서 나오나니 이것이야말로 사람을 더럽게 하느니라 마음에서 나오는 것은 악한 생각과 살인과 간음과 음란과 도적질과 거짓 증거와 훼방이니 이런 것들이 사람을 더럽게 하는 것이오"(마 15:11, 18~20). 마음이 오염되고 죄악되며 무가치하다는 것이 우리들에 대한 주님의 가르침입니다.

한편 인기 좋은 현대 철학자들은 절대로 이런 말을 하지 않습니다. 그들은 당신의 모든 문제가 당신 자신 탓이 아니고 다른 사람 탓이라고 가르칠 것입니다. 그들은 우리들을 언제나 변호해 주고 감싸 줍니다.

그렇지만 우리가 그리스도의 말씀에 귀를 기울인다면 문제의 근원이 우리 자신들의 마음이라는 사실을 깨달을 것입니다. 주님은 우리들의 마음이 너무도 더러워서 깨끗한 새 마음이 필요하다고 가르치십니다. 우리들이 거듭나야 한다는 말씀입니다. 우리들은 너무도 죄에 젖어서 주님이 이 세상에 오심으로써만 죄로부터 구원될 수 있다는 것이 예수님의 가르침입니다. 당신은 그리스도가 주시는 안식과 평안을 알기 전에는 매우 불안정하며 행복할 수가 없습니다. 이것은 당신이 반드시 거쳐 가야 할 과정의 하나입니다.

주님은 구원하시기 전에 언제나 정죄하시고, 올려 주시기 전에 언제나 끌어내리시며, 치유하시기 전에 언제나 아픈 데를 노출시키십니다. 당신은 죄의 확신을 지니기 전에는 절대로 구원과 중생을 알 수 없습니다.

만약 우리들의 죄 많음에 대해 우리가 확신한다는 말이 무슨 뜻인지를 모른다면 아직도 주님의 말씀을 들은 것이 아닙니다. 자신이 썩고 악하고 정죄된 죄인이라는 자각이 없이는 누구도 진정으로 그리스도께로 나갈 수 없습니다. 이 같은 자각은 그리스도의 말씀을 들음으로써 생깁니다.

이제 본인은 주님이 우리 자신들의 처지에 대해서 주시는 말씀이 무엇인지를 강조하려고 합니다. 주님이 없으면 우리는 모두 하나님의 진노 아래 놓여 있습니다. 주님은 하나님이 영원하신 심판관이라고 가르치셨습니다. 우리들이 죽으면 각자가 빠짐없이 하나님 앞에서 심판을 받아야 하며 우리 모두가 하나님 앞에서 정죄받은 자들이라는 것이 주님의 가르침입니다. 다음 말씀을 유의하십시오.

"하나님이 세상을 이처럼 사랑하사 독생자를 주셨으니 이는 저를 믿는 자마다 멸망치 않고 영생을 얻게 하려 하심이니라……저를 믿는 자는 심판을 받지 아니하는 것이요 믿지 아니하는 자는 하나님의 독생자의 이름을 믿지 아니하므로 벌써 심판을 받은 것이니라"(요 3:16, 18).

주님은 또 본장의 마지막에서 독생자를 믿지 않는 자에게는 "하나님의 진노가 그 위에 머물러 있느니라"(요 3:36)고 하셨습니다.

어떤 이는 이 말씀에 거부감을 느낄 것입니다. "나는 당신의 하나님을 믿지 않습니다. 당신의 하나님은 진노의 신입니다. 나는 하나님의 진노를 믿기에는 너무 개화된 사람입니다." 이렇게 말하는 사람은 그리스도의 멍에를 벗어 버리고 현대의 교사들에게 귀를 기울이는 자입니다. 다시 말씀드리지만 그리스도의 멍에 아래 들어온다는 것은 주님의 말씀을 듣고 그분의 가르침을 배우는 것입니다.

당신은 하나님의 사랑에 대해서 말합니다. 그렇지만 주님은 하나님의 사랑을 드러내는 성육신입니다. 그래서 주님 안에 하나님의 사랑이 충만히 머물러 있습니다. 이 같은 사랑이 일찍이 없었습니다. 그럼에도 주께서는 우리들이 주님을 떠나서는 본성적으로 썩었으며 하나님의 눈에 모두 죄인들로서 정죄되었다고 가르치셨습니다.

주님은 이 사실을 성전으로 기도하러 올라갔었던 바리새인과 세리에 대한 묘사로 정확하게 지적하셨습니다. 바리새인은 자신이 다른 사람들과 다른데 특히 옆에 있는 세리와 전혀 틀리다면서 감사 기도를 올렸습니다.

"나는 이레에 두 번씩 금식하고 또 소득의 십일조를 드리나이다"(눅 18:12). 이 사람은 얼마나 훌륭한 인물이었습니까!

반면 세리의 기도는 너무도 대조적입니다. "세리는 멀리 서서 감히 눈을 들어 하늘을 우러러 보지도 못하고 다만 가슴을 치며 가로되 하나님이여 불쌍히 여기옵소서 나는 죄인이로소이다." 이렇게 외쳤던 세리는 "의롭다 하심을 받고 이에 내려갔느니라"는 것이 주님의 결론입니다. 세리는 자신이 하나님의 눈에 형편없는 죄인임을 깨닫고 자신을 하나님의 자비하심에 맡겼습니다(눅 18:13,14). 우리 주님은 하나님의 거룩하심과 우리 자신의 죄 많음에 대해 이 같이 가르치셨습니다.

그러면 이제 세번째로 우리들이 하나님의 진노로부터 피할 수 있는 길이 무엇인지를 생각해 보도록 하겠습니다. 주님은 우리들이 주님의 말씀을 꼭 듣는 것이 유일한 구원책이라고 가르칩니다. "인자의 온 것은 잃어버린 자를 찾아 구원하려 함이니라"(눅 19:10). "인자의 온 것은 섬김을 받으려 함이 아니라 도리어 섬기려 하고 자기 목숨을 많은 사람의 대속물로 주려 함이니라"(막 10:45). 주 예수 그리스도께서 우리에게 하시는 말씀을 풀어 보면 다음과 같은 뜻입니다.

"나는 단 한 가지 이유 때문에 이 세상에 왔다. 그것은 곧 너희들을 구원하는 것이다. 너희들은 스스로를 구원하지 못한다. 그 누구도 너희들을 구해 줄 수 없다. 하나님은 너희들에게 율법을 주셨지만 너희는 그것을 지키지 못하였다. 하나님은 너희들에게 선지자들을 보냈지만 너희는 그들의 메시지에 귀를 기울이지 않았다. 헬라 철학이 이 세상에 3백 년 이상 존속되었지만 그것이 하나님을 아는 지식을 주지 못하였다. 그러나 인자(人子)인 나는 잃은 자들을 찾고 구해 주기 위해 와 있다."

"한 알의 밀이 땅에 떨어져 죽지 아니하면 한 알 그대로 있고 죽으면 많은 열매를 맺느니라" "내가 땅에서 들리면 모든 사람을 내게로 이끌겠노라." "이렇게 말씀하심은 자기가 어떠한 죽음으로 죽을 것을 보이심이러라"(요 12:24,32,33).

"나의 멍에를 메고 내게 배우라." 내가 주님께 귀를 기울이면 주께서 나와 내 죄를 위해 이 세상에 오셨다는 사실을 배우게 됩니다. 죄의 형벌은 죽음입니다. 그래서 내가 죄의 벌을 받으면 나는 죽고 하나님의 생명 밖에 놓이게 됩니다. 그리고 나는 안식이 없는 영원한 비참 속에 머물러야 합니다. 그러나 주님은 나의 죄를 지시기 위해, 내 대신 죽어 주기 위해, 나를 하나님과 화해시키기 위해 오셨다고 말씀하십니다.

주님이 내게 그 다음으로 말씀하시는 것은, 이미 우리가 살펴보았듯이, 내가 이 모든 사실들을 인식하기 전에 거듭나야 한다는 것입니다.

예수님은 니고데모에게 말씀하셨습니다.

"사람이 거듭나지 아니하면 하나님 나라를 볼 수 없느니라……내가 네게 거듭나야 하겠다 하는 말을 기이히 여기지 말라"(요 3:3,7).

우리 주님은 중생(重生)에 대해 반복적으로 가르치셨습니다. "나는 네게 오는 다른 교사들과는 전혀 다르다. 나는 네가 무엇을 해야 한다고 권고하지 않는다. 그렇게 가르치는 것은 너의 짐을 더 무겁게 할 뿐이다. 나는 네가 생명을 받고 그 생명을 더욱 풍성히 누리도록 해 주기 위해 왔다."

주님은 우리들에게 하나님의 생명이 필요한데 그것을 우리에게 주시려고 오셨다고 가르치셨습니다. 이 하나님의 생명은 중생이며, 새로운 본성이며, 새 출발이며, 새로운 피조물입니다.

예수님의 가르침이 담고 있는 마지막 요소는 이 모든 것들을 믿은 자들에게 자신을 부인하라는 부르심입니다. 환언하면, 십자가를 지고 주님을 따르라는 초청입니다. 그리스도를 믿는 자는 모든 위험을 무릅쓰고, 심지어 바보 취급을 당할 것까지 각오한 사람입니다. 그것이 십자가를 지는 것입니다. 당신이 주님을 따르는 일을 반대하는 그 모든 것들에게 고개를 돌리고 귀를 기울이지 않는 것이 십자가를 지는 것입니다. 그것은 세상이 무엇이라고 말하든지 상관하지 않고 당신이 의식적으로 당신의 십자가를 지고서 주님을 따르는 것입니다. 당신은 주님의 경우처럼 이 세상의 멸시를 받고, 주님처럼 조롱을 당할지도 모릅니다.

사실상 당신은 영적으로 십자가 처형을 당할 것이며 당신을 아프게 하는 여러 형태의 민감한 영역에서 상처를 받을 것입니다. 어쩌면 당신은 목숨을 잃을지도 모릅니다. 그렇지만 주님의 말씀을 진정으로 듣는 자들은 기쁘게 이 십자가를 질 것입니다. 그들은 그리스도인의 삶을 삽니다. 그들은 주님의 모범을 따르며, 그리스도인의 삶을 묘사한 산상 설교 대로 살려고 노력할 것입니다. 당신은 그리스도의 모든 가르침을 믿습니까? 그렇다면 주님의 멍에를 메고 주님께 배우십시오.

이제 마지막 단계로써 간단히 말씀드리겠습니다. 주님의 말씀을 다 듣고 나서 당신이 주께로 나아가는 마지막 단계는 이것입니다. 즉 주님의 멍에 아래 놓이고, 주님이 내게 말씀하신 진리를 확신했으며 그저 간단 명료하게 내가 그것을 믿는다고 주님께 말씀드리는 것입니다. 내 입으로, 말로써 주님께 그렇게 말하십시오.

당신의 무릎을 꿇고 주 예수 그리스도가 당신에게 가르치신 것을 믿는다고 하나님께 말씀하십시오. 하나님께 당신이 하나님을 거슬렀던 죄인인 것과 하나님을 대수롭지 않게 여겼던 것과 하나님께 대해 합당치 못한 일들을 행했다는 것을 말로써 고백하십시오.

당신이 감히 하나님을 비판하는 오만을 부렸고, 당신이 마치 거룩하신 하나님의 존전에 스스로 설 수 있는 듯이 자신을 신뢰했다는 것을 하나님께 말로써 고백하십시오. 자신이 하나님 앞에 당당히 설 수 있을 만큼 훌륭한 존재라고 여기는 것처럼 하나님께 대한 큰 모독은 아마 없을 것입니다.

이 모든 것들을 수치스럽게 여기며 말로써 하나님께 고백하십시오. 이제 당신이 수천 년을 산다 해도 하나님을 만나기에 합당한 인간이 될 수 없다는 사실을 깨닫게 됐다고 고백하십시오. 당신이 철저하게 죄인이며 따라서 당연히 하나님의 진노와 정죄를 받아야 마땅한 자라는 것을 하나님 앞에서 인정하십시오. 당신이 그리스도의 이 메시지를 듣고 그것을 믿는다고 하나님께 말씀하십시오.

당신은 나사렛 예수님이 하나님의 독생자라는 것과 예수님이 당신의 죄를 지고 당신 대신 죽어 주기 위해 오셨다는 것을 듣고서 이 사실들을 믿는다고 하나님께 말씀하십시오. 하나님께 당신은 주님의 이 모든 가르침을 의존한다고 말하십시오. 당신이 믿고 있는 이 사실이 분명해지도록 하나님께 부탁하십시오.

당신은 아직 잘 이해하지 못하는지 모릅니다. 그러나 당신은 아주 단순하게 믿어야 합니다. 그것은 당신이 낮아져서 주님을 믿는 것입니다. 최대의 지성인들도 무릎을 꿇고 자신들이 다른 사람들처럼 속절없는 존재들이라는 사실을 인정하고 하나님의 아들이 자기들을 위해 죽었으며 그것만이 용서의 길임을 믿어야 했습니다.

당신도 하나님께 말로써 고백하고 감사하십시오. 하나님의 아들을 보내신 것과 하나님의 오래 참으심에 대해 감사하십시오. 그리고 주님께 당신의 인생을 의탁하고 자신을 넘겨 드리고 싶다고 하나님께 말씀드리십시오. 당신의 한 가지 소원은 하나님을 기쁘게 해드리는 것이라고 말씀드리십시오. 하나님은 당신을 얼마나 놀라운 방법으로 사랑하셨습니까! 하나님은 당신을 위해 너무도 크신 일을 하셨습니다. 하나님은 당신 전체를 다 요구하실 권리를 가지고 계신 분입니다. 이제 당신은 하나님께 당신의 삶을 드리고 그리스도를 따르겠다고 말씀드리십시오. 하나님께 그렇게 아뢰고 나서 그대로 실천하도록 하십시오. 사람들에게 당신이 복음을 믿고 그리스도의 삶을 산다고 증언하십시오. 힘을 얻고 인도를 받기 위해 하나님을 바라보십시오. 하나님의 백성들과 함께 어울리십시오. 하나님의 말씀을 자주 들으십시오. 쉬지 않고 기도하십시오. 성경을 읽으십시오. 당신은 한 권의 책 곧 성경을 탐독하는 사람이 되었습니다. 이 성경과 시간을 보내십시오. 하나님을 더 잘 알기 위해 당신이 할 수 있는 최선을 다하십시오. 이런 생활을 하면서 하나님께 감사하고 주님을 찬양하십시오.

이것이 그리스도께로 나아가는 의미입니다. 주님의 말씀을 듣고, 받아들이고, 그 말씀을 그대로 단순하게 행하십시오. 당신은 모든 말씀을 다 이해하지 못할 것입니다.

그렇더라도 당신 자신을 주님께 의탁하고 당신에게 더 많은 빛과 지식을 밝혀 달라고 성령님께 요청하십시오. 당신이 받은 지식을 실천하면서 계속해서 더 달라고 주님께 청하십시오. 그러면 당신은 이 세상이 알지는 못하고 빼앗아 가지도 못하는 영혼의 안식과 하나님의 평강과 기쁨을 계속해서 체험하게 될 것입니다.

사랑하는 독자 여러분께 개인적으로 묻고 싶습니다. 당신은 그리스도께로 나아가셨습니까? 주님은 오늘도 당신을 부르고 계십니다. "수고하고 무거운 짐진 자들아 다 내게로 오라 내가 너희를 쉬게 하리라." 당신은 주님이 없이는 안식을 찾지 못합니다. 이것은 너무도 확실한 사실입니다. 당신은 주님이 없이는 안식을 결코 찾지 못합니다. 어린아이 같은 마음으로 주께로 나아가십시오. 주님의 멍에를 메고 주님께 배우십시오. 그리하면 당신의 영혼에 안식이 찾아들 것입니다.

거저 주는 선물

●

"수고하고 무거운 짐진 자들아 다 내게로 오라 내가 너희를 쉬게 하리라
나는 마음이 온유하고 겸손하니 나의 멍에를 메고 내게 배우라
그러면 너희 마음이 쉼을 얻으리니 이는 내 멍에는 쉽고
내 짐은 가벼움이라 하시니라."
마태복음 11:28~30

우리들은 이 유명한 세 구절을 세 번째 살피게 되는데 한 가지 더 숙고할 측면이 남았다고 생각됩니다. 본인은 본문이 하나의 사상을 담은 진술이기 때문에 전체를 놓고 보아야 한다고 줄곧 강조하였습니다. 그런데 본문이 복음의 핵심을 너무도 총체적으로 압축한 것이어서 누구도 1회의 강설로써 다 다룰 수 없습니다. 우리는 본문을 각 구절로 나누어서 순서 대로 생각해 왔습니다.

먼저 28절의 "수고하고 무거운 짐진 자들아 다 내게로 오라 내가 너희를 쉬게 하리라"고 초대의 말씀으로 시작했었고, 그 다음 29절의 의

미가 무엇인지를 찾아보았습니다. "나는 마음이 온유하고 겸손하니 나의 멍에를 메고 내게 배우라 그러면 너희 마음이 쉼을 얻으리니." 이제 이 구절의 강론이 앞 장에서 끝난 셈이므로 마지막 30절인 "이는 내 멍에는 쉽고 내 짐은 가벼움이라"는 말씀을 살펴야 하겠습니다.

본절은 그 어떤 것보다도 주님의 은혜로운 초청을 수락하는데 남녀 인간들에게 어쩌면 큰 장벽이라고 말해도 과언이 아닐 것입니다. 이 구절의 말씀은 또한 우리 인간들이 영광스러운 복음을 통해 누리는 구원의 복을 일상 생활 속에서 드러내는 일에 있어서도 하나의 걸림돌이 됩니다.

본인은 인간들의 근본적인 난점이 복음에 접근하는 문제에서 기인된다고 봅니다. 사람들이 그리스도인 생활의 본질을 처음부터 잘못 인식하고 출발하기 때문에 그리스도께로 나아가는 정도를 향해 한 걸음도 떼어 놓지 못합니다.

사람들은 복음이 다른 여러 가르침 중의 하나인 것처럼 간주합니다. 이러한 견해는 서적과 잡지에서 항상 나타납니다. 사람들의 입에서는 모세, 이사야, 예수, 바울, 플라톤, 소크라테스, 간디 등등의 인물들이 거침없이 오르내립니다. 주님은 다른 인물들 속에 끼여 있으며, 그의 가르침도 인생을 논하는 많은 철학 이론들 중 하나로 취급됩니다.

이 초두의 오해는 치명적입니다. 우리들이 그릇된 인식으로 복음에 접근하면 우리들의 질문들과 문제들은 풀리지 않고 오해만 깊어집니다. 사람들은 상식적인 자세로 복음을 대합니다. "나는 인생살이에 도움이 되는 어떤 가르침을 만나면 그것을 향해 내 질문들을 던지고 해답을 받으려고 한다"는 것이 보통 사람들의 일반적인 자세입니다. 그래서 그들은 예수 그리스도의 복음도 그런 식으로 대합니다.

그러나 이 같은 잘못된 인식을 버리지 못하면 그들은 결코 복음을 참되게 알지 못하고 복음이 주는 것도 전혀 받을 수 없습니다. 우리 주님은 이렇게 먼저 말씀하셨습니다.

"천지의 주재이신 아버지여 이것을 지혜롭고 슬기 있는 자들에게는 숨기시고 어린아이들에게는 나타내심을 감사하나이다 옳소이다 이렇게 된 것이 아버지의 뜻이니이다"(마 11: 25,26).

우리들이 복음을 대할 때 여기서 제일 먼저 알아야 할 것은 복음이란 다른 가르침과 전혀 다르다는 사실입니다. 복음을 대할 때에는 다른 모든 영역에서 우리들이 익숙한 것들을 한쪽으로 제쳐 놓아야 합니다. 우리들이 주님의 말씀을 생각하기 위해 하나님의 집으로 들어갈 때에는 바깥 세계에서 진실한 것들이 모두 그 진정성을 중단하게 됩니다.

바깥 세계에서는 물론 이야기가 다릅니다. 어떤 이들은 능력이 있고 또 어떤 이들은 무능합니다. 어떤 사람들에게는 지식과 학문과 교양과 이해력이 있습니다. 그러나 어떤 사람들은 무식합니다. 교회 밖에서는 이 모든 것들이 매우 중요합니다. 당신이 철학 강연을 들으려면 지적 이해력이 있어야 합니다. 당신이 정치 연설을 들으려면 정치 상황에 관한 상식이 갖추어져야 합니다. 미술, 음악, 문학의 영역에서도 마찬가지입니다. 그것들은 모두 우리들의 인식 능력과 분야별의 감상 능력을 요구합니다.

그렇지만 당신이 예수 그리스도의 복음을 대면할 때에는 전혀 다릅니다. 이처럼 판이하게 다른 것이 이 세상에 존재한다는 사실에 대해 하나님께 감사합니다. 복음을 대하는 우리들의 접근법은 달라야 합니다. 우리들의 정신 자세, 우리들의 관점은 관습적인 인습에서 벗어나야 합니다. 우리들은 새로운 방법으로 시작해야 합니다.

신약은 이 새로운 접근에 대한 가르침으로 가득 차 있습니다. 당신은 우리 주님 자신이 이것과 관련해서 주셨던 말씀을 기억하십니까?

"너희가 돌이켜 어린아이들과 같이 되지 아니하면 결단코 천국에 들어가지 못하리라"(마 18:3).

우리들이 교회 밖에서는 어떤 신분이든지 복음 앞에서는 모두 어린아이와 같이 되어야 합니다. 이것이 복음을 접근하는 자들의 공통 분모입니다. "네가 거듭나야 한다"는 것이 주님의 확언입니다. 반드시 새로운 출발이 있어야 한다는 것이 주님의 진언입니다. 전혀 달라야 한다는 말씀입니다.

환언하면, 기적적이고 초자연적인 출발이 있어야 한다는 뜻입니다. 이것이 초두의 대전제입니다.

우리들은 복음의 이 기적적인 요소를 변명할 필요가 조금도 없습니다. 지난 백여 년 동안의 비극은 교회가 이 초자연적인 새 출발에 대해 변명해 왔다는 것입니다. 교회는 이것을 숨기면서 복음이 하나의 개선된 도덕적 가르침이라는 인상을 주려고 애써 왔습니다. 그러나 신약 성경은 그런 시도가 모두 거짓된 것이라고 밝힙니다.

우리들은 예수 그리스도의 복음이 자기 나름의 독특한 범주에 속한다는 사실에서 출발해야 합니다. 복음은 철학이 아닙니다. 복음은 인간의 교훈이 아닙니다. 그것은 기적적이며 초자연적입니다. 그것은 인간이 하나님을 찾아가는 것이 아니고, 하나님이 인간을 찾는 것입니다. 그러므로 우리들은 전혀 다른 차원에서 출발해야 하며, 우리의 전제들을 바꾸어야 합니다. 아직도 이 새 출발과 옛 전제들의 폐기가 어려워서 복음의 초대를 받지 못하고 넘어지는 사람들이 많습니다.

그런데 여기서 한 가지 분명히 해 두고 지나야 할 것이 있습니다. 본인은 복음이 비이성적이라고 주장하는 것이 아닙니다. 본인은 복음이 단순히 기적적이고 초자연적이기 때문에 비이성적이라고 선포하는 것이 아닙니다. 전혀 그렇지 않습니다! 본인의 말은 우리가 이성만으로는 들어갈 수 없는 영역으로 지금 들어간다는 사실을 강조하는 것입니다.

복음은 비이성적인 것이 아니면서도 우리들의 이성을 초월합니다. 하나님이 활동하실 때에 내가 그분을 이해하지 못한다는 것을 믿는 것이 내게 비이성적인 일이 아닙니다. 주 예수 그리스도의 복음에 직면했을 때에도 이와 똑같은 현상이 생깁니다.

그러므로 우리들이 하나님의 집에 들어갈 때에 우리들의 지성을 바깥에 남겨두고 순전히 피동적인 상태에서 어떤 느낌이나 감정에 좌우되어야 한다는 가르침으로 본인의 말을 오해하지 마십시오. 전혀 그런 것이 아닙니다! 본인의 주장은 이것입니다.

즉 하나님이 어떤 일을 하실 때에 우리가 그것을 초자연적이고 기적적인 것으로써 그대로 받아들여야 한다는 말입니다. 그래서 우리는 이 사실을 스스로 체험하게 될 때에 놀랄 필요가 없습니다.

우리들은 하나님이 행하신 것을 먼저 믿고 받아들여야 합니다. 그리고 나서 이해하기 시작하십시오. 다시 순서대로 논리를 정리해 보겠습니다. 나는 이 세상에서 사는 한 인간으로서 안식의 필요성을 느껴 왔습니다. 나는 나의 정신과 이성을 사용하였습니다. 나는 이 세상과 그 가르침과 모든 철학들을 경청하였습니다. 그러나 나는 그것들이 내게 안식을 줄 수 없음을 알았습니다. 나는 더 이상 나아갈 수 없게 되었습니다.

그러나 '이것을 들으라'는 새로운 제안에 직면하였습니다. 듣는 것은 이성적인 행위입니다. 내가 듣는 순간부터 나는 주님의 말씀이 전혀 근본적으로 다르다는 것을 깨닫기 시작했습니다.

이제 본인은 당신에게 우리 주님 자신이 본문의 세 구절에서 드러내신 기적적이고 초자연적인 복음의 본질이 어떤 것인지를 증시해 드리고 싶습니다. 주님은 본문에서 여러 가지를 언급하셨는데, 겉으로만 보면 일련의 모순으로 엮어진 말씀이라는 결론에 이르게 됩니다. 주님의 말씀은 매우 비이성적이며 자연인에게는 말이 되지 않는 소리입니다. 우리들 앞에 서서 예수님이 말씀하십니다.

"다 내게로 오라 내가 너희를 쉬게 하리라." 예수님은 자신에 관해서도 이미 언급한 말씀이 있었습니다.

"내 아버지께서 모든 것을 내게 주셨으니 아버지 외에는 아들을 아는 자가 없고 아들과 또 아들의 소원대로 계시를 받는 자 외에는 아버지를 아는 자가 없느니라."

이것이 무슨 말씀이겠습니까? 예수님이 자신을 하나님이라고 주장하는 말입니다. 나사렛의 목수께서! 그분은 다른 인간들 가운데 서 있는 또 한 사람의 인간입니다. 그럼에도 "내게로 오라"고 주저없이 말합니다.

"세상이 너희들을 실망시켰을지라도 나는 너희들에게 안식을 줄 수 있다. 나는 하나님을 아는 유일무이한 지식을 가지고 있다. 나는 그 누구도 줄 수 없는 하나님의 지식을 너희에게 제공해 주는 사람이다." 예수님은 자신을 모든 인간들 위에 높이셨습니다.

그러나 그 다음 순간에는 "나는 마음이 온유하고 겸손"하다고 하십니다. 한 순간에는 자신을 높이시고 다음 순간에는 낮추십니다. 이것은 주님이 가지신 멋진 역설의 하나입니다. 주님은 동시에 하나님이시고 인간이시며 두 개의 본성이 동시에 공존하는 분이십니다.

우리는 "나의 멍에를 메고 내게 배우라"는 말씀 앞에 직면해 있습니다. 주님은 이 전적인 충성을 언제나 요구하십니다.

마태라는 사람이 있었는데 어느 날 그는 여느 때처럼 앉아서 세금을 수납하였습니다. 그런데 예수께서 그에게 오셔서 '나를 따르라'고 하셨습니다. 마태는 즉시 주님을 따랐습니다. 어떤 두 사람이 부친의 그물과 어선을 돌보고 있었습니다. 주님은 그들에게 '나를 따르라'고 하셨는데 그들 역시 즉각 예수님을 따랐습니다. 주님은 이 같은 충성을 요구하십니다. 그런데도 주님은 "나는 마음이 온유하고 겸손"하다고 하십니다.

당신은 이 주님을 이해하시겠습니까? 당신의 인간적 가치관의 범주 속에 이분을 집어 넣을 수 있겠습니까? 당신이 기독교 교회 밖에서 인간을 평가하는 데 사용하는 모든 기준들이 예수님을 재어 보는데 조금이라도 소용이 됩니까? 당신은 주님을 어떻게 설명하겠습니까? 여기에 처음부터 우리들을 당황시키는 무엇이 있습니다. '내게로 오라'는 경이로운 초청은 우리에게 모순된 말로 들리지 않습니까?

이제 주님의 가르침에 관해서도 관찰해 보십시오. 주님의 가르침은 인류가 지금까지 받아 온 것 중에서 가장 탁월한 교훈입니다. 세계 역사 속에 등장했었던 모든 위대한 교사들의 가르침을 다 모아서 주 예수 그리스도의 교훈과 비교해 보십시오. 예수님의 가르침이 그 모든 가르침보다 월등하다는 것을 알게 될 것입니다.

주님의 가르침은 하나님의 선지자였던 모세를 통해 이스라엘 자손들에게 주어졌던 십계명이나 도덕법보다 더 높습니다. 인류의 온갖 고상한 윤리적 교훈들을 집결시키고 주 예수 그리스도의 가르침과 비교해 보십시오. 만약 일반 도덕가들의 교훈이 어렵다면 주 예수님의 가르침은 도무지 불가능한 말씀들임을 당신은 발견할 것입니다. 예수님의 교훈들이 어떤 성격의 말씀인지를 예시로써 몇 구절 인용해 보겠습니다.

　　"심령이 가난한 자는 복이 있나니"
　　"의에 주리고 목마른 자는 복이 있나니 저희가 배부를 것임이요"
　　"마음이 청결한 자는 복이 있나니 저희가 하나님을 볼 것임이요"
　　(마 5:3,6,8).
　　"너희 의가 서기관과 바리새인보다 더 낫지 못하면 결단코 천국에 들어가지 못하리라"(마 5:20).
　　"그러므로 하늘에 계신 너희 아버지의 온전하심과 같이 너희도 온전하라"(마 5:48).
　　"너희 원수를 사랑하며 너희를 핍박하는 자를 위하여 기도하라"(마 5:44).
　　"또 너를 송사하여 속옷을 가지고자 하는 자에게 겉옷까지도 가지게 하며 또 누구든지 너로 억지로 오 리를 가게 하거든 그 사람과 십 리를 동행하고 네게 구하는 자에게 주며 네게 꾸고자 하는 자에게 거절하지 말라"(마 5:40~42).
　　이것이 주님의 가르침입니다. 주님은 또한 이런 말씀도 하셨습니다.
　　"아무든지 나를 따라오려거든 자기를 부인하고 자기 십자가를 지고 나를 좇을 것이니라 누구든지 제 목숨을 구원코자 하면 잃을 것이요 누구든지 나를 위하여 제 목숨을 잃으면 찾으리라"(마 16:24,25).

우리가 앞 장에서 언급했듯이, 주님은 사람을 더럽히는 것이 입으로 들어가는 것이 아니고 마음에서 나오는 것이라고 지적하셨습니다. 주님은 우리들이 마음을 씻고 정신을 청결하게 해야 한다고 가르치셨습니다.

당신은 주님이 어떤 젊은 지도자와 가졌던 대화를 기억하십니까? 그 젊은이는 매우 훌륭한 청년이었습니다. 그는 자기 부모를 공경하였고, 수입의 십일조를 가난한 자들에게 주었습니다. 그는 모든 덕성의 모범이라고 해도 과언이 아니었습니다. 우리들은 그 청년에 비하면 너무도 부끄럽고 무가치한 존재들로 느껴질 정도입니다.

그럼에도 주님은 그를 보고 "네게 한 가지 부족한 것이 있다"고 하셨습니다. 이것이 주님의 가르침입니다. 그런데 또 주님은 우리를 향해 "내 멍에는 쉽고 내 짐은 가벼움이라"고 하십니다.

당신은 주님의 가르침이 지닌 근본적인 역설을 아시겠습니까? 주님은 다시 한 번 자기 모순을 드러내시고 있지 않습니까? 주님 자신의 인격체에도 이 모순이 내재하고 있습니다. 주님은 하나님이시면서 또한 인간이십니다. 주님은 자신을 높이시면서 또한 낮추십니다. 주님의 역설은 본문에 다시 대두됩니다. 주님의 가르침은 인류가 가진 가르침 중에서 가장 불가능한 교훈입니다. 그럼에도 "내 멍에는 쉽고 내 짐은 가벼움이라"고 주님은 말씀하십니다.

그래서 어떤 이들은 불만을 털어놓습니다. "예수님의 가르침이 그런 식이기 때문에 나는 복음을 이해할 수 없습니다. 그래서 나는 그리스도인이 아닙니다. 당신은 '내게로 오라'는 은혜로운 초청이 있다고 내세우지만 당신이 제시하는 종류의 삶은 너무 어렵습니다. 도대체 안식과 평안이 어디에 있단 말입니까?"

이제 우리 자신들에 대해서 주님이 서술하는 엄청난 역설을 살피겠습니다. 주님이 초대하는 사람들은 이미 지친 인생들입니다. 우리들은 수고하고 무거운 짐진 자들입니다. 우리들은 실패를 의식하고 절급한 필요를 느끼는 자들입니다. 그래서 우리들은 주님의 이 놀라운 가르침을 듣습니다.

그런데 주님의 가르침은 커다란 역설입니다. 우리들이 자신을 부인하고 십자가를 지며, 아무도 죄나 흠이 있다고 손가락질을 할 수 없는 주님을 따르는 데에도 주님이 안식을 제공하시기 때문입니다. 주님은 우리들이 그를 따를 때에 평안과 안식을 가질 수 있다고 말씀하십니다. 이것이 복음의 기적입니다. 이 안식은 소정의 절차를 밟거나 어떤 훈련을 거친 이후가 아닌 지금 당장 우리들에게 제공되어 있습니다.

주님은 사실상 "나의 멍에를 메고 내게 배우라"고 하시면서 그렇게 할 때에 우리들의 영혼이 안식을 누리고 더욱더 누리게 된다고 강조하십니다. 이것이 피곤하고 지치고 고독하며 상처 난 인생들인 우리를 향해 주께서 제공하시는 은혜입니다. 그런데 주님은 이 안식을 지체 없이 지금 제공하시겠다고 말씀하십니다.

이 초청의 말씀은 모든 사람들에게 준 것입니다. "다 내게로 오라……" 당신의 조상들이 어떤 사람들이었던지 상관이 없습니다. 복음은 당시의 족보에 관심이 없습니다. 복음은 당신의 과거사에 대해서 알려고 하지 않습니다. 복음은 당신이 시험에 붙었는지 떨어졌는지를 알려고 하지 않습니다. 예수 그리스도의 복음은 당신에게 단 한 가지 묻습니다. 당신은 안식이 필요합니까? 당신은 안식을 못 찾았습니까? 당신에게 안식이 절급합니까? 그렇다면 오십시오.

우리들은 아직 복음에 깊이 들어가지 않았음에도 이 같은 엄청난 진술들을 접하게 됩니다. 그럼 이 역설들을 어떻게 이해하고 조화시켜야 하겠습니까? 본인은 사실 초두에서 이 질문에 대답하였습니다. 우리는 복음의 성격에서 그 모든 해답을 구할 수 있습니다. 복음은 전혀 다릅니다. 복음은 기적적이고 초자연적이기 때문에 다릅니다. 좀더 직설적으로 설명하겠습니다.

복음의 화자(話者) 되신 주 예수 그리스도는 유일무이(唯一無二)하신 분입니다. 주님은 홀로 으뜸이십니다. 주님은 단순한 인간이 아닙니다. 주님은 단순한 교사나 또 하나의 철학자가 아닙니다. 주님은 우리들이 인생을 어떻게 살아야 평안을 찾는다는 것을 가르치는 또 한 사람의 사상가가 아닙니다.

주님은 하나님의 아들이십니다. 주님은 한 인격체이시면서 동시에 하나님이시고 인간이십니다. 우리들 앞에 서 계신 예수님은 전혀 차원이 다르신 분입니다. 우리들은 인생 문제를 모두 해결해 준다고 선전하는 만병 통치약과 같은 갖가지 가르침들을 면밀히 살펴보는데 이것은 옳은 자세입니다.

우리들은 자연히 회의적입니다. 요즘과 같은 세상에서는 회의적인 것이 지혜의 근본입니다. 우리들은 과거에도 만병 통치약을 파는 철학자들과 교사들을 만났지만 그들의 가르침은 모두 별수없는 것들이었습니다. 그리고 그들 자신이 회의적입니다. 세계사는 온갖 탁월한 사상들을 내걸었던 유명한 인물들의 이야기로 가득 차 있습니다. 그러나 그들의 가르침들은 모두 공허한 소리들입니다.

그러나 예수님은 전혀 차원이 다른 분입니다. 이분은 우리들의 인간적 범주에 넣을 수 없는 유일한 인물입니다. 예수님은 다른 인간과 같은 분이 아닙니다. 예수님은 "죄 있는 육신의 모양"(롬 8:3)으로 오셨지만 단지 그와 같은 모양으로 외부에서 이 세상 속으로 들어오신 성육(成肉)하신 하나님의 아들이십니다.

그래서 우리는 동정녀 출생과 성육신의 기적을 선포합니다. 만일 나사렛 예수님이 이렇게 태어나시지 않았다면 내게는 복음이 없는 것입니다. 예수님은 유일무이하신 분입니다. 오직 이 한 분에게만 "하늘로서 소리가 있어 말씀하시되 이는 내 사랑하는 아들이요 내 기뻐하는 자라"(마 3:17)고 하셨습니다.

당신은 예수님이 하나님의 아들이시라는 사실을 깨닫기 전에는 나사렛 예수님의 역설을 해결할 수 없을 것입니다. 당신이 도마처럼 자신을 낮추고 예수님을 향해 '나의 주, 나의 하나님'이라고 고백할 때까지 당신은 그분에 대한 모순과 역설에 대해 항상 언짢아 할 것입니다. 그렇지만 당신이 예수님을 주(主)로서 고백하면 그 순간부터 그분을 이해하게 될 것입니다.

이제 본제의 두번째 측면을 생각해 보겠습니다. 만약 예수님이 그런 분이시라면 그분이 이 세상에 오신 목적은 무엇일까요? 신약 성경은 이 질문에 대한 명백한 답변을 제공해 줍니다. 주 예수 그리스도는 단순히 우리들을 가르치거나 권고하거나 하나님을 찾으라고 애쓰는 우리들의 무익한 노력을 북돋아 주거나 혹은 단순히 어떤 모범을 보이려고 이 세상에 오시지 않았습니다. 우리들은 예수님에 대한 이 같은 오해를 말끔히 씻어 버려야 합니다.

만약 나사렛 예수님이 내게 하나의 모범이거나 격려자에 불과하다면 그분은 차라리 이 세상에 오시지 않았더라면 좋을 뻔했다고 경건히 말하고 싶습니다.

구약 성경에 나오는 훌륭한 족장들이나 다윗, 기타 선지자들의 삶을 보면 나는 훨씬 뒤떨어집니다. 이 세상의 낳은 최선의 사람들을 보아도 나는 너무도 부족한 자임을 깨닫습니다. 그런데 저보고 나사렛 예수님의 모범을 따르라는 말씀입니까? 그분이 내게 하나의 인생 모델에 불과하다는 말씀입니까? 만약 그렇다면 내게는 아무 소망이 없습니다. 왜냐하면 내가 한 발자국도 떼어 놓기 전에 그분이 벌써 나를 정죄하시기 때문입니다. 그것은 도무지 불가능한 일입니다!

그렇지만 하나님께 감사합시다. 예수님은 이 일을 위해 오시지 않았습니다! 예수님은 우리들의 보잘것 없는 노력을 부추겨 주거나 계속 더 힘써 보라고 격려하거나 보다 적극적으로 살아야 한다는 자극을 주기 위해 오시지 않았습니다.

만약 그런 것들이 그분께서 이 세상에 오신 목적이라면 그것은 이미 우리 등에 무겁게 올려진 짐들을 더욱 늘려 주는 결과밖에 되지 않을 것입니다. 아닙니다.

예수님은 우리들을 위해서 무엇을 해 주시기 위해 이 세상에 오셨습니다. 그분은 우리를 위해 다른 누구도 할 수 없었던 구원의 길을 열기 위해서 오셨습니다. 이 목적을 위해 예수님은 "죄 있는 육신의 모양으로" 오셨습니다. 예수님은 우리들의 죄와 죄책들의 문제를 떠맡기 위해서 인간의 본성을 지니고 오셨습니다. 예수님은 십자가로 가셨습니다. 그곳에서 예수님은 죽으셨습니다. 그 결과 예수님은 우리에게 구원의 길을 제공해 주시겠다고 말씀하십니다.

본문에서 예수님이 사용하신 최대의 단어는 복음 전체를 대변합니다. 이 말은 '준다'는 것입니다. "수고하고 무거운 짐진 자들아 다 내게로 오라 내가……주리라(하리라)." 예수님은 여기서 당신에게 인생을 어떻게 살아야 한다는 청사진을 제시하고 있습니까? 당신이 오를 수 있는 최고의 산정들을 여기서 가리키고 있습니까? 아니면 예수님의 모범을 흉내 낼 수 있을 테니 노력해 보라는 말씀입니까? 전혀 그렇지 않습니다! "수고하고 무거운 짐진 자들아 다 내게로 오라 내가……주리라(하리라)"고 하셨습니다.

다시 말씀드려서 예수님이 당신에게 무엇을 넘겨 준다는 것입니다. 주 예수 그리스도의 복음은 주는 것입니다. 이 세상에서 유독 복음만이 줍니다. 세상의 다른 모든 가르침들은 요구를 합니다. 그것들은 더 배우라고 말하고, 더 지적이어야 한다고 주장하며, 더 많은 도덕적 노력을 기울이라고 요구합니다.

그러나 우리 주님은 우리들에게 선물을 주십니다. 예수 그리스도의 복음의 핵심은 본문의 '준다'는 말에 집약되었습니다. 당신과 내가 해야 하는 일은 우리의 필요를 인식하는 것뿐입니다. 우리들은 처음에 무엇을 성취하라는 요구를 받지 않습니다. 단지 받으라는 요청뿐입니다.

우리 주님은 또 이렇게 선명하게 말씀하신 적도 있습니다.

"구하라 그러면 너희에게 주실 것이요 찾으라 그러면 찾을 것이요 문을 두드리라 그러면 너희에게 열릴 것이니"(마 7:7).

다시 옮기면 이와 같습니다.

"너희가 가난뱅이와 실패자라는 것을 인식하고 구하라. 그러면 내가 주겠노라." 복음의 강령은 이것입니다.

"하나님이 세상을 이처럼 사랑하사 독생자를 주셨으니 이는 저를 믿는 자마다 멸망치 않고 영생을 얻게 하려 하심이니라"(요 3:16). 이것이 하나님의 복음입니다. 우리들에게 요구된 것은 오직 우리들의 필요를 인식하고 인정하라는 것입니다.

끝으로 예수 그리스도가 우리에게 주시는 것이 무엇입니까? 주님은 이 안식을 어떻게 우리에게 주십니까? 우리들에게 제일 먼저 필요한 것은 죄의 용서입니다. 나는 나의 과거와 실패와 죄에 직면해 있습니다. 나는 그것들에 대해 아무 것도 할 수 없습니다. 나는 나의 모든 허물들을 지워 버리지 못합니다. 나는 잊으려고 애쓰지만 뜻을 이루지 못합니다. 내가 병들거나 사랑하는 자들이 몸져 눕거나 장례를 치르면 나의 과거와 죄들이 다시 살아납니다. 나는 죽음을 생각할 때마다 나의 과거를 회상하게 됩니다. 내 과거의 모습이 나의 모든 잘못들과 함께 언제나 되살아납니다. 나에게는 용서가 제일 먼저 필요합니다. 내게 용서가 필요하기 때문에 나는 평온하지 않습니다.

주님은 안식이 없는 나를 바라보시면서 말씀하십니다. '내게로 오라 내가 네게 안식을 주리라.' 주님은 용서의 안식, 하나님과의 화평의 안식을 주신다고 하십니다. "그러므로 우리가 믿음으로 의롭다 하심을 얻었은즉……하나님으로 더불어 화평을 누리자"(롬 5:1). "그러므로 이제 그리스도 예수 안에 있는 자에게는 결코 정죄함이 없나니"(롬 8:1).

당신은 그리스도에 의해 당신의 과거의 죄 많음과 죄책들의 모든 문제로부터 안식하게 됩니다. 주님이 그것을 해결하셨습니다. 주님은 당신의 죄를 감당하셨기에 당신에게 안식을 주실 수 있습니다. 그런데 주님은 거기서 그치지 않습니다. 주님은 우리에게 새 생명과 새 본성을 주십니다. 이것은 가장 놀라운 사건입니다. 그래서 본인은 이 중생의 교리를 처음부터 강조했었습니다. 당신은 복음을 이해할 수 있기 전에 새 생명을 가져야 합니다.

주님은 니고데모와 같은 훌륭한 이스라엘의 도덕적인 지도자에게까지 '네가 반드시 거듭나야 한다'고 말씀하셨습니다. "내 친구여, 너에게는 새 생명과 새 본성이 없다. 너는 그것들이 없이는 아무 것도 이해하지 못할 것이다." 이와 동일한 말씀을 주님은 당신에게도 하십니다.

어떤 이는 말합니다. "당신의 말은 이제 나에게 좀 들리기 시작합니다. 나는 이런 것들을 이해하지 못하던 것이 언제나 문제였습니다. 당신의 말은 너무 좋아서 사실로 믿어지지가 않을 정도입니다. 그런데 당신은 우리들이 안식과 평안을 즉시 얻을 수 있다고 말하지만 세상일이 어찌 그럴 수 있겠습니까. 내가 세상에서 얻은 것들은 죄와 땀과 노력의 대가였습니다. 그런데 어떻게 이런 좋은 일들이 가능하단 말입니까?"

주님의 대답은 당신이 진정한 마음으로 주께 나아가면 새 본성을 주님이 당신에게 주신다는 것입니다. 그때 당신은 새로운 정신과 새로운 이해를 하게 됩니다. 당신은 옛날과 다른 것들을 갈망하게 되고, 당신이 늘 원했던 것들을 미워하게 될 것입니다.

나의 친구여, 이 복음은 기적입니다! 복음은 도덕적인 가르침만 주지 않습니다. 복음은 도덕적인 투쟁도 아닙니다. 주 예수 그리스도는 자신의 본성을 우리에게 주십니다. 당신은 주님과 같이 되어 당신 자신을 알아볼 수 없게 될 것입니다. 당신은 전혀 새로운 사람이 되어 바울처럼 고백할 것입니다. "이제는 내가 산 것이 아니요 오직 내 안에 그리스도께서 사신 것이라"(갈 2:20). 이것이 복음입니다. 주님은 새 본성과 중생과, 전혀 판이한 인생관을 담은 안식을 당신에게 주실 것입니다.

주님은 우리들에게 성령도 주십니다. 우리들은 그리스도께서 우리를 위해 점지하신 삶을 살 수 있는 능력과 힘을 성령으로부터 받습니다. 이것이 주님의 멍에는 쉽고 그의 짐은 가볍다는 그 놀라운 역설 같은 진술의 궁극적인 설명입니다. 어떤 이는 이렇게 질문할지 모릅니다.

"예수님은 산상 설교를 하셨습니다. 그 설교는 오늘날의 그리스도인들에게 적용됩니다. 내가 어떻게 실천할 수 있습니까?" 그 대답은 이것입니다. "내가 너에게 성령 안에서 능력을 주리라. 내가 너로 하여금 산상 설교대로 살 수 있게 하겠다." 그래서 주님은 우리에게 그의 복되고 영광스런 모범을 따르라고 하시고 우리들이 그렇게 할 수 있도록 해 주십니다. 주님은 우리들을 혼자 내버려 두시지 않습니다. 이 지점에서 기적적이고 초자연적인 요소가 복음 속으로 들어옵니다.

주님은 우리들에게 실천을 위해 필요한 능력과 생명을 주시기 이전에는 아무 것도 요구하시지 않습니다. 주님 자신이 우리 속으로 들어오셔서 말씀하십니다. "내가 너에게 다른 보혜사를 주겠다. 나는 네 속에 있으면서 너와 함께 머물겠다." 주님은 자신의 삶(생명)을 우리 속에서 사시면서 우리들이 주님의 삶을 살게 하십니다. 그래서 주님의 멍에는 쉽고 그의 짐은 가벼운 것입니다.

이 모든 말씀들은 단순한 이론이 아닙니다. 위대한 성도들의 생애를 살피고 그들의 전기를 읽어 보십시오. 그들도 모두 똑같이 말할 것입니다. 그들 역시 그리스도를 알기 이전에는 인생의 실패자들이었다고 토로할 것입니다. 그들은 자신들이 세운 표준에도 이룰 수 없었습니다. 그들은 인간들의 도덕적 요구를 만족시킬 수 없었습니다.

그러나 그들이 그리스도를 안 이후부터 그들은 세상 사람들의 요구보다 훨씬 더 크고 어려운 삶을 거뜬히 살 수 있었습니다. 그리스도께서 우리의 멍에를 같이 지시기 때문입니다. 주께서 우리와 함께 짐을 나누어 지시기 때문입니다. 우리들은 주님과 함께 멍에를 진 자들입니다.

그런데 주님은 자신이 무거운 짐을 지고 계신 분입니다. 그래서 우리는 주님 옆에서 주께서 지고 가시는 그 멍에에 그냥 붙어서 쉽게 따라가는 셈입니다.

나의 친구여, 이것이 복음의 역설에 대한 설명입니다. 당신은 주님이 생명 자체를 곧 하나님의 생명을 공여하신다는 사실을 인식해야만 주님과 그의 죽으심과 그리스도인의 삶을 이해할 수 있습니다. 신령하신 하나님의 생명이 우리의 것이 되는 것입니다. 주님이 우리 속에 계시면서 우리들을 일신시키고 변화시키며 불가능한 일을 하도록 해 주십니다.

이것이 주님께서 주시겠다는 것입니다. 지금도 주님께서 우리 앞에 보이지 않게 서 계시면서 다시 우리를 초대하십니다. "수고하고 무거운 짐진 자들아 다 내게로 오라 내가 너희를 쉬게 하리라 나는 마음이 온유하고 겸손하니 나의 멍에를 메고 내게 배우라 그러면 너희 마음이 쉼을 얻으리니 이는 내 멍에는 쉽고 내 짐은 가벼움이라."

당신은 이 신령한 생명을 받았습니까? 당신은 새로운 피조물입니까? 당신은 새로운 사람입니까? 당신의 기독교관은 무엇입니까? 그것은 그리스도인이 되기 위해서 열심히 노력하는 것입니까, 아니면 그리스도로부터 생명의 선물을 받는 것입니까? 생명을 선사하겠다는 것이 주님의 제의입니다. 우리는 먼저 새 생명을 선물로 받고, 그 다음에 주님의 능력과 힘으로써 새 삶을 실천하는 것입니다. 당신의 생명은 새로워졌습니까? 당신은 하나님의 자녀입니까? 당신은 하나님을 바울과 함께 "아바 아버지"라고 부를 수 있습니까? 당신은 그리스도의 성령이 당신 속에 있음을 지각하십니까?

바울은 말합니다. "누구든지 그리스도의 영이 없으면 그리스도의 사람이 아니라"(롬 8:9). 그리스도인이 되었다는 것은 당신 속에 새 본성이 있다는 것을 아는 것입니다. 당신이 새 본성을 가졌다면 하나님께 감사하십시오! 만일 안 가지셨다면 당신에게 다시 말씀드리겠습니다. 새 본성이 당신에게 없다는 것과 당신이 그것을 받기를 원한다는 것을 주님께 말로써 아뢰십시오. 주님께 그것을 구하십시오. 주님은 이렇게 약속하셨습니다. "내게 오는 자는 내가 결코 내어쫓지 아니하리라"(요 6:37).

마틴 로이드 존스의 저서 목록

여기 실린 로이드 존스 목사님의 글은 출판된 책자 이외에 다른 출판물에서도 발견될 수 있다. 예를 들면 *The Banner of Truth, The Evangelical Magazine of Wales, Christian Graduate*와 같은 정기 잡지들이다. 그리고 수양회 보고서나 신문에 실리는 집회의 말씀들, A. T. Schofield의 *Christian Sanity*에 기고한 영어 서평, 1929년 웨일스어의 정기 잡지인 *Yr Efengylydd*, C. B. Perry의 책 *bacterial Endocarditis*의 부록(1936)에도 로이드 존스 목사님의 글이 나온다. 현재로서는 시간 관계로 총괄적인 도서 목록을 작성할 수 없어 여기서는 책과 팸플릿만 포함시켰다. 다만 참고로 로이드 존스 목사님의 글을 발견할 수 있는 다른 출처들 몇 개를 첨언하기로 한다.

매년 12월에 웨스트민스터 채플에서 청교도 시대를 특별히 다루는 교회사를 공부하기 위한 연례 집회가 열렸다. 로이드 존스 목사님은 본 집회가 시작된 1950년부터 회장으로 봉사하였는데 매년 폐회 메시지를 전하였다. 본 집회 메시지는 1950년 이래로 해마다 책으로 출간되었는데 처음 20년간의 보고가 1978년 집회 보고서인 *Light From John Bunyan*에 실려 있다.

또 하나의 중요한 출처는 웨스트민스터 채플에서 찍어 낸 *Westminster Record* 월간지이다. 본지에는 1938~1968년까지 강해한 3백 편이 넘는 로이드 존스 목사님의 설교가 기록되었는데, 그 중에서 로마서와 에베소서가 현재 책으로 나와 있다.

로이드 존스 목사님은 런던의 복음주의 도서관(Evangelical library)의 관장으로 초창기부터 주님의 부르심을 받을 때까지 봉사하였다. 1955년 이후로 본 도서관의 연례 집회 보고가 팸플릿으로 나왔는데 로이스 존스 목사님의 메시지가 들어 있다. 1969년부터는 본 집회의 별도 책자 출간이 중단되었으나, 그 이후의 집회에서 전달된 관장의 메시지는 *The Evangelical Library Bulletin*에서 찾을 수 있다.

로이드 존스 목사님은 복음주의 도서관의 창립에 큰 역할을 맡았다. 이것은 그가 기독교 양서에 커다란 비중을 두었다는 증거이다. 그가 결혼 선물로 칼빈과 존 오웬(John Owen)의 전질을 원했던 것도 양서에 대한 그의 짙은 관심을 반영한다. 로이드 존스 목사님 자신이 책을 넓게 읽었으며 다른 사람들에게 좋은 책들을 기회 있을 때마다 추천하였다. 그는 좋은 기독교 서적들을 출판하거나 절판된 책들을 다시 발간하는 일에 적극적으로 발 벗고 나섰으며, 추천 서문도 많이 써 주었다.

웨일스 출처

로이드 존스 목사님은 웨일스인이 아닌 사람들이 웨일스의 기독교 유산을 알기를 무척 원하였다. 그는 특히 18세기의 'Methodist Fathers'들로부터 유익한 영적 도움을 비웨일스계 크리스천들이 받기를 희구하였다. 그가 이 웨일스 기독교의 유산을 귀히 여겼다는 것은 Dr. Gaius

Davies와의 회견에서 잘 엿볼 수 있다. 본 회견은 'Nationalism, Tradition and Language'라는 제목으로 *The Evangelical Magazine of Wales* (August-September, 1969)에 실려 있다.

로이드 존스 목사님이 웨스트민스터 채플에서 행했던 강의 중에는 찬송가 작자인 Pantycelyn의 William Williams(1968)에 대한 것과 Howel Harris(1973)에 대한 것도 포함되어 있다. 이 두 인물은 초기 Welsh Methodists 가운데 가장 뛰어난 지도자들이었다. 로이드 존스 목사님의 다른 강의에서도 유명한 Methodist 설교자였던 Llangeitho의 Daniel Rowland를 비롯하여 웨일스 크리스천들의 믿음에 대한 언급이 많다. 사실상 웨스트민스터 집회(Westminster Conference)에서 가졌던 강의들은 여러 해 동안 웨일스 주제들이었으며 그 내용들이 *The Evangelical Library Bulletin*과 *The Banner of Truth*와 같은 잡지에 실렸다.

로이드 존스 목사님은 아내(Mrs. Lloyd-Jones)에게 Pantycelyn와 Williams가 초기 Methodist Societies에 대해서 쓴 글을 영어로 번역하라고 격려하였다(*The Experience Meeting*, Evangelical Press of Wales). 그는 이 책에 소개문을 쓴 것을 위시하여 Richard Bennett가 영어로 번역한 *The Early Life of Howell Harris* (Banner of Truth)와 Eifion Evans의 *The Welsh Revival of 1904*(Evangelical Press of Wales)와 그의 아내가 번역한 Mari Jones의 *In The Shadow of Aron* (Evangelical Press of Wales), 그리고 북웨일스 산지의 농장 생활에서 나온 'Modern-day parables'의 추천 서문도 써 주었다. 로이드 존스 목사님은 1904년의 웨일스 부흥의 한 주역이었던 E. K. Evans의 영적 자서전을 출판하는 데에도 일조가 되었고 여러 해 뒤에 이 책을 T. Glyn Thomas가 *My Spiritual Pilgrimage* (James Clarke & Co.)라는 제목으로 영역하여 출판하는 일

도 도왔다. 그는 다방면에 은사가 있었는데 H. Elvet Lewis가 작시한 잘 알려진 웨일스 찬송인 'Rho im yr hedd'를 영역하였다. 이 운율 찬송시는 *The Evangelical Library Bulletin*(Spring 1942)에 실렸다. 그는 웨일스의 복음주의 전통이 지닌 풍성한 영적 유산들을 기독교 세계에 알리는 데 중요한 역할을 맡은 인물이었다.

저술 사역

로이드 존스 목사님의 책들은 찾는 사람들이 많다. 그의 『하박국 강해』(*From Fear to Faith*)는 13판이 나갔고, 『영적 침체』(*Spiritual Depression*)는 11판이 나갔다. 그의 책들은 미국판으로도 많이 출간되었고, 여러 나라 언어로 번역되기도 하였다. 그러나 로이드 존스 목사님이 웨스트민스터 채플의 목회를 담당했을 때 나온 책들은 다른 여러 활동들을 하는 동안 진행되었기 때문에 무척 힘든 사역이었다. 그러자 1968년 그는 웨스트민스터 채플을 사임하였다. 사임 목적의 하나는 그의 설교들을 책으로 출판하기 위한 것이었다(*The Banner of Truth*, No. 57에 실린 그의 사직서를 참조하라). 1970년 이후에 나온 그의 출판물들은 그 이전에 출간된 모든 책들을 다 합친 것보다 분량이 더 많고 대부분 큰 책들인 경우가 많다. 로이드 존스 목사님은 말년에 로마서와 에베소서의 시리즈를 준비하는 데 거의 전념하였다.

우리는 이미 로이드 존스 목사님의 저술들이 많이 출간된 것을 감사하며 그의 설교 테이프와 원고들로부터 더 많은 출판 자료들이 나오기를 희망한다. 로이드 존스 목사님이 충분히 인정했듯이 활자화된 메시지는 매우 중요하다. 그런데 그보다 더 중요한 것이 있다. 우리들이 그의 저술

목록을 자세히 살펴본다면 한 가지 흥미 있는 사실을 발견하게 된다. 그의 저술 사역은 거의 모두 책이나 혹은 어떤 글을 쓰기 위해서 의도적으로 집필된 것이 아니고 설교와 강의를 활자화시킨 것이다. 그래서 그의 메시지를 직접 들었던 특권을 누린 사람들이 그의 책을 읽으면 로이드 존스 목사님의 육성을 그대로 듣는 듯하다고 이야기한다.

로이드 존스 목사님은 번연(Bunyan)에 대해서 말씀한 적이 있었다. "우리는 본 집회에서 저술가로서 번연을 주로 생각해 보았다. 그러나 존 번연은 자신을 다른 무엇보다 설교자와 목사로 생각하였다. 그는 자신이 목사였기 때문에 책을 썼다." 로이드 존스 목사님은 다음 세대들에게 '저술가'로서 알려질 것이다. 그의 글은 영향력이 있고 침투력이 강하다. 그러나 무엇보다 그는 말씀을 입으로 전하는 설교자이며, 목사였다.

- E. W. 제임스(웨일즈 복음주의 도서관 사서)